Janisse Ray

CEUX QUI SEMENT

Graines de résistance

Traduit de l'anglais (USA) par Jennifer Dalrymple

SEEPIA

Ce livre est un projet initialement
porté par l'enthousiasme de Jennifer Dalrymple,
écrivain et illustratrice,
qui, en le lisant, a transmis la flamme
à une éditrice alternative au possible,
Eva Wissenz qui, en le lisant,
a pensé que le texte serait un formidable vecteur
de compréhension, de partage et de passion
sur le sujet des semences,
et qui a songé que la chose serait plus forte encore
si le livre était porté par une envie collective.

Et ce fut le cas.

Une campagne de souscription a été ouverte pendant 45 jours.
170 personnes ont décidé que le livre de Janisse Ray
valait la peine d'être traduit.
10 partenaires ont apporté des soutiens décisifs à l'édition française.
Vandana Shiva a marrainé le projet.

Tous ceux et celles qui l'ont souhaité
sont présents dans le Jardin des Mercis.

Vous allez savourer le fruit d'un travail
culturel et collectif où mots et graines
se sèment, plantent, reproduisent et pollinisent à loisir.

Partenaires

Navdanya

Fruits secs bio

Produits de jardin bio

Remerciements de l'éditrice

Merci à Eerik Wissenz d'avoir réalisé la maquette et traduit le texte de la campagne en anglais. Anne Steinlein a été disponible et enthousiaste au possible pour réaliser la couverture du livre. Jennifer Dalrymple a imaginé le foisonnant « Jardin des Mercis ». Un grand merci à Anna Cantavenera pour sa relecture attentive du manuscrit.

Parmi les soutiens durant la campagne, merci à Lyne Bellemare du Réseau canadien des semences anciennes, Rebecca Armstrong de Seedbomb, Patrice Fortier de La Société des Plantes et Michel du Potager d'antan, qui ont vraiment relayé la campagne au Canada sur leurs réseaux sociaux, tout comme la Ferme des Bouillons et l'école Yoga Aix-Marseille (YAMA) de Vanessa Brouillet en France. Merci aussi à Duval Gil Garcin pour ses encouragements.

La photo de la campagne a été offerte par Nathalie Saint-Oyant.

Jardin des Mercis

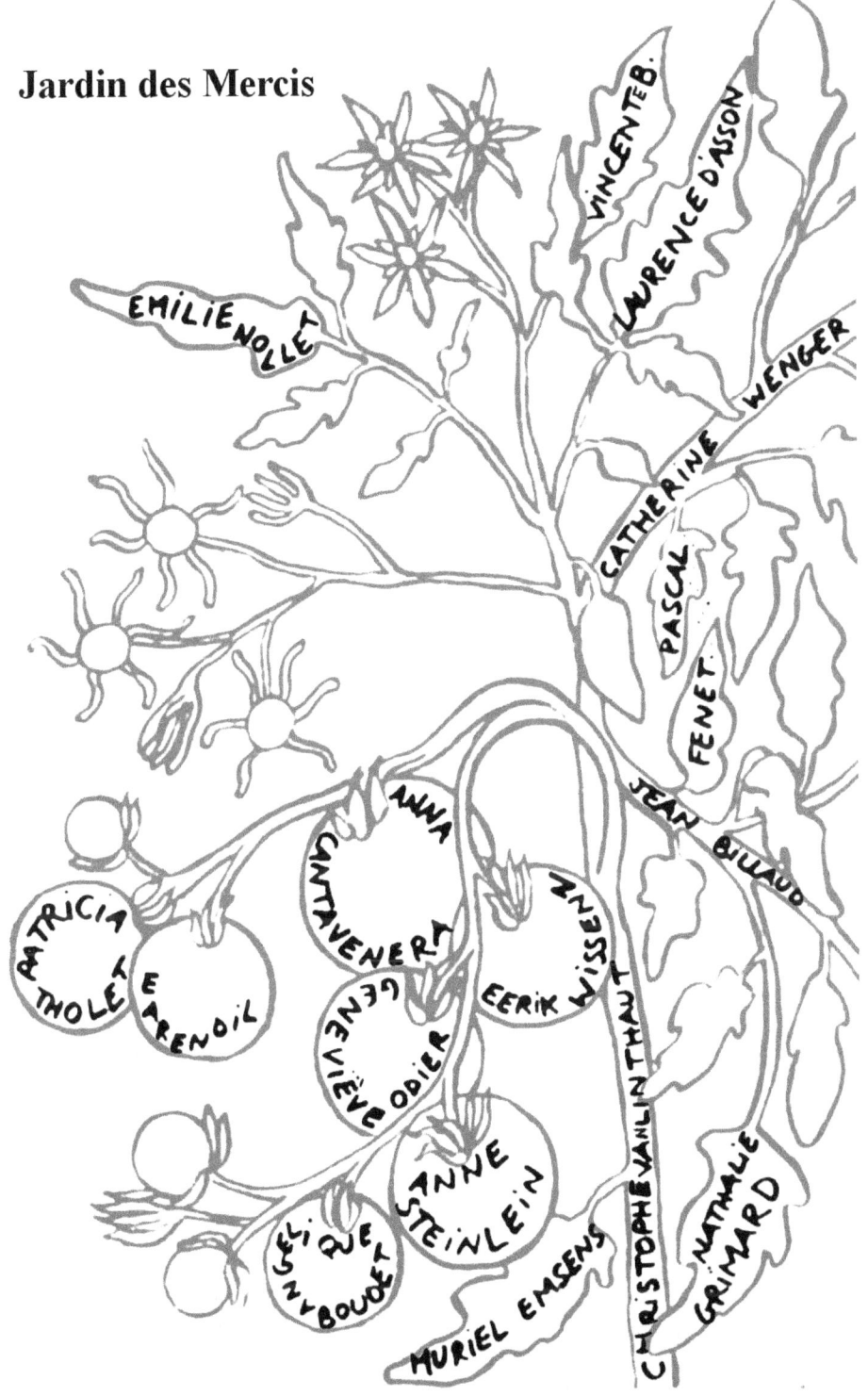

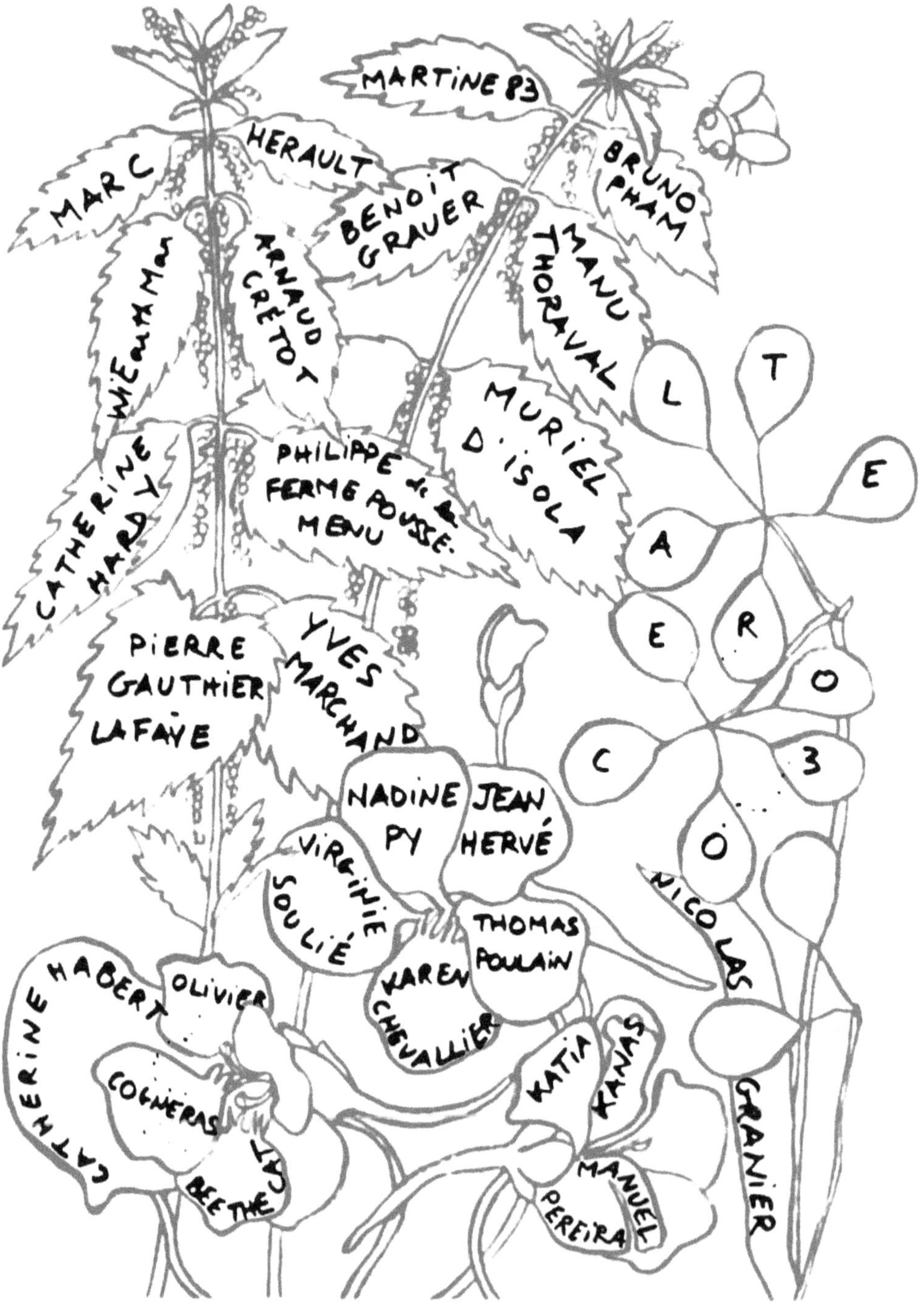

MARTINE 83
HERAULT
MARC
BENOIT GRAUER
BRUNO PHAM
MANU THORAVAL
ARNAUD CRÉTOT
CATHERINE HARDY
PHILIPPE
FERME POUSSE
MENU
MURIEL D'ISOLA
T
L
E
A
R
E
O
C
3
O
PIERRE GAUTHIER LAFAYE
YVES MARCHAND
NADINE PY
JEAN HERVÉ
VIRGINIE SOULIÉ
THOMAS POULAIN
KAREN CHEVALLIER
NICOLAS GRANIER
CATHERINE HABERT
OLIVIER
COGNERAS
KATIA KANAS
MANUEL PEREIRA

LA FAMILLE SOLASEEDS

SYLVIA
DAVAI
MOUSI

VIJAM

CYNTHVI
MELA
ANGELINA LA REVANDE
JOURNADE
WOO
SYLVIE BESSIS
GEO BIO

SYLVIE
CAMPUS TRIFOLIUM

DANIEL BRISEBOIS
ferme coop Tournesol

Dr. VANDANA SHIVA

ALEXANDRE LACASSE
+ GABRIELLE LAFOND-BELANGER

PIERRE-PAUL LACASSE
EVELYNE LACASSE
NICOLE BOUVIN
MARC-ANTOINE LACASSE +
GENEVIÈVE LACH...
MARYAN LACASSE + ALAIN
DUFFROID
PATRICK LACASSE
JULIE + RUBE...

XAVIER FENDER

VÉRONIQUE DOITEA...
LUC GIBOUIN

BAUDOARE

CAROLINE GOYAUX

JEAN-LOUIS BOUDOT

NEWMAN ITY

LA TRIBU KOKOPELLI

MARC DELAIRE

CYRILLE PACTEAU & petit Villard

L'EQUIPE

JÉRÔME LIBERLIER

SUZANNE MOURIER

CÉCILE DAVID

MARC-OLIVIER

MARC MERCIER

BRUNO MERCIER

LES AMAP

avec DENISE & DANIEL

TALIA

CHRISTIAN MOUGEL

JACQUELINE GOFANT

PHILIPPE GRAZIANI

LOLO LA TAUPE

MARC

UN QUATRAIN SUR TERRE

MALISE

L'EQUIPE DES JARDINS ANIMÉS

ISABELLE MORANDET

MICHÈLE DE LA FOND

bonjour@petit-geai.com

BARBARA DOBIGNY

JEAN-SÉBASTIEN FAUST

CHRISTIAN MARIE-GABRIÈLE ZINI

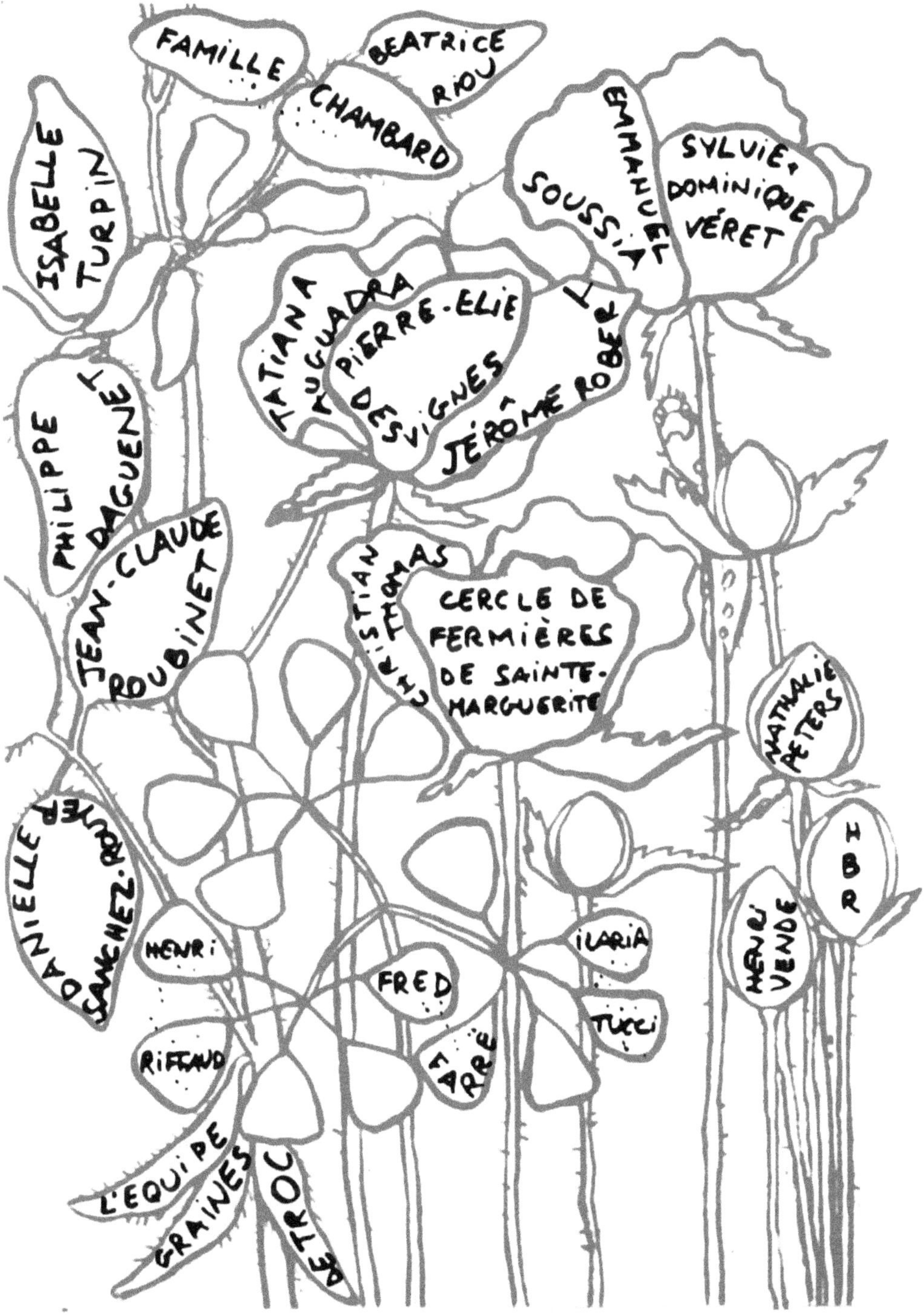

FAMILLE CHAMBARD

BÉATRICE RIOU

EMMANUEL SOUSSIA

SYLVIE, DOMINIQUE VÉRET

ISABELLE TURPIN

TATIANA AUGUADRA

PIERRE-ELIE DESVIGNES

JÉRÔME ROBERT

PHILIPPE DAGUENET

JEAN-CLAUDE ROUBINET

CHRISTIAN THOMAS

CERCLE DE FERMIÈRES DE SAINTE-MARGUERITE

NATHALIE PETERS

DANIELLE SANCHEZ-ROUYER

HENRI

RIFFAUD

FRED

FARRE

ILARIA TUCCI

HERVÉ VENDE

H B R

L'ÉQUIPE GRAINES DE TROC

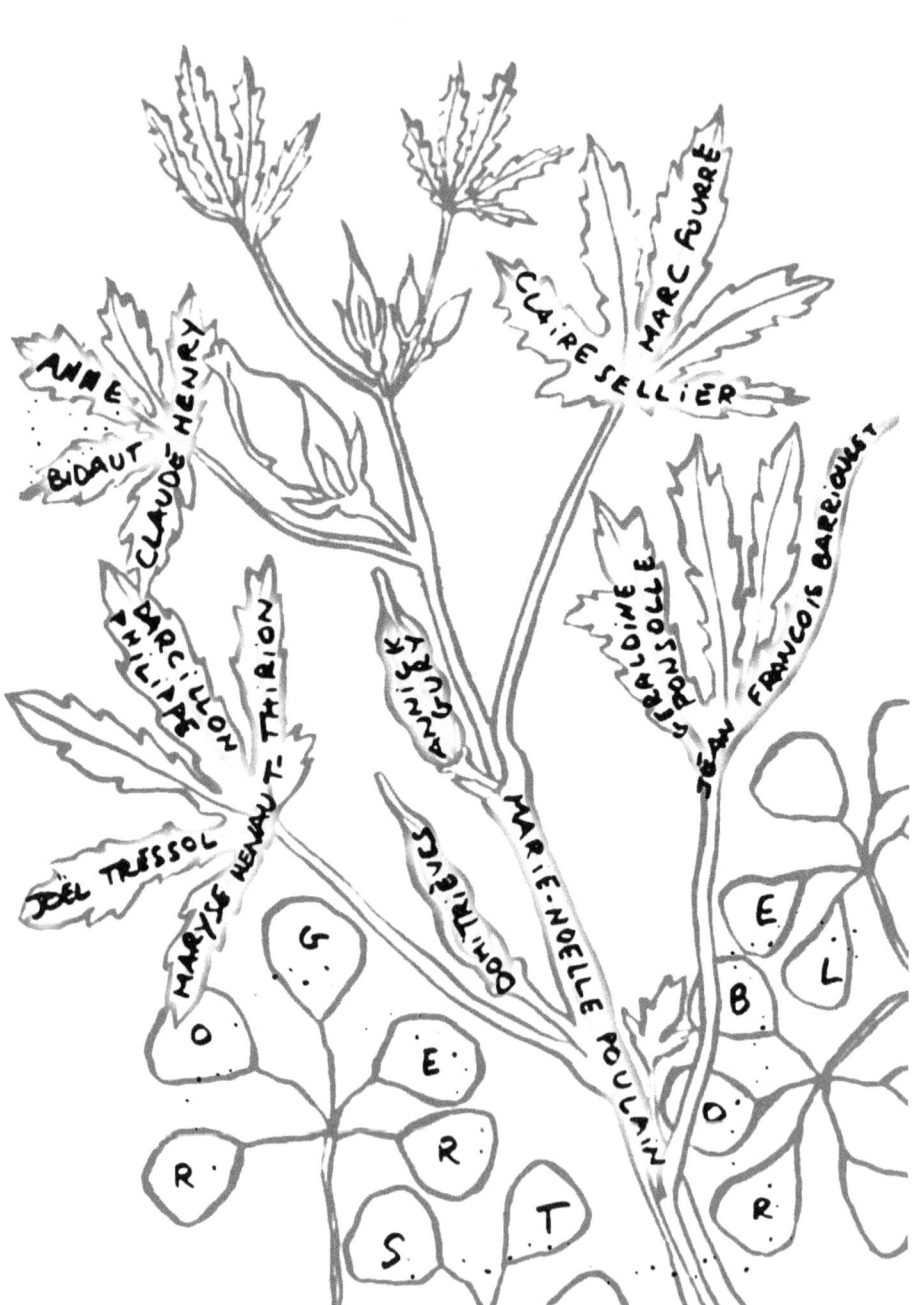

ANNE BIDAUT
CLAUDE HENRY
MARC POUARÉ
CLAIRE SELLIER
MARCILLON PHILIPPE
JOËL TRESSOL
MARYSE HENAULT-THIRION
ANNE AUBERT
GERALDINE PONSOLLE
JEAN FRANÇOIS BARRIQUET
DOMINIQUE
MARIE-NOELLE POULAIN

G
O
E
R
R
S
T
E
L
B
O
R

Note de la traductrice

Ce n'est pas une chose aisée que de traduire un tel ouvrage. D'abord parce que je ne suis pas traductrice mais écrivain et si j'ai choisi de faire cette traduction c'est à cause du coup de foudre que j'ai eu pour ce livre, l'urgence éprouvée à devoir en transmettre les idées, les affinités que je ressens avec l'auteur et... pour être sûre que le travail serait bien fait.

Ce n'est pas une chose aisée parce que l'écriture de Janisse Ray – activiste et écrivain – passe bien souvent d'une explication claire et précise à un lyrisme poétique parfois déroutant.

Aussi, Janisse fait très souvent référence à sa culture, celle du sud des États-Unis, et si je suis Américaine par mon père, j'ai toutefois dû faire pour cette traduction de nombreuses recherches pour découvrir et comprendre les paysages, les us et les coutumes du sud.

Une autre difficulté, récurrente dans les traductions de l'américain au français, est que la première est une langue très vivante, créative et fort plastique, alors que le français ne s'accorde qu'avec les règles de l'Académie et du « ça se dit - ça ne se dit pas ». Beaucoup de mots employés dans cet anglais moderne ne le sont pas (encore) en français. Soit on les garde tels quels, soit on recherche une version française avec laquelle tout le monde – ou presque – pourrait s'accorder.

Pour certaines phrases, j'ai parfois appelé à la rescousse quatre ou cinq personnes différentes (que je remercie de tout cœur) qui m'ont permis de dépiauter, analyser et retricoter la phrase en français tout en conservant la pensée de Janisse.

Finalement, au cours de cette traduction, j'ai dû faire des choix que j'explique ici.

Le terme *breeder* se traduit par éleveur ou reproducteur ou encore sélectionneur. C'est généralement ce dernier terme qui a été choisi, même si dans notre langue nous pensons d'abord à celui qui sélectionne une équipe de football. Qu'il soit donc laborantin, paysan ou jardinier, celui qui choisit de reproduire ou de conserver une plante plutôt qu'une autre fait bien un acte de sélection.

Heirloom ou *heritage seeds* sont d'autres termes pour lesquels il a fallu faire un choix et j'ai généralement choisi de les traduire par « semences anciennes », ce qui englobe les « traditionnelles » et les « paysannes ».

Janisse utilise le mot *farmer* indifféremment pour un fermier ou un très gros agriculteur (et je ne fais pas là référence à sa bedaine). Selon les cas j'ai traduit par « paysan » ou « agriculteur ».

La traduction de *small holder* était complexe. Il s'agit d'une famille ou d'une personne vivant dans une petite propriété agricole avec un potager-verger et quelques animaux, allant vers l'autonomie, une situation qui n'a pas de nom en français. J'ai traduit par « fermier » ou « paysan » selon les cas.

La plus grosse difficulté s'est posée à propos d'une variété toute entière qui est le *cowpea*, un type de fabacée très répandue dans le sud des États-Unis et dans d'autres contrées aux climats tropicaux, mais qui ne sont pas – ou peu – répandues dans toute la partie nordique de la planète. Le *cowpea*, en latin *Vigna unguiculata*, est donc une espèce de plante du genre *Vigna* de la famille des *Fabaceae*. Dans les tropiques, les multiples variétés sont cultivées pour leurs graines, proches des haricots, ou pour leur gousses. Ceux qui habitent à la Réunion le connaissent sous le nom de *Voème*. Elle est également appelée dolique mongette, dolique asperge ou dolique kilomètre, niébé, cornille ou pois à vaches. Haricot adzuki, mungo et soja noir font également partie du genre *Vigna* de cette même famille des *Fabaceae*. Janisse Ray, en la décrivant, parle parfois de pois *(pea)*, parfois de haricot *(bean)*. Mais lorsqu'elle emploie ces mots, c'est bien de la forme dont elle parle et non de leur famille. Après moult discussions avec l'éditrice, nous avons choisi de traduire *pea* par pois et *bean* par haricot, lorsqu'il s'agit de la forme de la graine, et de conserver le nom de *cowpea* pour l'ensemble de l'espèce.

Voilà, il y aurait encore tant de choses à dire sur cette traduction et peut-être que certains mots ou dénominations pourront vous surprendre. Parfois j'ai coupé la poire en deux et pris le pli des francophones du Canada qui savent réveiller le français souvent engourdi du vieux continent. J'espère être restée le plus proche du style et de la pensée de l'auteur tout en conservant l'harmonie de notre belle langue, certes un peu académique mais ô combien esthétique.

Enfin, le plus difficile pour moi, tant à la lecture qu'au cours de la traduction, a été de m'empêcher de filer à tout moment dans mon potager et de mettre en pratique les idées paisiblement révolutionnaires de Janisse.

Jennifer Dalrymple

J'aimerais remercier à ceux qui ont été présents lorsque je calais sur un mot, sur une phrase : Susan « Charley » Kanas, Katia Kanas, Jean-Baptiste de Panafieu qui m'a évité quelques erreurs de terminologie et Willem Hartman mon compagnon. Merci à Cécile Dalrymple, ma maman, pour sa relecture et ses corrections.

(*) Toutes les notes portant la mention (NdT) sont de la traductrice, les autres de l'éditrice.

Janisse Ray

CEUX QUI SEMENT

Graines de résistance

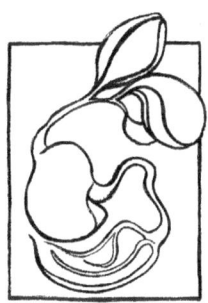

A Wendell Berry[1]

Aucun monument ne serait assez grand.

« Quand ils voudront que tu achètes, ils t'appelleront.
Quand ils voudront que tu meures pour leur profit, ils te le diront.
Ami, chaque jour, fais donc quelque chose pour contrecarrer tout ceci. »

Wendell Berry,
Manifesto: The Mad Farmer Liberation Front
in The Country of Marriage

---

[1]Né en 1934, Wendell Berry est un fermier, romancier, poète, environnementaliste et désobéissant civil. Sa pensée a une influence considérable en Amérique. Il est l'auteur d'une quarantaine de livres, aucun n'étant traduit en français.

Préface

Je me tiens sous le chêne le plus triste du monde. Un jeune homme vient de mourir. Enfant, il grimpait à ses branches. Il est tombé d'un balcon au cours d'une fête. A son enterrement pas de bancs, pas d'autel, pas même de cercueil. Amis et famille sont réunis dans la cour de la mère, pétrifiée, mon amie.

Un homme tatoué de vingt-cinq ans raconte comment son pote lui remontait le moral dans ses moments de dépression. Derrière moi, un autre jeune homme s'avance pour prendre la parole. Il trébuche, se rattrape à ma taille. Ses yeux doux sont rougis et son haleine sent l'alcool. Il se redresse et récite un court poème, quelques mots griffonnés sur un papier en larges lettres bleues semblables à des hiéroglyphes. Sans aucun doute son charabia faisait-il sens lorsqu'il l'avait écrit.

Il a l'âge de mon fils, les autres aussi d'ailleurs, jeunes gens en quête de sens et de beauté, s'évertuant à comprendre les événements de notre époque. Ils sont bien jeunes pour déjà connaître pareil chagrin. Tandis que nous nous tenons sous le soleil du Panhandle de Floride[1], le pipe-line d'une plate-forme déverse des tonnes de pétrole dans le golfe du Mexique. Déjà, requins et poissons morts s'accumulent sur les côtes à des centaines de kilomètres de là.

Pourquoi ne ferions-nous pas une cérémonie funèbre pour le Golfe, le climat et pour tant d'autres choses ? Autour de moi, les parois obscures du désespoir m'enserrent. Et pourtant je ne suis pas désespérée.

De nombreux systèmes avec lesquels nous avons collectivement vécu et dont nous dépendons semblent se dégrader. Le plus facile serait de baisser les bras. Mais il y a tant à faire ! Chaque personne, chaque esprit est crucial afin de mettre en place de nouveaux systèmes. Nous avons besoin de contributions positives et créatives.

Alors n'abandonnons pas.

Au retour de la cérémonie, j'entendis cette question à la radio :
« Que serez vous en train de bâtir à l'heure de votre mort ? »

Ce livre est pour tout le monde, mais il est tout particulièrement destiné aux jeunes, dans l'espoir que, malgré tout ce qui ne va pas, vous vous mettiez à bâtir. Pas des gratte-ciels ou des plate-formes pétrolières, mais des existences qui ont du sens, qui contribuent à une vie sur terre plus légère, plus intelligente, plus belle. Des vies vécues le plus loin possible de l'emprise des grosses entreprises.

Qu'en faisant cela vous trouviez du sens.

Que vous atteigniez des états de conscience plus vastes, avant que l'alcool ou la drogue ne vous rendent esclaves.

Que vous habitiez le pays de l'amour.

---

[1] Littéralement « le manche de poêle », désigne les comtés les plus à l'Ouest de la Floride, pour certains frontaliers avec le Mississippi, l'Alabama et la Géorgie, terre de l'auteur.

Que vous trouviez le bonheur.

Ici, à la campagne, dans une petite ferme du sud de la Géorgie, je construis une vie tranquille de résistance. Je suis une paysanne radicale[2], chaque jour je prends mon petit marteau et je continue à bâtir.

Les semences ne sont qu'une partie de la vie. Mais elles englobent toutes les autres. Toutes nos relations.

---

[2]Le lecteur voudra bien se souvenir que radical signifie « à la racine »...

Introduction

« J'ai grande foi en une semence. »
Henry David Thoreau

Alors que le prix de l'or et de l'argent continue d'augmenter et que la valeur de l'argent-papier s'effondre, les biens les plus inestimables que nous autres, humains, possédons passent complètement inaperçus. Lorsque l'on montre aux gens ce capital, la plupart ne savent pas quelle valeur lui attribuer, ni même qu'en faire. Et le tout finit à la poubelle.

Cependant, au-delà de Wall Street, au-delà des magasins géants d'un monde industriel sur le déclin, ces biens précieux voyagent de main en main dans l'une des économies les plus intéressantes au monde.

Et c'est comme ça qu'un matin, un petit morceau de cette économie est parvenu jusqu'à moi.

Je quitte la ferme quand, à l'est, le soleil enflamme le ciel, colorant tout de sa lumière jaune. Je cours le long de la barrière et quatre vaches viennent galoper avec moi : on dirait plus des chiens que des bovidés. Elles ont été nommées: Emma, Che, Geronimo et Amy en l'honneur de ces activistes[3]. Elles pilent au bout du pré et moi, je continue mon jogging.

De l'autre côté du chemin de terre, le champ de seigle est monté en fleur. La lumière du soleil s'y accroche et s'emmêle aux barbes transformant les épis en une marée de petits hérissons.

La boîte aux lettres se trouve à un kilomètre et demi de là et je m'élance dans l'allée d'arbres immenses dont les feuilles tout juste déroulées brillent comme des citrons verts. Les linaires fleurissent dans des poches de sable nu. Un jasmin trompette s'entortille le long d'un pin, formant une colonne de fleurs rouge écarlate.

Je récupère le courrier de la veille dans notre boîte installée au bord de la route de la Vieille Rivière puis je rentre, toujours en courant, lorsque je croise mon voisin, qui roule tranquillement dans sa vieille camionnette noire. Il y a quelques années encore il aurait été à cheval et je ressens soudain ce manque de quelque chose que je ne connaîtrais jamais. Il s'arrête.

– Bien l'bonjour, me lance-t-il.

Mr Stanley est un pépiniériste à la retraite, il a dans les soixante-dix ans. Juste après notre emménagement, il est venu nous rendre visite pour nous informer qu'un certain camélia qui poussait contre les marches de notre porche était une variété rare et il

---

[3]Emma Goldman (1869-1940), libertaire et féministe russe qui fut très active aux États-Unis et en Europe. Amy Richards (née en 1971) est une féministe très médiatique qui valorise énormément le rôle dynamique des jeunes dans la société. Pour le Che et Geronimo, vous savez.

avait insisté pour que nous ne le coupions pas.
– Bonjour ! lui répondis-je.
– Avec madame Stanley nous parlions de vous hier soir.
Un paquet ouvert de longues cigarettes brunes déforme la poche de sa chemise.
– En bien, j'espère !
– Ah oui.
Son regard se fixe au loin sur la route.
– Vers 1880 ou 1890, mon arrière grand-père, Joe Stanley, a croisé trois variétés de maïs et il a développé sa propre variété. Bien sûr c'était bien avant tous les hybrides et ces autres choses. Depuis ce temps-là, nous le faisons pousser dans ma famille.
Son regard se pose à nouveau sur moi et il ajoute :
– Hier soir, madame Stanley et moi on se disait qu'on aimerait vous donner de nos graines.
J'aimerais lui demander de couper le moteur qui tourne et rejette inutilement son dioxyde de carbone dans l'atmosphère.
– Vous venez d'une longue lignée d'agriculteurs, n'est-ce pas ? Est-ce que c'est du maïs doux ?
– Non, me répond-il, c'est pour faire du gruau et de la farine.
Mr Stanley fait de grands gestes avec son briquet.
– D'ailleurs, la farine qu'on vous a donnée à Noël dernier provenait de celui-là. C'est un maïs blanc.
– Il était délicieux.
– Et bien, on serait content de partager les semences avec vous.
– Et j'aimerais vraiment les essayer, Mr Stanley. Je me disais justement ce matin que c'était le moment de planter du maïs.
– Appelez-moi Howard, me dit-il.
– J'essaierais.
– Allez, faut que j'y aille, dit-il. On répare la grande barrière aujourd'hui.
– Au fait, Howard, il a un nom ce maïs ?
Il serre alors le volant des deux mains et me regarde avec sérieux. Ce soleil matinal est comme du sirop d'érable qui coule à travers les pins.
– Oui m'dame, répond-il aussi humblement que possible, c'est le maïs Stanley.

Si vous ne savez pas encore ce qui se passe avec les semences, laissez-moi vous l'expliquer. Elles sont en train de disparaître, comme le reste. Vous connaissez déjà l'histoire, vous la connaissez aussi bien que moi, les forêts et les oiseaux chanteurs, les montagnes des Appalaches, les poissons des océans[4]. Mais je n'aborderai rien de tout cela, rien de ce qui pourrait nous désespérer. Il n'y a pas de désespoir dans une graine. Il n'y a que de la vie en attente des conditions propices de sa libération : soleil, eau, chaleur, terre. Et chaque jour, des millions et des millions

---

[4] Il faudrait un livre entier pour brosser le tableau évoqué ici et, le temps d'écrire ce livre, le tableau aurait déjà changé. Concernant les Appalaches, cette chaîne de montagnes qui courent tout le long de la côté Est des États-Unis, sachez toutefois que les producteurs de charbon ne creusent plus : ils pratiquent l'arasement des montagnes dit « mountain top removal » (MTR) qui consiste à déboiser puis dynamiter afin de mettre au jour les veines de minerai. Très efficace et moins coûteuse que l'extraction, la technique permettrait de récupérer 100 % du charbon.

de graines dressent vers le ciel leurs deux ailettes vertes.

J'ai attendu moi aussi que les conditions soient propices, et elles le sont maintenant. Vous trouverez aussi vos conditions favorables, j'en suis sûre. C'est le printemps et nous sommes dans le jardin, dans les coulisses d'une nouvelle ère, l'ère Ecozoïque[5]... Vous et moi venons juste de poser le pied sur terre. Bienvenue.

Toute ma vie j'ai rêvé d'être fermière. Ma mère, elle, avait été ravie de quitter sa ferme, celle où j'ai passé tant de samedis avec mes grand-parents, Arthur et Beulah. L'un après l'autre leurs enfants les avaient quittés pour aller s'installer dans une des grandes villes du sud, Jacksonville, Orlando, Chattanooga. Je porte en moi les pantoufles de mon grand-père, les poulets de ma grand-mère, les champs de légumes où se déroulent les longues tiges des pastèques avec leur larges feuilles, les épis de maïs denses et gonflés. Quand j'étais petite, ma grand-mère avait une vache à lait, il y avait un vieux tracteur et des amendements à base de guano[6]. Après la mort de mon grand-père, j'avais alors six ans, arrivèrent les herbicides subventionnés à base de tabac et le Roundup, les moissonneuses-batteuses gigantesques, l'indicible érosion et l'invasion de haies de troènes[7].
Le hachoir à canne-à-sucre a été vendu, les fumoirs se sont écroulés et la dernière poule n'a même pas été mangée. Grand-mère a vendu sa vache aux enchères du bétail. Je me souviens encore de son dernier carré de petits pois.
Dans cette même ferme, celle où je vagabondais enfant, croquant les pommes sauvages et les grappes de muscadines, les grenades et les nashis, l'histoire qui s'écrit désormais est celle de ces amaranthes increvables qui poussent entre les rangées de soja OGM dans des champs laissés en bail à des cultivateurs chimiques. Les haies ont été bulldozérizées, détruisant au passage les bosquets d'arbres à suif[8] et de cerisiers sauvages « plantés » par les geais et les cardinaux.
Les barrières ont été fracassées et les fermiers repoussés vers la grand-route car les champs doivent s'étendre encore et encore à tout prix. Le sassafras que mon grand-père taillait à la herse est depuis longtemps mort et disparu.
Chacun d'entre nous, Américain d'âge moyen, pourrait constituer une représentation

---

[5] Le terme anglais « Ecozoic » a été forgé par Brian Swimme dans *The Universe Story* (1994). L'ère géologique dite écozoïque succède à l'ère cénozoïque qui a pris fin avec l'industrialisation. Les modifications imposées par les activités humaines à la terre obligent à présent l'humanité à développer un fonctionnement coopératif global.
[6] Amender un sol, c'est en améliorer la qualité. La pratique est ancestrale. Le guano produit par la fiente d'oiseaux marins des îles du Pacifique et du Pérou fut un engrais extrêmement prisé jusqu'au début du XXe siècle. D'immenses fortunes se bâtirent sur cette exploitation destinée aux Etats-Unis, à l'Angleterre et à la France. Une guerre du guano eut lieu en 1863.
[7] Le Roundup est commercialisé par l'entreprise Monsanto depuis 1975. Il est utilisé en agriculture industrielle comme pesticide et, au niveau domestique, comme désherbant. Son actif principal est le glyphosate qui, associé à d'autres, bloque la croissance de la plante. Les effets des résidus sur les rivières et les sols sont dévastateurs. Le Roundup ayant été le pesticide le plus vendu au monde, certaines plantes ont développé une résistance à ce produit. Par conséquent, certaines cultures, dites GM, ont été génétiquement modifiées pour pouvoir tolérer les vaporisations de l'herbicide qui ne détruira donc que les plantes non-désirées par l'exploitant.
[8] *Morella cerifera* arbuste donnant des baies dont la cire est utilisée dans la fabrication des bougies.

emblématique de l'histoire de l'agriculture des États-Unis, une histoire qui a commencé avec des petites fermes, quelques hectares, quelques animaux, où l'on gardait ses semences, toute une économie locale, familiale, basée sur les fruits de la terre. Et pouf, tout ça a disparu, balayé, dégagé.
C'est arrivé si vite. Et moi, je me suis retrouvée à la fac à bidouiller des instruments d'astronomie et à gribouiller sur les civilisations anciennes.

Me voici de retour. Ce n'est pas la ferme de ma grand-mère, mais c'était sûrement la ferme de la grand-mère de quelqu'un d'autre. Il y a plus de 18 hectares de prairie, de champs et de bois. Il y a une maison, construite en 1850 par un homme dont le frère gérait une scierie sur Slaughter Creek, là où sont collectées les eaux des champs de Reidsville et celles de la ferme-prison de Géorgie, avant qu'elles ne soient rejetées dans la rivière Altamaha[9].
Dans nos jardins se mêlent des lits surélevés de tailles diverses[10]. Nous avons construit une barrière pour empêcher la volaille d'entrer – comme ces pintades démentes qui détalent en poussant des cris préhistoriques – et pour qu'elle ne vienne pas gratter chaque graine à peine plantée. Nous avons un ou deux cochons, quelques chèvres et des moutons, des poules, des dindes et des canards.
Nombreux sont ceux encore en vie aujourd'hui qui ont vu tout le chemin parcouru par l'agriculture américaine : son âge d'or, son déclin, la montée en puissance du tout chimique et, maintenant, le retour aux sources. Nous sommes témoins d'une révolution agricole, c'est un cercle complet.
Sauf que ce n'est pas un cercle. Nous ne retournons pas là où nous étions. Avec une bonne partie des savoirs anciens encore intacts et armés de nos connaissances nouvelles, nous allons nous projeter dans un nouvel endroit. Nous y arriverons différents. Mieux préparés. Instruits. Les filles y arrivent aussi bien que les garçons. Nous y arriverons comme des bleus mais ensemble.
Et nous y arrivons en sachant que l'échec n'est pas envisageable. Pour qu'il n'y ait pas d'échec, nous voulons comprendre tout ce qu'il y a à comprendre du cycle de la vie. Nous atteignons les profondeurs de l'empire industriel. Nous ne pouvons plus avoir foi en ce miroir aux alouettes, croire que tout est à notre disposition comme nous l'avons fait la plus grande partie de nos vies et que les choses apparaissent comme ça, à tout moment, par magie dans les magasins et les restaurants tant que nous avons les poches pleines d'argent.
Jamais dans notre histoire autant qu'à ce jour les Américains ne se sont sentis aussi conscients et concernés par ce qu'ils mangent. Nous avons vu le système alimentaire se déliter sous nos yeux. D'une certaine façon, c'est le paysan en chacun de nous qui se réveille maintenant. Nous comprenons le biologique, qu'une nourriture qui a poussé sans produits chimiques est plus saine pour nous comme pour la terre. Nous comprenons le local, qu'une nourriture qui a poussé près de chez nous est préférable

---

[9]Il existe aux États-Unis des fermes-pénitencières. Les détenus y travaillent la terre pour produire une partie de leur alimentation. L'excédent est vendu au bénéfice de l'Etat. Les détenus peuvent être « prêtés » comme journaliers à des exploitations environnantes.
[10]Technique de jardinage consistant à planter dans des « lits » de terre surélevés de façon à ne pas piétiner la terre, permettant ainsi, entre autres, aux racines de pousser tranquillement.

et que cela répond aussi au problème de la crise climatique.

Maintenant en regardant l'ensemble du paysage de l'agriculture américaine nous devons encore comprendre quelque chose : nous n'avons pas le contrôle des semences, et les semences sont le point crucial de l'approvisionnement alimentaire. En creusant plus encore nous réalisons que l'approvisionnement en semences est en crise et nous comprenons alors que notre alimentation est en crise. Cette tragédie qu'est la captation des semences par les grosses entreprises se déploie sur le théâtre du monde, sauf que ce n'est pas une pièce à la fin de laquelle nous, le public, pouvons rentrer chez nous une fois le rideau tombé. C'est la réalité.

Le temps est venu de s'intéresser à la base même de notre alimentation.

Je veux vous parler de ce qui, sur cette planète, recèle le plus d'espoir : une graine. Dans notre époque mortifère, elle est la Vie. Chaque élément d'information nécessaire à une plante pour son développement naturel sur terre est encodé là, dans cette graine, et même si le monde change une nouvelle information s'y trouve. Mais nous ignorons tout de ce qui est enclos dans une graine : sa sapience est invisible, enfermée, secrète[11]. Une graine peut contenir un nombre infini de surprises. Une graine peut contenir un arbre entier codé dans cette chambre forte scellée. Même avec le changement climatique, il y aura des graines qui posséderont la sagesse dont elles et nous avons besoin.

Les semences sont partout et cependant, personne ne pense jamais à elles, petits paquets attendant d'être ouverts. Elles sont si petites que la plupart peuvent tenir dans un médaillon, certaines même se coincent et se cachent entre deux dents. Elles sont sur nos fourchettes, dans les craquelures des trottoirs, entre les pavés, sous les arbres, sur les arbres, dans les rayons des supermarchés. Elles sont dans le vent, roulent sur le sol nu des déserts, glissent dans nos cheveux, dans la fourrure des animaux, entre les pattes du chien.

Devenue mère, ayant au fil des ans ouvert ma maison, ma table, mon cœur et les caisses de jouets à tant d'amis de mon fils, je suis tombée amoureuse des jeunes. Aujourd'hui, Silas est à l'université et il considère que je suis suffisamment radicale pour pouvoir non seulement être présentée à ses amis mais aussi pour me tenir la main dans la rue. C'est un sentiment d'extase, au-delà de la joie, qu'un jeune homme ressente ça pour un de ses parents. En tant qu'écrivain, mon travail me fait aussi naviguer vers de nombreux campus universitaires où je me trouve engagée dans des conversations intenses et profondément transformatrices avec de jeunes penseurs qui comprennent parfaitement ce qui ne fonctionne pas. Bras tatoués et habits cloutés ne m'impressionnent guère, pas plus que les jupettes, bottines fashion et pantalons taille basse. Je n'ai pas peur de la nudité, ni des cheveux longs, ni des aisselles pas rasées. Tout cela ce sont des histoires d'appartenances. Je vous accepte.

Il fut un temps dans ma vie où rien n'était plus sexy que d'apprendre à retourner la terre avec une paire de bœufs, tracer les sillons et semer à grandes volées. Je suis arrivée à un âge, la cinquantaine, où je sens ma force vitale décliner et je voudrais permettre aux autres de trouver cette vraie force en eux, surtout les jeunes, car moi

---

[11]Ce terme de sapience, un tantinet archaïque, a été choisi quand il s'agit d'évoquer ce qui se situe au croisement de la science, du savoir et de la connaissance.

aussi certaines choses m'ont rendue plus forte[12]. Et puis il y a l'amour. Parce que c'est une histoire d'amour. Il n'y a rien d'autre. Je t'aime. Je t'aime plus encore parce que tu aimes la terre. Même si je ne te connais pas, je suis amoureuse de toi, toi qui comprends la force du lien qui nous relie à un bout de terre. Toi qui désires cette connexion, qui cherches des expériences authentiques, qui veux une vie ayant du sens, une vie reliée à l'essentiel. J'écris pour toi. Toi. Cette histoire est pour toi. Ce n'est pas un livret pratique sur la conservation des semences. J'aimerais que ma propre vie t'inspire.

---

[12] Il s'agit ici d'*empowerment*, que l'on peut aussi traduire par le pouvoir-du-dedans, la pleine capacité d'agir ou la puissance intérieure.

1.

Moins de pétrole, plus de jardins

La femme qui m'ouvre la porte n'a vraiment pas l'air d'une révolutionnaire. Élancée, en jeans et col roulé bleu jacinthe, des lunettes de lecture pendent à son cou.
– Pile à l'heure, me dit-elle.
Je lui rends son sourire en répondant :
– Pour une fois.
Lorsque j'avais décidé d'en apprendre le plus possible au sujet des semences, quelqu'un m'avait parlé d'un village au cœur du Vermont où vivait une femme – une révolutionnaire tranquille et fort discrète m'avait-on affirmé – qui comprenait ce que moi aussi je voulais comprendre.
Elle m'invita à rentrer dans sa cuisine pimpante et superbement agencée. Murs rouges, cuisinière verte, plans de travail bleus. Sur la cuisinière se trouvait un récipient emplis de graines que je ne reconnaissais pas.
– Des poireaux, me dit-elle, en suivant mon regard.
Sylvia Davatz est une jardinière radicale américaine. Quelque part dans son impeccable petite maison des collines boisées du Vermont se trouve une collection de semences de plantes sauvées des poubelles de l'Histoire.
– Je suis l'Imelda Marcos des semences, dit-elle en riant, j'ai un millier de variétés différentes dans mon armoire.
Elle me propose tout de suite d'aller voir les jardins et de profiter d'une température encore agréable. J'accepte et la suis en traversant le patio. Derrière sa maison, je découvre une terre d'abondance (plus réjouissante encore qu'une valise pleine de billets) entièrement couverte par un voile argenté de rosée. Tandis que nous nous promenons dans le jardin, elle me parle de l'état du monde. Plus tard, en me remémorant ses réflexions, une phrase me revint à l'esprit : « Le système est cassé. Pas seulement cassé, mais destructeur et auto-destructeur. »
Par « système », je pensais qu'elle voulait parler du système agricole ou de toute notre alimentation. Peut-être même du système politique tout entier. Je n'avais pas posé de question, juste écouté.
– Je trouve qu'il y a quelque chose de futile dans l'activisme, dit-elle avec son regard brun et sincère. Le vrai pouvoir est dans l'action. Le véritable pouvoir est de rendre ce système obsolète. Ce qui signifie ne pas participer à ce système actuel obsolète.
Sylvia ignorait que j'étais une activiste. J'ai organisé des manifestations pour protester contre le changement climatique. Je me suis déguisée en pingouin et j'ai agité une banderole « Non au changement climatique » dans des galeries commerciales. Un mois de janvier, avec trois amis, j'ai descendu la West River en bouée et combinaison de plongée pour attirer l'attention sur le fait que la rivière n'était pas aussi profondément gelée qu'elle aurait dû l'être en cette saison. Sur le pont couvert de Dummerston, nous avons attaché une banderole « Où est passé

l'hiver ? » J'ai vu deux de mes amis prendre des coups de Taser alors que nous protestions contre l'ouverture d'un relais routier : « Moins de pétrole, plus de jardins. » J'ai fait des pétitions, écrit des lettres aux journaux et appelé des politiciens. Deux fois j'ai été arrêtée.

Dans son jardin tranquille, Sylvia ne proteste contre rien.

– Ce que je fais rend ce système cassé obsolète.

Alors, me direz-vous, pourquoi qualifier de révolutionnaire une paisible jardinière et simple gardienne de semences ? Tout d'abord, vous devez comprendre ce qui se passe actuellement avec les semences de fruits et de légumes.

C'est il y a plus d'une centaine de millions d'années, lors de la « Grande floraison de la terre »[13], que les plantes à fleurs sont apparues.

Pendant des millions d'années ces plantes à fleurs ont évolué, se diversifiant et développant des mécanismes sophistiqués permettant leur croissance et leur reproduction. Les humains sont apparus sur terre bien plus tard, il y a environ deux cent mille ans. Depuis tout ce temps, sur cette planète, nous avons été entourés de fleurs, nous avons cohabité avec les insectes pollinisateurs ayant évolué avec ces fleurs et nous avons bénéficié des fruits et des graines produits par ces fleurs. Nous sommes sans aucun doute possible des *Flower Children*.

L'histoire de toutes les civilisations est une histoire de semences. Il y a des milliers d'années, nous, Terriens, chasseurs-cueilleurs, avons commencé à utiliser les fleurs pour répondre à nos besoins. Nous avons commencé à expérimenter les façons de faire pousser notre nourriture plutôt que d'avoir à lui courir après ou d'aller la chercher ici et là. Ainsi commença l'ère de la domestication qui évolua vers des sociétés agraires dont découlent la plupart de nos civilisations. Les semences, et le développement de toutes leurs variétés, ont permis à nos ancêtres de se sédentariser et de devenir agriculteurs.

Lorsque des humains venus d'Asie ont passé le détroit de Béring jusqu'à ce continent aujourd'hui connu sous le nom d'Amérique du Nord, ils transportaient avec eux des graines. L'une d'elles était certainement une graine de courge originaire d'Afrique, berceau des humains modernes[14]. Elle fut transportée en Asie lors des premières migrations, puis apportée en Amérique du Nord depuis l'est du continent asiatique.

Le mot « culture » prend racine dans le simple mot *cult* – du latin *cultus,* « prendre soin de »[15]. Pendant des milliers d'années – au moins 12 000, mais peut-être plus encore – les humains se sont consacrés à la domestication des plantes, développant et cultivant (« prenant soin » donc) des ancêtres et des progénitures de toutes les plantes dont nous faisons usage aujourd'hui. (La date de naissance de l'agriculture est fortement contestée. Certains archéologues considèrent que l'agriculture était déjà pratiquée il y a 23 000 ans, y compris en Amérique du Nord. Toutefois, dans son livre *Africa: a biography of a continent*, le journaliste John

---

[13] L'expression est de Thomas Berry (1914-2009), théologien et écologiste américain.

[14] *Homo sapiens sapiens* (NdT).

[15] De *colo, colere* qui signifie cultiver, soigner la terre comme l'esprit. Le mot donnera aussi *cultum,* colon, colonie, cultivateur, et culte.

Reader estime que des manipulations sur des cultures alimentaires ont commencé il y a 70 000 ans. Il se base sur des dépôts carboniques provenant de tubercules et de racines découvertes dans des cavernes d'Afrique du Sud mais aussi sur une définition de l'agriculture comprise comme processus de manipulation de la distribution et de la croissance des plantes afin d'en augmenter la récolte et la partie comestible.)

On pourrait envisager la domestication des plantes ainsi : tandis qu'il marchait le long d'une rivière, pourquoi pas le paisible ruban bleu du Nil, un de nos lointains ancêtres découvrit un fruit étrange, le goûta et... n'en mourut pas. La tribu conserva les graines et commença à faire pousser la plante en des endroits où tous aimaient à séjourner durant l'été. Quelqu'un remarqua un jour qu'une des plantes donnait des fruits particulièrement gros et cette plante fut conservée afin que les graines de ses plus gros fruits puissent être récupérées et plantées au printemps suivant. Une plante donnant de gros fruits a pu être croisée avec une plante donnant des fruits plus savoureux. Et ainsi de suite.

Le maïs, par exemple, ne fut pas découvert dans une vallée lointaine, donnant de larges et généreux épis. Non. Le maïs a été développé. L'ancêtre génétique du maïs se nomme téosinte, c'est une longue herbe à plusieurs tiges dont les épis, pas plus grands qu'un couteau de poche, sont formés de quelques grains triangulaires reliés ensemble. Ces grains sont si durs qu'ils vous casseraient les dents.

Le maïs moderne est relié génétiquement à une téosinte qui pousse encore dans la vallée du Balsas au Mexique. Les femmes Méso-américaines plantaient la téosinte. De ces plants, elles sélectionnaient ceux qui donnaient les épis les plus longs et les plus gros, et devaient jubiler lorsqu'elles croisaient des plants qui donneraient ensuite des récoltes surpassant les précédentes. Ceci se passait il y a près de 9 000 ans dans le sud-ouest du Mexique, bien avant tout contact avec les Européens.

Il a fallu plusieurs siècles aux humains pour transformer la téosinte en cette plante que nous connaissons aujourd'hui. Imaginez le chambardement créé par ces épis ! Qui sait ce à quoi ressemblera le maïs dans 23 000 ans ? Si nous continuons sur la même lancée peut-être fera t-il un mètre de long et dix centimètres de diamètre ? Et peut-être même que les humains du futur feront couler le Moonshine directement de l'épi ?[16]

C'est donc petit à petit, en partant de la générosité sauvage offerte par la biodiversité terrestre et ses diverses mutations naturelles que nos ancêtres ont façonné les prémices des plantes que nous connaissons aujourd'hui.

La majeure partie de notre alimentation a été développée dans sept bassins dits de domestication du vivant. C'est dans ces lieux, indépendants les uns des autres et répartis sur la planète, que l'agriculture fut inventée. C'est la conclusion de Nikolai Vavilov, scientifique et semencier russe qui a créé à Léningrad la plus vaste collection de semences qui soit et qui, en 1926, reçut le prix Lénine pour ses recherches sur l'origine de la culture des plantes ainsi que pour ses découvertes sur l'immunité des plantes face aux maladies infectieuses – un problème récurrent dans le domaine de la reproduction végétale.

Mais Vavilov avait un dangereux collègue. Trofim Lysenko, chef du département de biologie sous Staline, qui ne pouvait accepter les lois génétiques de Mendel, et tout

---

[16]Alcool de maïs fabriqué en contrebande, la nuit, à la lumière de la lune.

particulièrement l'idée que les rejetons n'héritent que des caractéristiques génétiques – et uniquement génétiques – de leurs parents. Lysenko préférait les théories de Jean-Baptiste Lamarck, selon lesquelles les caractéristiques acquises au cours de la vie étaient elles aussi transmissibles et se retrouvaient dans la descendance, ce qui incluait les changement extérieurs à l'organisme (la perte d'une oreille, par exemple).[17] Pour Lysenko, par exemple, les girafes étaient une évolution de girafes au cou plus court qui à force de s'étirer pour atteindre les feuilles les plus hautes dans les arbres avaient fini par s'allonger. Vavilov avait critiqué Lysenko et ce faisant s'était opposé à Staline. Vavilov fut arrêté en 1940. L'homme qui avait collecté les semences de 200 000 variétés de plantes différentes mourut en prison, trois ans plus tard, de malnutrition.[18]

Les Andes furent un de ces centres de domestication. Les six autres étant la Chine, l'Asie du Sud, l'Asie du Sud-Ouest (le Croissant fertile), la Méditerranée, l'Éthiopie et le Mexique. Les haricots, par exemple, furent d'abord domestiqués dans les Andes péruviennes il y a près de 5 000 ans puis de nouveau, au Mexique, 2 000 ans plus tard. Les autochtones du nord et du sud de l'Amérique ont domestiqué les courges très tôt. Les semences d'une de ces espèces *(Cucurbita moschata)* trouvées sur les côtes du Pérou remontent à 10 300 ans. Une espèce *(C. pepo)* trouvée au Mexique remonte à 10 000 ans. Depuis Vavilov, l'est de l'Amérique du Nord, la nouvelle Guinée et l'Amazonie ont été ajoutées à la liste de ces bassins de domestication végétale. L'Amérique du Nord a apporté sur les tables de l'humanité une petite demi-douzaine de plantes mineures : tournesol, noix de pécan, myrtilles, airelles... Pour la plupart d'entre elles, le gardien de graines Will Bonsall me dirait que « Nos plantes, tout comme notre peuple, sont des réfugiées. Nos plantes sont des immigrés. »

C'est donc de la manne de l'évolution et du mystère de la vie que nous avons puisé et développé notre nourriture. Ce fut un processus conjoint de découverte et de création, un processus qui mériterait un verbe à lui seul. Une « créacouverte » ? Nos ancêtres ont donc créacouvert leur nourriture à travers des actes créatifs légitimes en lien avec la nature, sans besoin de technologie, et nos vies se sont entrelacées.

Au cours des milliers d'années qui suivirent, alors que nous autres humains devenions dépendants des aliments que nous avions domestiqués, ces mêmes aliments devenaient, eux, dépendants de nous en une symbiose magistrale. Les humains ont co-évolué avec des plantes comme le maïs qui désormais ne peut exister

---

[17]Gregor Mendel (1822-1884), moine et botaniste tchèque, a posé les bases de la génétique moderne par ses lois sur l'hérédité et la façon dont les gènes se transmettent à la première génération sans se mélanger, allant ainsi à l'encontre de la « théorie du mélange » alors très répandue, notamment par le naturaliste Lamarck (1744-1829).
[18]Les travaux de Vavilov (1887-1943) s'inscrivirent dans le cadre de recherches contre le fléau des famines. Vavilov eut l'intuition de « centres originels » ou berceaux végétaux de l'humanité et il parvint à les identifier au cours de ses explorations dans plus de soixante pays. La collection de semences qu'il constitua fut protégée avec un courage exemplaire par ses collaborateurs durant la guerre.

sans nous. L'intervention humaine a ôté au maïs la possibilité de s'auto-reproduire et ce n'est plus une plante « naturelle ». Elle a besoin des humains. Sans humains pour s'occuper du maïs, l'espèce disparaîtrait rapidement.

Et que de nourritures formidables avons-nous prises dans la nature ! Déambulez avec moi entre les étals d'un marché et regardez tout ce que l'on peut y manger. C'en est époustouflant de diversité : petits pois, fèves, haricots, carottes, panais, laitues, endives, radis, betteraves, moutarde, rhubarbe, chou chinois, rouge, frisé, encore et plus encore – et pour chacune de ces plantes potagères une multitude de variétés. « Au XXIe siècle », comme dit le vénérable archéo-botaniste John Swenson, « nous sommes assis au pied de la corne d'abondance » : nous avons tiré nos chaises jusqu'au banquet, fruits, légumes et baies à profusion, et la table croule sous les assiettes pleines.

Mon fils Silas m'invite à déjeuner au restaurant de son université et je suis sciée par tout le choix proposé : pizza, sushi, sandwiches, salades, sautés, hamburger... Mais le vrai festin dont je parle ici n'est pas celui des plats industriels, de ces boîtes, bouteilles et canettes de supermarché. Je parle de tous les aliments qui sont à la base de ces plats préparés : blé, melon, brocoli, céleri, pommes, pêches...

Derrière cette abondance d'aliments se trouvent des légions de producteurs anonymes qui tout autour du globe et depuis des milliers d'années ont secoué les minuscules grains de pollen sur tel épis de maïs sélectionné parmi tant d'autres, sur certains pistils et non sur d'autres, aboutissant ainsi à un aliment fantastique.

Thanksgiving me revient constamment à l'esprit.[19]

A la vue d'une telle abondance de fruits et légumes frais sur les étals des marchés, de boîtes, conserves et bouteilles débordant des rayons des supermarchés, il semble difficile, voire fou, de croire qu'en réalité nous avons de moins en moins d'aliments à notre disposition. Mais c'est pourtant le cas car des milliers de variétés dans le monde entier, et en particulier des variétés anciennes, sont menacées. De moins en moins de fermiers les font pousser – et même, dans la plupart des cas – plus personne ne les fait pousser ce qui fait qu'elles disparaissent et que leurs semences disparaissent avec elles. Nos aliments sont en voie d'extinction. Susannah Chapman et Paul J. Heald, chercheurs à l'université de Géorgie, ont recensé dans le catalogue américain des semences de 2004 quelles étaient les variétés déjà commercialisées il y a un siècle. Afin de connaître le nom des variétés anciennes, ils ont utilisé les données de 1903 du Département Américain de l'Agriculture.[20] C'est ainsi que les chercheurs ont découvert que 94% des 7 262 variétés de semences accessibles commercialement en 1903 ne l'étaient plus en 2004. Seules 403 l'étaient encore. 6% de variétés survivantes, voilà une impressionnante perte de diversité. Et cette étude ne prend pas en compte les milliers de variétés anciennes qui n'ont jamais été commercialisées.

Tout aussi surprenant : l'étude de Chapman et Heald montre que le nombre de variétés commercialisées de nos jours n'a, lui, pas beaucoup diminué en cent ans. En 2004 un total de 7 100 variétés, pour 48 espèces différentes était proposé. Entre les

---

[19]Cette fête de gratitude se célèbre en Amérique du Nord et au Canada à l'automne, après les moissons.
[20]USDA – United States Department of Agriculture, équivalent de notre ministère de l'Agriculture.

7 262 variétés de 1903 et les 7 100 de 2004, la différence n'est pas grande et tient au fait que bien des variétés ont été remplacées au cours du siècle, certaines étant nouvelles, d'autres importées, et des variétés anciennes jusque là préservées par des jardiniers ont pu être réintroduites sur le marché. Mais ici Chapman et Heald comparent des pommes avec des oranges. Car des variétés à pollinisation ouverte qui ont évolué durant des millénaires et dont les semences ont été préservées génération après génération ne peuvent être placées sur le même plan que des variétés produites dans des laboratoires.[21] Ce que nos deux chercheurs n'ont pas étudié est le nombre de variétés à pollinisation ouverte actuelles déjà existantes il y a un siècle. Ce chiffre aurait montré de façon vraiment plus précise ce que nous avons réellement perdu. Une variété dont on a perdu les semences est une variété perdue pour l'humanité. Durant les cent dernières années 94 % des variétés de notre patrimoine collectif ont disparu.[22]

Trois choses découlent de cet énorme déclin variétal. Tout d'abord une perte pour nos assiettes et nos palais. C'est bien dommage de ne plus avoir et de ne pas savoir ce que l'on aurait pu avoir, toutes ces variétés de pommes, choux, maïs, tomates...

Cela signifie aussi la perte de notre souveraineté sur les semences et sur notre production alimentaire.

Mais il est une réalité plus grave encore. Toute cette perte de diversité n'a pas seulement appauvri nos tables et diminué l'indépendance de nos fermiers. Ce déclin variétal menace toute la biodiversité. Or, nous le savons tous : plus un système présente une biodiversité pauvre, plus il est fragile. En laissant les ressources génétiques s'appauvrir ainsi et en laissant le champ libre aux industriels nous retirons à nos cultures leur possibilité de s'adapter au changement et nous mettons réellement en danger toutes les réserves alimentaires mondiales. Plus nous perdons de variétés alimentaires, plus nous nous approchons d'un gouffre désastreux. Nous pouvons déjà en apercevoir le fond. Peut-être ne l'avez-vous pas encore vu, parce que vous regardiez ailleurs, concentrés sur le rayon des paquets de céréales en vous demandant lesquelles choisir...

Le rayon Céréales semble effectivement offrir une grande diversité de choix, en flocons ou croustillants, légers ou gourmands... Mais de quelle diversité s'agit-il vraiment ici ?

Trois cultures couvrent actuellement 87% de toute la production de céréales et

---

[21] L'auteur y reviendra mais il peut être utile de clarifier les choses. Les plantes peuvent être fécondées naturellement par l'intermédiaire des insectes, du vent et de l'eau – c'est la pollinisation libre ou ouverte. En suivant les règles de prudence usuelles et spécifiques à chaque espèce, il est possible de récolter les semences pour les replanter l'année suivante. Quand des plantes se croisent spontanément pour s'adapter, on parle d'hybridation naturelle. On l'a vu, le paysan peut à son tour favoriser telle ou telle hybridation en fonction des caractéristiques qu'il souhaite obtenir dans une plante qui sera dite cultivar (ou, improprement, variété). L'industrie procède à des hybridations artificielles qui donnent des hybrides F1, dont la première génération est impeccable mais qui dépérissent à la suivante, obligeant donc les fermiers à en racheter sans cesse.
[22] « A l'échelle de la planète la perte est de 75 % entre 1900 et 2000. » Source Centre d'actualité de l'ONU, article *FAO : la perte de biodiversité végétale menace la sécurité alimentaire globale.*

14

comptent pour 43% de l'alimentation consommée sur la planète : le blé, le maïs, le riz. Comme l'écrit Edward O. Wilson dans *The future of life*, ces trois aliments se tiennent en équilibre entre l'humanité et la famine. « La production alimentaire mondiale ne tient qu'au fil ténu de la biodiversité » écrit-il.[23] En effet, sur 250 000 espèces de plantes connues, 103 plantes seulement fournissent 90% des plantes comestibles qui font notre alimentation. Un tout petit nombre de plantes nourrit donc un très grand nombre de personnes. Le blé à lui seul procure 23% des calories nécessaires à l'humanité.

En me penchant sur les compositions des paquets, je constate que la plupart de nos céréales du petit-déjeuner contiennent du blé. Je marche le long de l'allée, ce choix énorme me donne le tournis et pourtant ce n'est toujours et encore que du blé. Et je ne suis même pas arrivée à l'allée Pains et Biscottes.

Regardons le blé d'un peu plus près. Traditionnellement il existait des milliers de variétés de blé, 100 000 en fait. Le *Récompense*, un blé traditionnel canadien, le *Teinté bleu d'Éthiopie*, l'*Engrain Gotland*, une vieille variété Suédoise, le *Crimée*, le *Fifre rouge* une variété traditionnelle probablement d'origine ukrainienne et tellement d'autres. (Une variété traditionnelle, dite *landrace*, est une variété locale issue d'une espèce domestiquée qui présente de nombreuses variétés, est largement développée naturellement, sans reproduction industrielle). De nos jours, la moitié du blé produit aux États-Unis provient de neuf variétés. Donc non seulement l'allée Céréales est chargée en blé mais de plus elle est génétiquement homogène.

Des cultures identiques sont vulnérables parce qu'il est évidemment risqué de tout récolter au même moment. Mais il y a d'autres raisons. En 1846, en Irlande, le cas du mildiou de la pomme de terre a bien illustré les conséquences néfastes de la monoculture. Cela a conduit à la Grande Famine et à l'émigration de toute une population. Presque 90% des pommes de terre consommées par les Irlandais étaient des *Lumper*, une variété prolifique. Moins d'un demi hectare suffisait à nourrir une famille entière. Quand un mildiou tardif commença à ravager les plants de pomme de terre de l'île, la *Lumper* présenta une légère résistance au niveau des feuilles mais les tubercules, elles, pourrirent lors du stockage.[24]

Imaginez les conséquences actuelles d'une maladie semblable sur les stocks de blé.

Quoique, tout bien considéré, une maladie s'est déjà attaquée au blé. Comme le fait remarquer Bob Quinn, fermier du Montana et agro-activiste : « Autrefois le blé était considéré comme notre aliment de base, maintenant on ne peut même plus le

---

[23]Edward O. Wilson (né en 1929) est un biologiste fameux spécialisé dans l'étude des extinctions massives dues à l'industrialisation. Ses essais ont été récompensés par deux fois du prix Pulitzer. *L'Avenir de la vie,* Seuil, 2003.

[24]Le mildiou est un champignon qui affecte aussi les tomates et se manifeste, entre autres, par des taches brunes sur les feuilles et les tiges, puis les fruits pourrissent. Depuis leur révolte contre Cromwell, les Irlandais catholiques étaient obligés par l'Angleterre de diviser leurs terres entre tous les fils d'une même famille, ce qui forçait à morceler les exploitations et contraignait à une culture unique, en l'occurrence la pomme de terre, nourrissante et demandant peu d'espace. Quand le mildiou arriva sur l'île, toutes les récoltes furent touchées pendant des années. En six ans, entre 1846 et 1852, le phénomène aurait causé un million de morts et deux millions de réfugiés.

manger. » Le blé moderne, industriel, est associé à une croissante allergie au gluten et les modifications de la protéine du blé ont engendré l'obésité et bien d'autres maladies (le Dr. William Davis, cardiologue et auteur de *Wheat Belly*, a bien expliqué le phénomène)[25].

Nos régimes alimentaires sont devenus de moins en moins naturels et de moins en moins diversifiés. Michael Pollan qualifie le maïs et le soja de « pierres angulaires de l'alimentation industrielle. »[26] Lors d'un discours donné à la conférence annuelle de la Géorgie Bio, en 2009, il affirmait que notre alimentation a plus changé au cours du dernier siècle qu'au cours des 10 000 années précédentes : « La monoculture dans les champs entraîne la monoculture dans nos assiettes. » La diversité des cultures alimentaires mondiales s'est réduite comme une peau de chagrin et un nombre incalculable d'aliments n'existent plus. Nos semences, en particulier les variétés anciennes, et la biodiversité de nos cultures sont en danger. Tout comme notre santé.

Dans l'histoire, les semences relevaient de la responsabilité de chacun : il fallait d'abord les collecter, les garder bien au sec, les protéger des souris et des oiseaux, l'hiver était pour nos ancêtres comme une rivière à traverser, chargés de sacoches étanches et résistantes aux souris.

D'autre part, entre chaque récolte, les semences devaient être échangées, parce que les sociétés traditionnelles avaient compris que les plantes se fortifient par les mélanges – tout comme dans la reproduction humaine. Échanger les semences rend les variétés plus fortes et plus précieuses – un peu comme une monnaie génétique, l'échange d'un matériau génétique inestimable.

Le paysan tout au fond de nous doit comprendre que pour survivre, pour que nos cultures nourricières restent viables, nous devons ouvrir nos mains. La condition intrinsèque de la survie des semences c'est la générosité. Dans le cas contraire, elles dégénèrent par excès de « consanguinité ».

Dans toute l'histoire de l'humanité, lorsque nous avons quitté un lieu, un pays, un chez-soi, nous avons emporté avec nous le futur de notre alimentation. Nous avons transporté nos réserves de nourriture pendant plus de 12 000 ans, des graines serrées dans des bourses de cuir accrochées à nos cous ou des sacs entiers entreposés dans de grandes réserves où pendant douze siècles nous avons gardé une flamme allumée – un peu comme celles des moines du temple de Daisho. Des vents puissants ont soufflé dans les salles de ce temple et les feux ne sont pas aussi puissants que par le passé. En perdant une grande partie de la biodiversité, nous avons pratiquement perdu ce qui nourrit la flamme.[27]

---

[25] Sur ce sujet, en français, on pourra se reporter à *L'Alimentation ou la 3e médecine*, de J. Seignalet, Le Rocher, 2013, 5e édition.

[26] Journaliste, activiste et écrivain américain très médiatique, il a publié de nombreux ouvrages sur les méfaits de la nourriture industrielle.

[27] Le Daishō-in est un temple bouddhiste du Japon situé dans la zone du patrimoine mondial du sanctuaire IItsukushima-jinja. Une flamme y serait allumée depuis la fondation, il y a plus de 1200 ans.

2.

Brève histoire de l'agriculture industrielle

Les gens en ont assez de porter leur croix. Nous voulons déposer nos fardeaux et, pour l'espèce humaine, se nourrir est l'un des plus lourds que nous ayons à porter car si nous n'y arrivons pas, nous mourrons de faim. Or, produire notre nourriture absorbe tout notre temps, d'un bout à l'autre de la journée, d'un bout à l'autre de l'année, et en plus ça nous casse le dos.

Alors, quand quelqu'un vient nous dire : « je vais le faire pour vous, cultiver, m'occuper des semences, tout ça, et pendant ce temps vous pourrez faire autre chose... », la plupart d'entre nous sautent sur l'aubaine, trop contents d'être débarrassés. Au début c'était sympa, relax. Pendant que les esclaves trimaient dans les champs avec leurs houes, suivis par le cortège des métayers, bêtes de somme, tracteurs et cultivateurs à huit lames, moissonneuses-batteuses Lexion 590Rs (80 boisseaux de maïs à la minute[28]) et autres, nous restions tranquillement à la maison, à nous balancer sur le porche en sirotant un thé glacé et en écoutant des 33 Tours de Frankie Laine.

Bon, je suis de mauvaise foi. Nous n'étions pas sur le porche. Nous n'étions même pas à la maison. Nous étions à l'usine en train de coudre des blue-jeans, une poche sur une jambe, une poche sur une jambe, une poche sur une jambe. Ou bien nous étions sur une chaîne à souder des morceaux d'automobile, de tondeuses à gazon et de télévisions.

Deux choses se sont alors produites. La première, le long de cette chaîne abrutissante, quand la seule vue d'un autre moteur déboulant sur le tapis roulant nous donnait la nausée, nous avons commencé à rêver de retourner dans les jardins et les vertes prairies. Là, fendant une pastèque en deux, nous nous régalerions de sa chair sucrée tout en donnant les restes aux cochons. La seconde c'est que quand notre grande sœur faisait cuire un plat de haricots mange-tout, nous constations tous qu'ils n'étaient pas aussi savoureux que les *Cherokee Trail of Tears* de notre maman, et qu'ils n'avaient rien à voir non plus avec le crémeux des cocos blancs de grand-mère. Nous nous languissions des gâteaux préparés par nos arrières-grand-mères avec des courges *Pink banana* et de ces petites tomates cerises toutes dorées.

Mais rêver de retrouver nos jardins n'allait pas changer grand-chose à l'affaire. Pendant que nous nous laissions séduire par les illusions de confort et d'abondance, l'industrie s'affairait à saler les champs pour que nous ne puissions pas y revenir. Au cours de la mal-nommée Révolution Verte – sauf si vous pensez aux algues des marées vertes – l'agro-industrie a fait miroiter aux paysans l'aube d'une nouvelle ère. La Révolution Verte qui, dans notre pays fut une véritable épopée – avec un début, un milieu et une fin – a définitivement scellé les noces de la vie agraire et de la vie

---

[28]Le boisseau est encore utilisé aux États-Unis où il vaut 29,6 litres. Il était présent en France avant le système métrique et valait 12, 67 litres.

industrielle. Fertilisation chimique, standardisation, homogénéisation, mécanisation et commercialisation étaient les slogans de la nouvelle agriculture. La promesse était de venir à bout de la faim dans le monde et même si, en effet, il y a eu pendant un moment une augmentation sans précédent de la production par hectare et par ouvrier agricole, il y a toujours sur terre un milliard d'affamés.[29] Comme l'a écrit le professeur Jules Pretty dans son essai *Can Ecological Agriculture Feed Nine Billion People?* les systèmes industriels « ne semblent efficaces que si l'on ne tient pas compte de... leurs dommages collatéraux ». L'agriculture industrielle est entrée en ville avec toute une bande de vilains rejetons : glissement du local vers le global ; du petit vers le grand ; du nourrissant au remplissant ; de l'enraciné à l'a-culturé ; du sain au toxique ; de l'indépendance à la victimisation.

Afin de servir ce modèle de croissance continue, qui n'engendrait pas spécialement de profits pour l'agriculteur, les tracteurs ont commencé à remplacer les ouvriers. Mon ami Angus Gholson se souvient du jour où son père a acheté son premier tracteur : « Mouais, j'aime bien » avait dit le père Gholson, « mais y'a rien qui lui sort du derrière ! ».

L'agriculture industrielle a également poussé à la spécialisation, des étendues plus vastes plantées d'un nombre restreint de variétés, ainsi que plus d'hectares plantés d'annuelles et moins de pérennes. Son obsession était la monoculture de quelques cultures fiables, à haut rendement et mûrissant toutes en même temps. « Dans le sud de la Géorgie », me dit un fermier, « on essaie de faire une spécialisation maïs-soja ». La diversité est devenue *un obstacle* à l'efficacité et à la productivité, tout comme l'est une agriculture vivrière ou à taille humaine. Un fermier dont la production est diversifiée et qui conserve ses semences, n'est pas seulement sans intérêt pour une grosse compagnie, il représente une menace. Or, le fondement de la diversité – qui génère les possibilités, la stabilité, l'espoir et le pouvoir – c'est tout ce qui est petit et dissemblable.

Récemment, j'ai été invitée à l'université Warren Wilson près d'Asheville en Caroline du Nord. J'y suis restée quelque temps. Il y a dans cette fac une ferme en activité. L'université demande à chaque étudiant de travailler quinze heures par semaine à la bibliothèque, à l'atelier de maintenance informatique, à la forge, aux ruches ou à la ferme. Un jour que j'entrais dans une classe pour donner mon cours de littérature, les notes du cours précédent étaient encore écrites sur le tableau. Je les avais en partie effacées lorsque, lisant ces mots, j'imaginais sans peine le contenu de

---

[29]Chiffres 2013 : 842 millions de personnes souffrent encore de la faim et 36 000 personnes en meurent chaque jour (source World Food Programme). Dans le film « Des solutions locales pour un désordre global » de C. Serreau, 2010, D. Guillet, fondateur de Kokopelli, qualifie cette révolution de « verte » (par opposition à la « rouge ») en référence à la couleur du dollar. Son principal concepteur, l'agronome Norman Borlaug, a reçu prix Nobel de la Paix en raison des récoltes extraordinaires des premières années suivant la mise en place de la révolution en Inde et au Pakistan. C'était sans compter les effets dévastateurs au moyen et au long termes de cette agriculture qui sont aujourd'hui de notoriété publique, notamment depuis la Déclaration de Rio de 1992. Principalement financée par les fondations Ford et Rockfeller, la fondation Gates est entrée dans le mécanisme en 2006 pour la mise en œuvre de l'AGRA, *Alliance for a green revolution in Africa*.

la leçon précédente :
mécanisation de l'agriculture
évangile du progrès
perte des mules
la trace spectrale

Cette histoire je la connaissais par cœur. Ces mots formaient une sorte de vie fantôme que je n'avais jamais considérée comme mienne mais vers laquelle je voulais retourner. J'avais suivi cette trace spectrale.

Les hybrides

L'agriculture industrielle a jeté son dévolu sur les semences et s'est emparée de notre approvisionnement en graines avec une rapidité effarante. Elle a commencé par créer des hybrides, un hybride étant le rejeton d'un croisement génétique. L'hybridation est tout simplement le processus de reproduction végétale en accéléré. Le pollen d'une plante possédant telles caractéristiques désirées est frotté sur le pistil d'une autre plante présentant telles autres caractéristiques désirées. Cette fleur produit une semence qui, en grandissant, exhibe une combinaison de caractéristiques désirées nommée vigueur hybride – que ce soit une excellente productivité ou une croissance exceptionnelle.

Au milieu des années 1920, les premiers hybrides ont été proposés sur le marché américain. Il s'agissait de deux variétés de maïs. En 1924, le bureau d'agriculture expérimentale du Connecticut a présenté le *Redgreen*, et Henry A. Wallace a, lui, présenté le *Copper Cross.* (Wallace était un sélectionneur de maïs qui a créé par la suite la Hi-Bred Corn Company, première entreprise mondiale de semences hybrides, qui plus tard sera rachetée par DuPont qui s'alliera avec Syngenta.)

Quand les fermiers ont planté des hybrides, disons-le tout net, ils ont gagné plus d'argent. La mauvaise nouvelle toutefois, concernant les semences hybrides, est que que même si généralement elles donnent de meilleurs rendements, un fermier ne peut en conserver une partie pour la ressemer l'année suivante.

La descendance de ces semences n'arrive pas à « pousser juste » – elle ne peut pas donner un fruit similaire à celui dont elle est issue. Ainsi, en conservant les semences d'un hybride, un jardinier n'obtiendra pas la même tomate à chair épaisse ni le maïs super-doux de la première année mais un mélange des caractéristiques des variétés dont son hybride est issu.

L'utilisation de la science pour améliorer la nourriture n'est pas une mauvaise chose en soi. Mais la science devient problèmatique quand elle ne sert que les intérêts mercenaires de certaines entreprises et de leurs employés.

Les entreprises semencières brevettent des hybrides F1 et en contrôlent la propriété dans le seul but d'asseoir leur monopole sur les gènes. Chaque année les paysans sont donc obligés de racheter leurs semences à des entreprises dont l'avidité pourrit littéralement nos réserves alimentaires.

Un nombre croissant de fermiers, parmi ceux qui ne sont pas encore morts ou qui n'ont pas jeté l'éponge, ont suivi ce nouveau schéma, abandonnant les semences d'autrefois, traditionnelles, celles de papa-maman, adaptées au lieu, sélectionnées par le fermier et précieusement conservées.

Avant 1932, des centaines de variétés de maïs, poussaient sur tout le continent. Dont le maïs Stanley. Ou ce maïs à gruau que m'a donné Lewis Snowden, un autre voisin, qui lui venait de son beau-père, Mr Gore, qui lui même l'avait eu d'un certain Mr Ogden. Ou encore le maïs Keener dont je brûle de vous parler.

1932 est un seuil critique. Ce fut l'année où le maïs *Golden Cross Bantam*, le premier maïs hybride à devenir populaire, fut planté dans les champs et les jardins américains. La flétrissure de Stewart empoisonnait alors la vie des fermiers.[30] Au début des années 1930, cette maladie était devenue une véritable épidémie. Le maïs *Golden Cross Bantam*, développé par le pathologiste Glenn Smith de l'université Purdue, résistait à la flétrissure. Dès leur mise sur le marché, les semences se vendirent comme des petits pains dans tout le pays.

Un gigantesque changement s'opéra alors en un clin d'œil. En 1935, moins de 10% du maïs produit dans l'Iowa était hybride. Quatre ans plus tard, 90% l'était, et en majorité du *Golden Cross Bantam*. Dans ce laps de temps, entre 1935 et 1939, intervalle dans lequel sont nés mes parents, la face du paysage agricole américain a changé pour toujours. Faisant confiance aux réclames, ne mesurant pas les conséquences à long terme, ne comprenant pas ce qu'ils perdaient, et désirant survivre, les fermiers ont rangé leurs boîtes de grains de maïs-maison sur une étagère au fond d'un appentis et sont partis en ville acheter du *Golden Cross Bantam*. Selon Jeff L. Bennetzen, généticien de l'université de Géorgie, en 1946 l'Iowa était 100% hybride. Sur l'ensemble de la « ceinture du maïs », 90% du maïs cultivé est hybride.[31]

Les hybrides sont conçus pour pousser dans toutes sortes de climats et conditions de culture. Ils s'adaptent très facilement, contrairement aux variétés locales à pollinisation ouverte. Ceci permet le fonctionnement du marché national et international de la semence. En peu de temps, les champs de maïs américains tournèrent exclusivement avec des variétés hybrides. Choisir de faire pousser ces graines-là c'était entrer dans le monde du progrès.

Personne ne jette la pierre aux fermiers : ils ont fait ces choix en fonction de leur intérêt économique et ne savaient pas qu'ils rejoignaient un système déjà bien fissuré, un système qui allait bientôt casser. Car l'hybridation en soi n'est pas une solution. Le phyto-pathologiste de l'université de Géorgie Albert Culbreath me disait que : « Les hybrides ont leur place et leur utilité. Mais ils ne devraient pas être utilisés de façon exclusive et devraient être issus d'un plus grand nombre de lignées. » Le vrai problème est que l'hybridation implique la perte colossale de notre héritage semencier commun et de la diversité agro-écologique. Le vrai problème c'est *l'industrialisation* de l'hybridation.

Tout à coup, nos campagnes se sont donc trouvées pleines de paysans qui n'avaient plus à se soucier des fuites dans le toit ni d'aucune vermine dans leurs semences de maïs. C'étaient aux entreprises semencières de s'occuper de tout ça. Mais les fermiers auraient dû continuer à se faire du souci. Ils devaient s'inquiéter de leur

---

[30]Elle est causée par une bactérie dont est vecteur l'altise du maïs. (NdT)
[31]La Corn Belt rassemble quatre états américains produisant à eux seuls environ 50 % du maïs du pays : Iowa, Illinois, Ohio et Indiana.

autonomie. Ils devaient s'inquiéter de la parité (par opposition à la disparité, ou inégalité, où les fermiers reçoivent pour leurs récoltes un paiement qui ne reflète pas le coût de ce qui a été investi.) Ils devaient s'inquiéter des banques. En abandonnant la préservation et la réutilisation de leurs propres semences, ils devenaient prisonniers de la « Big Agriculture ».

Notons ici que d'autres méthodes permettant d'accélérer la reproduction des plantes traditionnelles ont connu un certain succès, comme par exemple l'utilisation d'agents mutagènes responsables de mutations dans les plantes. Ces mutagènes incluent certains produits chimiques et des radiations (X-, gamma, électromagnétiques, ultraviolettes). Pour résumer, les plantes sont traitées avec un agent mutagène puis sont plantées. Leur progéniture est triée avec soin et les mutations considérées comme étant bénéfiques sont sélectionnées. Ces méthodes sont très éloignées des mutations spontanées des reproductions ancestrales.

Les organismes génétiquement modifiés

A la fin des années 1990, il y a eu un nouveau tournant dans l'agriculture, une deuxième balle tirée dans le cœur de notre sécurité alimentaire.

En se basant sur les recherches de recombinaison de l'ADN effectuées dans les années 1970, les semences génétiquement modifiées ont d'abord été plantées de façon expérimentale à la fin des années 1980 et introduites sur le marché américain en 1996. Les organismes génétiquement modifiés (OGM) sont créés à partir de l'ADN pour développer de nouvelles caractéristiques. Les généticiens désactivent des gènes actifs et activent des gènes qui ne l'étaient pas, remplacent un gène par un autre, ou encore glissent çà et là des petits bouts d'ADN provenant de règnes biologiques complètement différents. Des organismes peuvent ainsi être modifiés ou créés génétiquement pour à peu près n'importe quoi. Quasiment tout ce qu'un scientifique imagine peut être créé. Le coton Bt par exemple contient une bactérie qui a été introduite dans les chromosomes du coton (il existe également du maïs Bt et quelques variétés de pommes de terre). Bt, pour *Bacillus thuringiensis*, est un insecticide naturel – il s'agit d'une bactérie produisant une spore qui devient toxique lorsqu'elle est ingérée par les insectes. Une fois que le Bt est génétiquement encodé dans le coton, le coton génère sa propre toxine afin de tuer les insectes qui l'envahissent. Désormais nous avons une plante qui non seulement fournit la matière de nos jeans et T-shirts mais qui génère aussi une bactérie qui s'attaque au ver-gris[32] ainsi peut-être qu'à d'autres nuisibles du coton.

Les autres OGM qui ont été populaires dès leurs débuts furent ceux résistants au Roundup, la marque la plus connue sous laquelle est vendue le glyphosate. Ces OGM furent développés par Monsanto, la société qui a elle-même breveté et vendu le Roundup. Avant de commencer leurs plantations les fermiers arrosaient leur champ de Roundup pour éliminer les herbes indésirables[33], parce que le Roundup s'attaque aux organes aériens de la plante. Au moment où les semences plantées commencent à germer le Roundup n'est plus actif. Désormais, avec l'arrivée des semences

---

[32]Ou chenille de la noctuelle, *helicoverpa armigera*. (NdT)
[33]Celles qui ont été considérées comme des « mauvaises herbes » pendant l'ère du tout-chimique sont désormais perçues comme de précieux auxiliaires au jardin bio.

Roundup-Ready, les plants semés sont revêtus d'une sorte d'imperméable qui les protège de ce déluge chimique. En 2010, Luke Ulrich cultivateur de maïs et de soja dans le Kansas, interviewé par Franck Morris à la radio nationale, affirmait qu'« il n'y a rien de tel que le Roundup, un singe pourrait cultiver avec. »

En 2009, un maïs génétiquement modifié (GM) dénommé *SmartStax* est arrivé sur le marché. Développé par Monsanto et Dow AgroSciences, cette semence se targue de présenter huit caractéristiques empilées dans une même graine. Le maïs *SmartStax* produit six toxines insecticides (tuant de la pyrale du maïs à la chrysomèle des racines du maïs) et contient deux herbicides, le glyphosate et le glufosinate. Ces caractéristiques n'ont pas été créées indépendamment les unes des autres par incorporations successives de séquences d'ADN, elles ont été générées par croisement de lignes déjà existantes de maïs transgéniques.

Une fois encore les fermiers accueillirent ces maïs OGM à bras ouverts comme ils avaient accueilli le premier maïs hybride. En moins d'une décennie plus de la moitié du maïs cultivé aux États-Unis était OGM. Vous devez vous demander ce qu'il y a de mal à ça. Si la science travaille pour notre bien, laissons la faire. Si ces graines merveilleuses peuvent nourrir toute la planète, fort bien. Mais il y a en réalité plein de choses qui clochent ici.

Premièrement, ces insertions génétiques sont des gènes « sournois » – le paysan ne peut pas les voir, il ne peut pas s'y préparer et ne peut pas protéger une autre ferme de la contamination. Deuxièmement, en quoi est-ce important pour une entreprise chimique de créer un produit comme le Roundup-Ready ? Nourrir les affamés ? Protéger l'environnement ? Servir l'humanité ? Ou vendre encore plus de produits chimiques ?

Pour la première fois dans la longue et merveilleuse histoire de l'humanité, des gènes peuvent être la propriété de quelqu'un. Désormais les entreprises brevettent des variétés de plantes, en particulier celles créées dans les laboratoires des cultivars de nouvelle génération. Le génome du riz sauvage, la seule céréale autochtone d'Amérique du Nord et aliment de base du peuple Ojibwe[34], a été breveté par une compagnie californienne à la fin des années 1990. Des bricolages génétiques réalisés par la suite par des scientifiques de l'université du Minnesota afin de créer de nouvelles variétés ont profondément choqué l'écrivain et activiste autochtone Winona LaDuke : « Le lien que nous avons avec le riz sauvage est vieux de 2 000 ans » dit-elle, « l'idée même de breveter quelque chose nommé *sauvage* me semble impossible. »

Maintenant lisez ce qui suit avec attention.

Certaines choses sont inhérentes à la terre et pour cette raison même elles appartiennent de façon démocratique à tous ses habitants. L'air et l'eau, par exemple, font partie du domaine public et il devrait être interdit de les marchander. Les semences – qui, dans l'histoire de l'humanité, ont toujours fait partie du bien commun – ne peuvent pas plus être possédées que le feu. Ou l'océan. Et pourtant, l'industrie bio-technologique s'est peu à peu immiscée dans les cours de justice et les couloirs des ministères, tel un ver malfaisant, réclamant ce qui ne lui appartenait pas,

---

[34] Importante tribu amérindienne traditionnellement semi-nomade basée entre le nord des États-Unis et le sud du Canada.

clamant que le vivant peut être possédé. Mais non, il ne le peut pas, Monsanto. Il ne le peut pas, Syngenta.

La recette de fabrication d'une semence n'est bien entendu pas une propriété concrète, c'est une propriété intellectuelle – une invention de la loi, c'est-à-dire une idée acceptée par les légistes ou créée dans les cours de justice et utilisée pour faire valoir certains intérêts. La notion de « propriété intellectuelle » est une invention légale mais la vie appartient à tout un chacun.

De plus, il faut savoir que les semences qui ne sont pas encore enregistrées en tant que variétés connues peuvent être saisies et brevetées par n'importe qui en tant que propriété intellectuelle.[35] Dans ce domaine les multinationales sont particulièrement efficaces. Monsanto, par exemple, avait breveté une variété de blé à *chapati* utilisé en Inde depuis des lustres.[36] Autre cas absurde : un habitant du Colorado ayant fait breveter une variété ancienne mexicaine de haricots jaunes, est ensuite allé demander des royalties aux paysans mexicains.

Avec la transgenèse[37], l'autre gros problème est que pour incorporer un matériel génétique dans une plante il est nécessaire d'utiliser des vecteurs. Virus et bactéries, dont certains sont notoirement dangereux pour l'humain, comme le *E.coli,* sont ainsi utilisés comme vecteurs. Ce bidouillage génétique est invisible. Un épi de maïs transgénique ressemble à un épi de maïs non-transgénique. Vous ne pouvez pas voir qu'il contient des virus. Parce que la plupart des produits OGM proposés sur le marché américain n'ont subi aucun test environnemental ou sanitaire indépendant, personne ne connaît les effets que ces organismes peuvent avoir sur nous.[38] L'approbation et la mise sur le marché des OGM aux États-Unis est une expérience gigantesque aux conséquences imprévisibles réalisée sans aucune planification ni aucune analyse sérieuse – et nous, consommateurs, sommes les rats du laboratoire.

Le plus énorme dans l'histoire est que les entreprises décident seules des règles du jeu. Elles contrôlent les conseillers des gouvernements, ou pour être plus précise elles *sont* elles-même les conseillers des gouvernements dans un grand jeu de chaises musicales tels que les affectionnent multinationales et politiques. Nous pourrions appeler cela une pollinisation croisée mais il ne me plaît guère d'user d'une métaphore de vie pour décrire ces pratiques mortifères. Michael Taylor, pour n'en nommer qu'un parmi des douzaines, était cadre chez Monsanto avant de devenir administrateur adjoint chargé de la politique de l'agence de la FDA[39]. Le génie génétique n'est pas une accélération de l'évolution. C'est l'évolution entre les mains

[35]Cela s'appelle, en France, un certificat d'obtention végétale, ou COV.

[36]Face à la mobilisation populaire et associative, l'EPO (European Patent Office) a contraint Monsanto a retirer son brevet sur le blé *Nap Hal* en 2003.

[37]Ou introduction de plusieurs gènes dans un organisme vivant.

[38]C'est également le cas en Europe. Des réseaux comme Inf'OGM, Greenpeace, le Crii-Gen dénoncent régulièrement le fait que les tests sont effectués sur trois mois seulement sans que les effets chroniques ne soient jamais étudiés.

[39]La Food and Drug Administration, ou « Agence américaine des produits alimentaires et médicamenteux », décide des médicaments et des aliments pouvant être commercialisés aux États-Unis. Elle s'appelle ACIA au Canada (Agence canadienne d'inspection des aliments) et Agence nationale de sécurité sanitaire de l'alimentation, de l'environnement et du travail en France (Anses, ex Afsass).

des multinationales. Grâce à l'hybridation, aux modifications génétiques et au brevetage des semences, et avec l'aide d'un gouvernement pour faire passer les lois, une poignée d'individus contrôle ce que nous mangeons.

Perte de la biodiversité
Avec l'hybridation comme avec la modification génétique, les paysans perdent donc la possibilité de conserver leurs semences d'une année sur l'autre et de faire pousser les variétés de plantes les mieux adaptées naturellement à un sol. Allez, au diable la sélection naturelle ! Aux oubliettes la circulation génétique !
La liberté génétique permet aux plantes de s'adapter et d'évoluer en fonction des maladies, des transformations du sol, des macro et micro-climats. Ces adaptations s'avèraient généralement utiles et bénéfiques. Une variété ancienne d'alfalfa, par exemple, découverte en 1940 en Iran, s'est montrée résistante aux nématodes de la tige[40] et cette variété ancienne a généré une nouvelle variété d'alfalfa qui a largement amélioré la production.
La biotechnologie corrompt l'adaptation naturelle et détruit la diversité.
Selon le Département d'Agriculture des États-Unis (USDA), voici ce qui a disparu chez nous : 95% des variétés anciennes de choux, 96% des maïs de culture, 94% des pois et 81% des tomates. Entre 1804 et 1904, plus de 7 000 variétés de pommes poussaient aux États-Unis (dont la *Roxbury*, la *Russet*, la *Black Gillifeather* et la *Greening*) – 86% ont disparu. Bien sûr, nous avons gardé beaucoup de variétés et bien d'autres sont apparues, mais 86% ont disparu.
Dans l'agriculture chimique, un nombre décroissant de variétés commerciales remplace les variétés locales que l'on trouvait dans les fermes traditionnelles. En 1949, en Chine, 10 000 variétés de blé différentes poussaient dans les champs. Dans les années 1970, la majorité de ces variétés avaient été abandonnées et seul un millier étaient encore utilisées. De même, en Corée, sur l'ensemble des variétés potagères qui poussaient en 1985, il n'en subsistait que 26% en 1993, soit une perte des trois-quart en huit ans.

Perte de l'enracinement
Dans la pelote, tirez un fil, un problème, comme celui de la perte de la diversité alimentaire, et vous découvrez qu'il est connecté à tout le reste. Parmi les pertes, il y a celle de ne pas être restés chez nous. Au cours des siècles précédents, les milieux ruraux ont subi une véritable hémorragie humaine. Les fils et les filles des fermiers ont été attirés dans les villes, générant la plus grande diaspora de l'histoire des États-Unis qui s'est étendue sur plusieurs générations et se poursuit encore de nos jours.
En 1900, 41% des Américains vivaient de leur ferme. Actuellement, selon le service de recherche économique de l'USDA, seuls 2% gagnent leur vie à la ferme. Pendant ce laps de temps, bien des traditions locales et des coutumes sont devenues quasi clandestines, pas seulement la conservation des semences mais aussi un certain type de musique et des danses traditionnelles comme le *buckdancing* et le clogging[41], l'art

---

[40]Vers ronds microscopiques qui pénètrent dans la plante et vivent dans la tige et les feuilles, habituellement au-dessus de la surface du sol. (NdT)
[41]Danse traditionnelle où l'on frappe des pieds, à l'origine des claquettes. (NdT)

de la dentelle et celui du patchwork.

L'émiettement des communautés rurales a commencé à la fin du XIXe siècle avec l'avènement des chemins de fer qui ont rendu les déplacements beaucoup plus simples et rapides, alors soudain l'isolement des campagnes et le manque de vie sociale sont devenus insupportables. L'hémorragie du monde rural s'est intensifiée au cours de la Seconde Guerre mondiale quand, pour reconstruire notre pays épuisé par la guerre, le gouvernement américain a lancé une campagne publicitaire pour inciter les gens à venir en ville. Le capitalisme industriel avait besoin de main-d'œuvre et promettait la prospérité en échange. En ville, le boulot ne manquait pas et le travail en usine était plus facile que le dur labeur des champs. Quitter sa ferme s'apparentait à un acte de patriotisme (certes mal avisé).

La campagne publicitaire a bien fonctionné : un exode rural massif s'ensuivit. Entre 1915 et 1960, près de neuf millions de ruraux du sud du pays, pour ne citer qu'une région, s'en allèrent en ville. Neuf autres millions – plus ou moins une moitié de Blancs, une moitié de Noirs – quittèrent carrément le sud. (Pour certains, il faut reconnaître que partir était un choix de survie. Dans le cas des états du Sud, des millions de Noirs ont fui les campagnes pour échapper aux lois Jim Crow[42], trouver des emplois mieux payés et se libérer de l'oppression culturelle.)

Les jeunes passaient leur baccalauréat dans des petites villes comme Ideal en Géorgie, Liberty dans le Mississippi, Enterprise dans l'Ouest-Virginie, Faith dans le Sud-Dakota, Hope en Arkansas – puis ils partaient à l'université et ne revenaient jamais. Ils avaient intériorisé le message, et comme feu le penseur Paul Gruchow le dit dans son étude *Grass Roots: The Universe of Home*, s'ils voulaient accomplir quoique ce soit, il valait mieux qu'ils partent de chez eux : « Nos petits ruraux les plus doués sont éduqués dès la prime enfance dans l'idée qu'ils devront partir un jour et le plus tôt possible et que s'ils réussissent, ils ne reviendront jamais. On leur impose effectivement une sorte de déracinement. » S'ils étaient bons à quelque chose ils ne seraient pas à la campagne, ils seraient ailleurs. Ils auraient envie d'une profession intellectuelle. Ils n'auraient pas envie de baigner dans l'inculture, le fondamentalisme religieux et la pauvreté, d'être confrontés au manque de travail, au racisme, à l'homophobie. Les gens disent s'en être « échappé ». « J'en mourrai si je devais y retourner », ai-je entendu dire. « Je ne pensais qu'à partir. Il n'y avait rien là-bas. » Une fois déracinés, les gens ont tendance à poursuivre leurs pérégrinations, changeant encore de lieu pour leur carrière, pour leur éducation, pour se marier, pour un autre mode de vie.

Quatre-cinquièmes des Américains vivent désormais en secteur urbain. Dans tout le pays on peut voir les signes de la désagrégation de l'Amérique rurale – petites fermes abandonnées, villes fantômes, magasins de campagne aux vitrines noircies et leurs propriétaires en souffrance. Les campagnes se sont vidées de leurs meilleurs enfants, des plus brillants, les penseurs, les organisateurs, les leaders et les artistes – ceux qui auraient imaginé et généré les changements et dont serait issue une nouvelle génération de penseurs. Ils sont tous partis.

---

[42]Ensemble de lois ségrégationnistes en vigueur dans le sud des États-Unis entre 1876 et 1964.

Nos semences disparaissent.

Quand les variétés de semences disparaissent du marché, elles s'évaporent non seulement de la mémoire collective mais aussi de l'histoire de l'évolution de la terre. Les semences sont plus proches des tigres du Bengale que des 33 Tours qui, eux, peuvent être produits à l'envi. Une fois disparue, une variété est éteinte à jamais, les semences ne peuvent pas être ressuscitées.

Adieu, jolies semences.

Adieu, histoire de nos civilisations.

Adieu, nourriture.

Une semence se crée elle-même. Une semence n'a pas besoin d'un généticien ou d'un hybridateur ou d'un publicitaire ou d'un marieur. Mais elle a besoin d'aide. Parfois elle a besoin d'un papillon ou d'une abeille, ou juste d'un souffle de vent. Parfois elle a besoin d'une ferme et elle a besoin d'un paysan. Elle a besoin d'un jardin et d'un jardinier.

Elle a besoin de toi.

3.

J'ai grandi comme ça

J'ai grandi dans les années 1960 et 1970, au milieu de ces vastes champs gris et plats de Géorgie où poussent les plants de tabacs et des bataillons d'épis de maïs surgis de la terre fine. Nous étions des gens de la terre. Les semences étaient une monnaie, les semences étaient des présents, les semences étaient la promesse du futur.

Dans cette économie, grand-mère Beulah était bonne cliente. Elle adorait les plantes et tout ce qu'elles pouvaient produire. Sa serre était aussi fascinante qu'ingénieuse – une maison à moitié enfouie, creusée dans l'argile rouge au bord de la route poussiéreuse. De l'extérieur, la maison semblait faire un mètre vingt de haut, recouverte de bâches en plastique. Mais lorsqu'on poussait la petite porte, les marches en béton conduisaient en contrebas à une petite pièce aux murs d'argile humide couverts de fougères et de mousses, un sous-sol sans habitation au-dessus. Une chaleur humide régnait à cet endroit, c'était étouffant, ça sentait le géranium. L'air était algal tellement c'était vert.

Nous, les petits-enfants, devions lui demander sa permission pour aller dans la maison enfouie. Une petite fille devait faire bien attention : ne pas bousculer les fleurs, ne pas casser les tiges, attention aux serpents. La fillette devait aimer ce qu'elle voyait là.

Dans une serre, la transformation est possible parce que la vrille du haricot grimpant s'en vient chercher ton âme. C'est pareil dans un jardin : le doigt fin de l'*Ipomée volubilis* s'enroule autour de ton être tout entier. Peut-être qu'une transformation est possible dans n'importe quel endroit où les plantes poussent à profusion.

Quand ma grand-mère fut trop âgée pour s'en occuper, la maison enfouie fut démontée et le trou rempli d'argile. Mais pas tout de suite. Pendant quelques temps, ma grand-mère a pu me transmettre sa sagesse. J'ai observé ses mouvements parmi les violettes africaines, ses mains s'affairant entre les chaînettes de cactus *Thanksgiving* et l'eau fraîche coulant de l'arrosoir.

Mon cœur s'est ouvert aux jardins avec la saison des *cowpeas*[43]. Je me souviens très bien de ce jour. C'est arrivé avant que ma mère n'arrête de mettre des pantalons et qu'elle n'embrasse une religion lui interdisant d'en porter. Ce jour-là, elle portait son pantalon court bleu marine pour se rendre dans le potager de sa mère car faute de potager maman n'avait qu'un terrain vague que papa et moi appelions son « abandonnoir ». Elle était allée aider sa mère à tuteurer les haricots. Des pois de plein champ pas des haricots de potager.

Ma gentille sœur, toute menue, portait son pantalon à imprimé fleuri et des baskets bleu ciel. Elle avait six ans et me tenait la main. Moi, j'avais deux ans. Ma mère

---

[43]*Vigna unguiculata* – voir la note de la traductrice en début de volume.

récoltait en espérant que mon petit-frère, encore bébé, endormi dans la maison de Grandmama, ne se réveillerait pas avant qu'elle ait fini de remplir ses paniers. Avec autant d'enfants, trois déjà, comment trouver le temps de faire quelques réserves ? Mon oncle aussi aidait à récolter les pois que maman et Grandmama écosseraient ensuite sur le porche. Ma sœur m'a ramenée à la lisière du champ. Les pois avaient tellement poussé que les tiges débordaient des lignes en s'emmêlant. Elles s'avançaient vers nous comme une marée ondulante, menaçant de nous engloutir.

– Sis', fais gaffe aux serpents, dit mon oncle à ma sœur.

Toutes les femmes petites et grandes de ma famille maternelle sont des *sis'*.[44]

– C'est p'tête mieux qu'tu retournes à la maison. J'aimerai pas voir qu'un serpent t'morde.

Les tiges des pois sentaient l'orage.

Je ne croyais pas qu'il puisse y avoir des serpents sous ces feuilles immenses. Alors je suis entrée là-dedans. J'ai trébuché, je suis tombée. Mon oncle a regardé sans rien dire. Je me suis relevée et j'ai frotté mes paumes Ma sœur m'a repris la main. Elle était plus obéissante que moi. Je me suis à nouveau dégagée et j'ai tendu la main vers une des cosses, un fruit long et mince. Manger ce fruit était inscrit en moi – je savais d'instinct qu'il ne fallait pas manger la feuille ou la tige.

Ma mère cueillait, cueillait. Elle ne pouvait pas cueillir une de ces gousses vert-citron, s'asseoir entre les feuilles dressées et la mâchouiller lentement comme je le faisais. Le goût était étrange. J'arrivais au pois, rond et humide. Le goût était encore plus étrange. Je le mâchais avec mes dents toutes neuves.

– Maman, cria ma sœur, elle mange les pois !

Ma mère tourna vers moi son visage en forme de cœur. Il était souvent tourné ailleurs.

– Tu vas avoir mal au ventre, me dit-elle.

J'étais contente qu'elle ne nous ait pas dit de retourner à la maison. Je l'ai regardée, j'ai souri et j'ai continué à mâcher. J'étais si grassouillette que quand je souriais tout mon visage se déployait. Je ne savais pas comment dire ce que je ressentais. Les pois n'avaient pas besoin d'être cuits.

– Je ne pense pas que ça lui fera mal, ajouta ma mère pour elle-même autant que pour ma sœur et mon oncle. Elle remplissait un seau à lait émaillé. On passerait l'après-midi à écosser ces pois et à jeter les cosses vides dans des paniers. J'essayais de jouer dans les cosses.

Je savais que ma mère était fatiguée. Je savais qu'elle avait besoin de plus de sommeil. Mais elle était jeune, elle était toujours amoureuse de mon père. Elle est toujours restée amoureuse de lui. Elle avait trouvé sa raison de vivre. Je me tenais en équilibre précaire entre les tiges, serrant les cosses replètes dans mes mains replètes.

– Pois, dit ma mère, tu sais dire ça ?

Je regardais sa silhouette longue et fine se découper dans un soleil éblouissant. J'ai plissé les yeux et souri de mon sourire grassouillet.

– Pois, j'ai dit.

_____

[44] Abréviation courante de *sister*, sœur. (NdT)

Le seul maître jardinier que j'ai eu ne conservait pas ses semences par crainte de l'érosion génétique. Elle les conservait parce qu'elle avait appris à le faire quand elle était jeune, parce qu'elle l'avait toujours fait et que c'était normal. Avec ses petits cheveux gris et courts, elle s'occupait dans sa cuisine, préparant des gâteaux au citron et remplissant ses placards de chutney de poire.

J'étais encore jeune quand je vis ma grand-mère dans sa cuisine gratter la chair d'une courge et la mettre à sécher sur des serviettes en papier déployées sur des moules à tarte en aluminium.

– C'est quoi ça, Grandmama? lui demandais-je d'une petite voix.

Je savais être polie. Je savais qu'il ne fallait poser que des questions essentielles, celles qui donnent aux adultes un sentiment d'importance.

– *Cushaw*,[45] me répondit-elle fièrement.

– *Cushaw*. Quel drôle de nom. On dirait un éternuement. Qu'est-ce-que c'est ?

– Oh, une sorte de citrouille .

– Tu manges les graines ?

– Non, mon enfant, les graines tu les plantes, répondit-elle, pour faire pousser d'autres *Cushaws*. Elle me regarda avec un mélange d'amour et de pitié et ajouta : nous allons les faire sécher puis nous les planterons dans le jardin l'année prochaine et plein d'autres citrouilles vont pousser.

– Oh.

Après dîner, je le savais, ma grand-mère irait sur son rocking-chair pour regarder les oiseaux-mouche voleter dans les impatientes qui s'enroulaient sur la moustiquaire du porche et là, elle me laisserait grimper sur ses genoux. Contre ma joue sa robe était électrique. Elle sentait le talc de la petite boîte ronde posé sur sa coiffeuse.

– Grandmama, tu me montreras comment on fait pousser les *Cushaws* ?

Elle a ri.

– Oui, je te montrerai, mais je ne sais pas si tu auras le temps d'en faire pousser beaucoup, tu commences l'école cette année.

Je suis profondément reconnaissante envers Beulah pour tout ce qu'elle m'a enseigné. Sans elle, où serai-je ? « Les branches poussent parce qu'il y a un arbre » dit un proverbe hawaïen. Nous sommes ici parce que nous avons eu des ancêtres.

Plus tard, l'habituelle expérience scolaire de germination consistant à faire pousser des haricots dans une bouteille vide sur le bord de la fenêtre de la classe m'a profondément touchée. Un enfant n'a aucun pouvoir, nous le savons tous, et pourtant, j'ai planté ce petit caillou rond et dur dans une poignée de terreau et, après une ou deux semaines quelque chose est sorti de terre. Deux minuscules pages d'un livre vert se sont ouvertes et se sont élevées vers le ciel le long d'une petite jambe verte et fragile. Les jours ont passé, d'autres feuilles encore se sont ouvertes, et la chose continuait à pousser. J'avais envie de courir, d'aller crier partout la nouvelle. Il y avait eu là une sorte de magie, et tout ça grâce à moi.

Comment quelque chose de si petit peut-il se transformer en quelque chose de si grand ? Parce que les semences contiennent plus qu'elles ne sont, parcelles de germoplasme – contenant tout un projet de vie.[46] Elles sont la source de toute vie,

---

[45]Courge du Mexique, *Cucurbita Argyrosperma.*(NdT)

[46]Le germoplasme, ou plasma du vivant, désigne le matériel génétique d'un organisme.

des miracles dans de minuscules emballages. Il suffit juste d'ajouter de l'eau.

Je suis dingue des graines parce que ce sont également des métaphores pour tant de choses : l'innovation, le potentiel, la multiplication, l'abondance, le futur. Je suis aussi folle de ce qu'elles sont, littéralement, rendez-vous compte : ces petits ballots d'énergie propagent la vie végétale depuis que les plantes à fleurs sont apparues sur terre.

Enfant, ayant grandi dans l'isolement, sans télévision, je plongeais vraiment dans les histoires. Mon père, un chiffonnier, ramenait à la maison des tonnes de bric-à-brac et parfois des caisses entières de livres. Une fois comme ça, est arrivé toute un recueil d'histoires dans un manuel de littérature pour élèves de primaire. J'ai lu et relu ce livre. Dans ces histoires, la vie de quelqu'un était toujours en jeu (comme maintenant dans la vraie vie). Un serviteur allait se faire décapiter s'il n'inventait pas un nouveau dessert pour satisfaire un prince horriblement gâté qui voulait quelque chose de chaud et froid à la fois (Et bing ! Un *sundae ice-cream*). Dans une autre histoire, un garçon voulait retirer son chapeau pour faire honneur au roi, sauf qu'un nouveau chapeau apparaissait chaque fois qu'il en retirait un. Les chapeaux étaient chaque fois plus élaborés. Le garçon grimpait les marches de la Tour-de-la-Mort lorsque le millième chapeau, le dernier, le plus magnifique de tous, apparut sur sa tête. Quand le garçon retira ce glorieux couvre-chef, il avait enfin la tête nue et put s'incliner comme il sied devant le roi. Le roi était tellement fasciné par ce dernier chapeau croulant sous les plumes et les bijoux qu'il pardonna au garçon son impertinence, épargna sa vie et le fit prince.

Mon histoire préférée était celle d'une famille de pionniers très pauvres qui vivait dans une maison de rondins du Far West. Un soir, alors qu'il cherchait un bouton dans la boîte à couture de sa mère, le héros de l'histoire y trouva une graine. Tout excité, il la montra à sa famille qui lui conseilla de la planter. Ce qu'il fit le printemps venu : la graine germa, grandit et donna un plant de potiron. Le garçon et sa famille purent alors se régaler d'une tarte au potiron pour le jour de Thanksgiving.

Je n'ai jamais oublié l'histoire de cette richesse contenue en une seule graine.

Des années plus tard ma grand-mère m'a donné les premières semences anciennes que j'aie préservées, bien que ni elle, ni moi, ne connaissions à l'époque les termes de « variétés anciennes » ou « traditionnelles ». Je passais mes samedis avec Grandmama. Avant que ma sœur, mes frères et moi ne débarquions chez elle le matin, elle avait déjà récolté tout un panier de pois *Zipper Creams* et toute la matinée nous l'avons aidée à les écosser. Au moment du déjeuner, je remarquais une poignée de graines étranges dans un bol en verre, sur le buffet de la salle-à-manger.

J'ai attendu que Grandmama ait fini de cuisiner. J'ai attendu que le déjeuner soit fini. J'ai attendu que ma sœur et moi ayons fini de laver la vaisselle dans l'évier bas, un évier qui avait été construit pour une femme d'un mètre cinquante.

– Grandmama, c'est quoi ça ?

Les haricots étaient gros comme des yeux. Ça ressemblait à des yeux, blancs avec des iris sombres.

– Sis', Ermalou me les a donnés. Elle appelle ça des *Jack beans.*

– Ça se mange ?

– Ermalou pense que non. Moi je ne pense pas que je vais essayer.

Chez moi, j'avais demandé à ce qu'un morceau du parterre de fleurs me soit réservé pour que je puisse y faire mon jardin. Je voulais y planter une de ces graines en forme d'œil. Voler une des graines aurait été un péché. Il fallait que je formule soigneusement ma demande.

– Est-ce que tu vas les planter ?

– C'est déjà fait.

– Alors celles-ci, elles sont en plus ?

– Oui, en effet.

– J'aimerai essayer d'en planter une.

– Et bien trésor, sers toi donc.

C'était exactement ce qu'il me fallait. Dans le creux de ma main les graines roulaient comme des billes oblongues.

– Pourquoi elles s'appellent *Jack beans* ?

– A cause de Jack et le haricot géant, j'imagine.

– Elles poussent très haut ?

Grandmama a ri.

– Plante-la et tu verras bien.

– Merci Grandmama.

Après, je lui ai demandé si elle savait ce qui était orange et haut d'un kilomètre. Elle ne savait pas.

– L'Empire State Carotte, j'ai répondu.

Elle a ri.

– Je souhaite que ton haricot pousse aussi haut que ça.

– L'Empire State Haricot.

Moins de deux ans plus tard je mettais le feu à des broussailles pour créer mon second jardin. C'était un lopin grand comme une salle-de-bain américaine, à côté du terrain vague. J'avais douze ans et j'aimais parler de George Washington Carver, un de mes héros – un homme qui guérissait les plantes malades, peignait à l'argile et cueillait les baies, l'inventeur du beurre de cacahuètes.[47] Son influence m'amena à me faire bien des connaissances et de bons amis parmi les botanistes et gens de semences. Brûler les herbes folles était plus simple que d'avoir à les arracher, pensais-je. J'avais trouvé un paquet d'allumettes et fait démarrer ma flamme à un bout de la parcelle. Le feu a bondi dans les herbes sèches s'échappant du terrain que j'avais délimité, galopant jusque sous le camion abandonné dans l'arrière cour, puis jusqu'au dépotoir. Je n'avais pas d'eau pour l'arrêter, juste un râteau. Mes cris ont alerté la famille et ma mère et mes frères sont accourus. Le seul dommage réel est que des semaines durant j'ai dû supporter des leçons sur les dangers du feu, avec des récits complets et détaillés de toutes les catastrophes et explosions, les victimes brûlées, les maisons en cendres et les familles à la rue. Il a fallu que je nettoie le reste du bout de terrain à la main.

Chez moi, personne ne jardinait, alors j'ai pensé demander conseil à mes grands-parents. Les *Jack beans* ont poussé incroyablement, tout en hauteur, produisant de

---

[47]Né en 1864 dans le sud du pays, il put quitter le domaine où il était esclave. Passionné par l'étude, il devint botaniste.

larges feuilles molles et des cosses d'un pied de long[48], qui séchaient et faisaient des bruits de hochet et qui, une fois écossés, laissaient tout le monde pantois. Les *Gombos* ont laissé aller leurs gousses entre mes doigts. La courge jaune a donné ses fruits. Je me sentais ivre de jardinage.

Je suis devenue dingue de graines parce que j'étais folle des plantes : j'ai réalisé il y a longtemps que l'endroit où je me sentais le plus en sécurité était le royaume des plantes – où les choses ont un sens, sans cette inquiétude qui te tient dans le monde animal, où rien ne va te manger.

Je me souviens de ce lien que j'avais, enfant, avec les plantes. Elles étaient ce qu'il y avait de plus proche de moi, je me sentais en intimité avec elles – avec les arbres, les myrtes qu'on appelle chez nous les « bois sent bon », les lys d'un jour. Je ne connaissais rien d'autre aussi intimement. Replanter des pensées sauvages ou cueillir des roses était extrêmement personnel. Au lieu d'avoir des amoureux, j'avais les branches de chèvrefeuille, les radis, les asters du fossé. Toucher une chose fait naître une relation sensuelle, une relation profonde et donc privée. Je ne parle pas la langue de la botanique mais celle de l'amitié. La flore était devenue mon amie.

Un printemps, en cours de science, je devais réaliser un poster avec des graines. Je suis partie me promener, collectant au hasard dans toute la maison et dans le terrain vague comme un vrai petit Bartram[49], pleine d'ingéniosité et d'enthousiasme. Un simple grain de riz n'était-il pas une semence ? Sur ma grande feuille j'ai collé des grains de maïs, de grosses graines rouge vif et rebondies de magnolia et des pépins d'orange et de pastèque. Ma composition ployait ici sous le poids des glands, s'allégeait là avec les aigrettes des pissenlits. J'ai eu un A.[50]

Étant une enfant entreprenante, j'ai écrit à l'American Seed Company à Lancaster, Pennsylvanie : « Pouvez vous, s'il vous plaît, m'envoyer votre GROS livre-cadeau d'abonnement, et une commande de 45 paquets de semences américaines. Je vais les vendre à 40 cents chacun, vous renvoyer l'argent et choisir mon nouveau cadeau, ou bien je vais garder un tiers de l'argent gagné au lieu du cadeau. »

Chaque année, parmi toutes les aventures tumultueuses et inoubliables de mon enfance, j'ai planté, j'ai regardé, j'ai appris et même, parfois, j'ai récolté. En Terminale, à dix-huit ans, je faisais toujours mon potager, alors que mes copines avaient des petits amis, buvaient et allaient au cinéma. De toutes façons je n'aurais jamais pu faire comme elles parce que mes parents n'auraient jamais accepté de tels comportements.

Ma vie était telle que je l'ai décrite dans mon journal intime, en date du 14 mai 1980, un mercredi, quelques semaines avant la fin du lycée. J'avais 18 ans. Les garçons dont je parle sont mes deux frères, d'un et deux ans plus jeunes que moi, tous deux ayant eu bien avant moi la permission de conduire. J'avais un petit boulot dans une bibliothèque qui consistait à ranger les livres et lister les articles de presse.

---

[48]Un peu plus de trente centimètres. (NdT)

[49]Un des premiers botanistes américains (1699-1777). (NdT)

[50]Le système américain de notation va de A à F, A étant la meilleure note.

Les garçons sont venus me chercher au travail cet après-midi et nous sommes allés chez Thompson, la grande boutique de fournitures agricoles. J'adore l'atmosphère des magasins de graines et de fourrage. J'ai acheté une livre de cacahuètes à planter (1$), une louche de courges (20 c.), et un grand paquet de graines de navet (1$). A l'épicerie, l'autre jour, j'ai acheté quelques-uns de ces paquets de graines tout colorés : Gombo, radis, souci et Zinnia nain, 49c. chaque. J'ai semé les minuscules semences des navets sur un lit d'un mètre de long puis j'ai ratissé. J'ai fait des lignes puis j'ai planté les courges et les gombos. Puis j'ai désherbé un peu. Le vent s'est mis à souffler, ça s'est rafraîchi, mais les nuages ne se sont pas amassés. Finalement, vers neuf heures (maman et moi faisions notre jogging) il a commencé à pleuvioter. Depuis il pleut gentiment. Pousse, pousse, pousse !

Dix-huit ans ! Mais à quoi je pensais ? On dirait une gamine de dix ans. Pourquoi ne m'étais-je pas glissée la nuit, par la fenêtre, pour aller rejoindre mes amis et faire des allers-retours en voiture entre le glacier et l'église méthodiste ? Bien vite je me suis retrouvée dans le vaste monde, découvrant toutes ces choses par moi-même, autant que je pouvais en voir. Dans ce monde où l'on peut tomber amoureux de tant de choses, ce sont des plantes dont je me suis enamourée et, par conséquent, des semences.

4.

Sycamore

C'est à vingt-et-un ans que j'ai commencé à jardiner sérieusement. Au début des années 1980, j'ai utilisé l'argent de ma bourse universitaire pour acheter une terre et, en fin d'études, je suis allée m'installer sur cette ferme de 5 hectares dans la campagne du nord de la Floride à l'ouest de Tallahassee. Une communauté hippie importante s'était développée dans un endroit appelé Sycamore, pas loin de Greensboro, l'autre grande ville des alentours étant Quincy. Mon lieu, la ferme biologique de Hoedown, se trouvait tout au bout d'un cul de sac terreux et sans nom.

Dans cette petite communauté de néo-ruraux se trouvaient un certain nombre de jardiniers qui m'enseignèrent ce qu'ils purent et me donnèrent envie de faire passer mon amour des plantes à la vitesse supérieure. Tous leurs jardins étaient biologiques et magnifiques. Sara me fit découvrir la consoude, la chayotte et le luffa. Lesa faisait pousser de la digitale et m'a donné des pousses de monarde et de lavande. Les Fishers, mes voisins macrobiotes qui avaient été pépiniéristes dans le sud de la Floride, avaient créé un incroyable verger dans lequel poussaient aussi des radis chinois et des légumes à feuille japonais. Une ou deux fois par an quelqu'un organisait un troc de plantes.

En 1984, vingt-deux ans et shootée au jardinage, j'ai commandé une étrange variété de courge dans le « Market Bulletin », hebdomadaire publié par le département d'Agriculture de Géorgie, rempli de publicités gratuites. Le fermier avait appelé cette courge *Candy Roaster* et la décrivait, dans le catalogue, comme du jamais vu jusqu'alors dans une jardinerie ou dans un catalogue de semences. La courge pouvait mesurer entre 60 et 90 cm de long et 15 cm de diamètre, on aurait dit une espèce de massue énorme et courbe. A maturité, elle était d'un rose orangé sombre et délicieusement sucrée.

Quand j'ai passé ma commande, la *Candy Roaster* était tout simplement une nouveauté pour moi. C'est plus ou moins au même moment, petite nouvelle que j'étais à Sycamore, que j'ai entendu parler du Seed Savers Exchange, un troc entre gardiens de semences. C'était un groupe récent qui voulait préserver les semences anciennes en privilégiant l'échange de graines entre ses membres. Le Seed Savers Exchange avait débuté une décennie plus tôt, en 1975, grâce à Diane Ott Whealy et celui qui était alors son époux, Kent Whealy. Le couple s'occupait du grand-père malade de Diane, Baptist John Ott, qui avait dans son jardin des plantes apportées de Bavière par ses parents lorsqu'ils émigrèrent à St Lucas, dans l'Iowa, en 1870. L'une d'elles était un liseron bleu avec un cœur rose profond et des raies violettes, que les Whealy appelaient le liseron de Granpa' Ott. L'autre était une tomate rose allemande. Quand Granpa Ott est mort, les Whealys ont réalisé qu'ils étaient les seuls à pouvoir perpétuer ces deux variétés anciennes et familiales. Ils réalisèrent aussi qu'un peu partout des variétés anciennes disparaissaient. De nombreuses variétés traditionnelles de fleurs et de légumes, cultivées et préservées année après année par des familles de fermiers et de jardiniers se perdaient ou n'étaient cultivées que par un tout petit nombre de personnes – parfois même par une seule. C'est ainsi qu'ils décidèrent de pérenniser ces semences. Leurs échanges initièrent un mouvement de jardiniers qui traquaient toutes les variétés anciennes de l'Amérique rurale. Je décidai d'en faire partie.

Je m'intéressai à nouveau à la courge *Candy Roaster*. J'envoyai une lettre au « Market Bulletin », demandant si c'était une espèce nouvelle, une invention végétale bizarre ou une variété « antique » ? Y aurait-il d'autres variétés plus ou moins semblables que des gens auraient préservées ?

J'ai trouvé dans le journal votre question sur les Candy roasters. J'en ai plein de graines. J'en ai fait pousser 13 belles cette année. Pour sûr elles font de très bons gâteaux. Je pensais que ça vous ferait plaisir de savoir qu'on en trouve encore.
Bertha Woody – Ellijay, Georgia
P.S. J'ai un fils qui habite à Orlando, Floride

Je suis ravie que vos courges patates douce Canney Roaster aient bien poussé cette année. Et moi aussi je les trouve drôlement bonnes. Certaines personnes les cueillent très jeunes et les font frire comme des courgettes jaunes mais je préfère laisser les miennes grossir et sécher puis je les prépare comme du potiron. Je ne les ai que depuis quelques années, peut-être six ou sept ans, mais Granny Dills a 86 ans et c'est elle qui m'a dit qu'elles s'appelaient Canney Roaster et elle m'a dit qu'elle en mangeait quand elle était jeune alors je ne sais pas quel âge elles ont. Je ne les ai jamais vues dans un catalogue mais je n'ai pas vraiment regardé non plus. Les graines m'ont été données par le cousin germain de mon mari et il les appelait Tater pumpkins. Un autre membre de ma famille qui vit au bout de la route a de la famille en Caroline du Nord et il dit qu'ils en ont là-bas et qu'eux aussi les appellent Canney Roasters.
Cordialement, E. Wise – Dahlonega, Georgia

J'ai vu votre lettre dans le Market Bulletin. Je suis née à Luthersville. Mon père vit toujours à Grantsville, en Géorgie. C'est juste sous Newnan. J'aime toutes sortes de fleurs et légumes bizarres. Je n'ai pas beaucoup de ces variétés d'autrefois que vous voulez. Je vous en enverrais si j'en avais. J'ai du Piment Peter (fort) et du piment Corne de vache. Je me demandais, si je vous envoyais l'argent est-ce que vous pourriez m'envoyer un bananier ? Ou dites-moi un endroit par chez vous où je peux commander des choses comme ça. J'ai un ananas que j'ai fait pousser à partir d'un ananas. J'ai aussi un avocat. Merci beaucoup.
Amitiés, Frances Campbell – Paducah, Kentucky
P.S. Je suis née le 21 juillet 1933

Avec mon ami Irwin à Sycamore nous avons construit une baraque en papier goudronné, autonome en énergie. Je vais être généreuse et nommer « cabane » cette structure faite de planches de pin clouées sur des poutres récupérées dans des séchoirs à tabac abandonnés. Irwin et moi n'étions pas ingénieurs et encore moins charpentiers. Nous étions la jeunesse se moquant de la société capitaliste.

Avant même que notre cabane soit terminée j'avais démarré le potager. Je n'y avais planté que des variétés à pollinisation ouverte vu que je voulais garder mes semences et que notre nourriture conserve un capital génétique fort. Je commandais mes semences à de petites compagnies comme Johnny's Selected Seeds et Pinetree Garden Seeds, qui vendaient à bon prix des paquets de taille adaptée aux familles et aux petits jardiniers. (En 1985, seize paquets m'ont coûté 6,85$, port inclus[51]).
Je commandais aussi aux gardiens de semences.
Les sachets arrivaient en masse : haricot *Granny's Scarlet Runner*, légume vert *Haitian*, haricot *New Mexico Cave*, pastèque *Genuine Georgia Rattlesnake*, *cowpea Calico Crowder*, haricot *Millhouse Butter*, poivron *Chocolate Sweet*, courge *Old Sugar*, laitue *Self-seeding*, moutarde *Byrd*, igname, soja *Ada*, melon *Old Timey*.
Tomates *Bulgarian Triumph, Red Sausage, Czar, Truck Gardeners Delight, Geisha, Peron Sprayless, Red Currant, Mule Team, Florida Pink, Climbing, Manasota Volunteer, Super Italian Paste, Dinner Plate, German Pink, Old Handed-down Pink, Arkansas Traveler, Mr. Charlie, Old Brooks, Czech's Excellent, Florida Basket, Believe It Or Not, Moneymaker, Deweese Streaked, Stone, Firesteel, Yellow Cherry.*
Maïs *Red White* et *Blue Indian, Bachelor Button*, haricot *Squaw*, haricot *Black Becky*, courge *Hornet's Nest*, pois *Rice*, gombo *Hopper's Flower Garden*, pastèque *Blacklee*, poivron *Aconcagua Sweet*, lin *Blue*, tabac *Wahirio*, aubergine *Listada de Gandia*, morelle *Garden*, navet *Cowhorn*.

Le journal de bord du potager que j'utilisais cette année là était un carnet de rendez-vous de 1980 dont j'avais rayé la date pour la remplacer par 1985. Le 9 mars, un samedi et non pas un dimanche – j'ai planté des laitues *Bibb* et *Tom Thumb*. Le 24 mars, j'ai planté un maïs nain doux doré à côté du fil à linge ainsi que deux variétés de pastèques, *Crimson sweet* et *Congo*, dans des tas de terre mélangée de têtes de poissons dont on avait rapporté tout un baril d'une poissonnerie. Le 9 mai, j'étais chez moi toute la journée, j'ai planté des haricots à rame *Blue Lake* et des courges tahitiennes, ainsi que de la nicotiana, des aubergines, des courgettes, des cléomes, de la camomille et des piments *Jalapeno*.
A Sycamore nous n'avions pas l'eau courante et nous récupérions l'eau de pluie qui s'écoulait des toits en aluminium dans des seaux et des tonneaux et nous arrosions les jardins de cette « eau marchante ». Nous nous baignions dans le ruisseau qui coulait sur le côté nord de la propriété et transportions des gallons et des gallons d'eau potable.[52]
Cet été là, il y eut une sécheresse. Le 20 mai, j'écrivais : « Le soleil tape dur, il envoie des vagues de feu, il suce l'eau de la terre, il donne aux serpents la force de frapper. » Les seaux et les tonneaux recueillirent quelques pathétiques gouttes de rosée matinale qui s'évaporait avant la mi-matin. Manifestement, le 4 juin 1985 j'avais appris quelque chose sur la préservation des semences : « J'espère pouvoir développer des graines qui vont me donner des variétés de légumes supportant la chaleur et résistant à la sécheresse. »
Quand il a fini par pleuvoir, les jardins de Sycamore sont devenus un enchantement.

---

[51] Environ 5€.
[52] Un gallon équivaut à 3,78 litres.

C'était une œuvre d'art vivante, un fouillis verdoyant. J'avais un jardin-soleil près de la cabane, un monticule circulaire d'où s'étendaient six lits en rayons. J'avais un jardin-grenade avec un banc, constitué d'une planche posée sur deux rochers. Courges et melons, dont un melon japonais grand comme la main à la peau comestible que je n'ai jamais retrouvé depuis, s'étalaient sous les kakis. Il y avait du basilic à feuilles de laitue, du basilic sacré et du basilic doux. Les lits surélevés offraient une abondance de choux frisés et de côtes de bettes.

J'essayais de faire pousser tout ce qui était étrange et inhabituel. La plante aux licornes et le haricot-castor. Le haricot coureur rouge. Le coton vert. La myrrhe, le jicama et l'alyssum n'ont rien donné, mais le reste s'étirait jusqu'au ciel. Parfois je m'amusais avec cette question : et si on me donnait un acre de terre nue sur une île lointaine et que je ne puisse amener qu'une seule plante pour mon plaisir et mon réconfort, pas pour me nourrir mais pour ma joie seule, laquelle emporterais-je ? Je choisirais peut-être la belladone, parce que chaque fleur serait un voyage non effectué ; ou bien une ipomée, glorieux délice du soir. Je choisirais peut-être la marijuana, pour le filigrane de ses feuilles d'un vert étrange ; ou encore la passiflore, dont la fleur inspire la formule complexe de tant d'histoires – les douze disciples, les douze femmes sages, la douzaine d'œufs.[53] Comment choisir ? Jamais jusqu'à présent je n'ai rencontré une plante que je n'aime pas.

En mai, j'ai noté avoir trouvé des noyaux de dattes qui avaient germé dans le compost. Plus tard ce même été, le 23 août, j'ai recueilli des semences de molène, de belles-de-nuit et de nicotiana.

Plusieurs métaphores négatives sont associées à la préservation des semences. Parce que pour un jardinier, une plante potagère qui fait des fleurs est une erreur. Oups, elle est montée en graine, la friche gagne[54], coupe ça ! Une graine pourtant naît d'une fleur, objet de beauté, pleine de couleur, de fragrance, de forme, et de variété. Les fleurs sont la nourriture de l'âme. Et les graines qu'elles produisent sont la vie, la subsistance, le futur. Nous sommes totalement dépendants des graines. Les semences sont un pont entre nous et le soleil, ce sont des émissaires du système solaire, des concentrés d'énergie cosmique.

---

[53]La fleur de la passion a été baptisée ainsi par les premiers missionnaires espagnols en Amérique du Sud. Ils virent en elle le signe divin de leur mission de conversion : sépales et pétales désignent les apôtres, les 5 étamines symbolisent les plaies du Christ et les 3 styles ressemblent aux clous qui servirent à la Crucifixion. La double rangée de pétales très découpés qui forme comme un anneau d'excroissances pointues représentant la couronne d'épines. Pour compléter le tout, les vrilles de la plante leur évoquaient les fouets et les feuilles avec lesquelles les soldats fustigèrent le Christ. Le genre comprend plus de 400 espèces. Les fruits jaunes de *Passiflora incarnata* sont les fruits de la Passion, dits aussi grenadilles ou *maracuja*.

[54]Dans le texte : *Going to seed,* monter en graine, signifie aussi qu'une personne prend un mauvais chemin, *a seedy place,* un endroit tout en graines, en friche. (NdT)

5.

Ce qui est cassé

Avant d'aller plus loin, je voudrais être sûre que vous avez bien compris ce qui est cassé.

Au printemps 2003, quand les États-Unis ont envahit l'Irak, le plan d'attaque avait été élaboré de manière fort stratégique. Notre gouvernement n'a montré aucune considération pour les ressources culturelles de l'Irak, semences incluses.
L'histoire de l'Irak est celle d'une civilisation ancienne, née il y a au moins 7000 ans. Située dans le Croissant fertile, oasis de terre arable considérée par les scientifiques comme le berceau de notre civilisation, les racines de l'Irak remontent à l'ère des civilisations mésopotamiennes qui s'épanouissaient sur les rives du Tigre et de l'Euphrate. C'est là que seraient nées la première écriture, le premier calendrier, la première bibliothèque, la première ville et la première démocratie. « Le gouvernement américain n'aurait pas pu choisir un lieu plus inapproprié » a dit la romancière et activiste Arundhati Roy dans un discours prononcé en 2002 lors de la réception du prix Lannan pour la liberté culturelle, où elle parle de : « Ce lieu dans lequel cette guerre illégale a été mise en scène en révélant un mépris grotesque pour toutes formes de justice. »[55]
En 2004, les États-Unis ont jeté les bases d'un nouveau gouvernement pour l'Irak conquise. Cent décrets ont été émis par Paul Bremer, chef de la coalition de l'autorité provisoire. L'un d'entre eux était fort étrange. Sous l'intitulé d'« Amendements aux brevets, design industriels, informations confidentielles, circuits intégrés et lois sur les variétés végétales » ce décret portant le n°81 autorisait l'introduction des cultures OGM en Irak et instaurait des droits sur la propriété intellectuelle des sélectionneurs de semences. Ce même décret interdisait aux paysans de réutiliser les semences OGM et les forçait donc à les racheter chaque année. Le décret 81 n'était pas une loi adoptée par un pays souverain. Cette loi n'a pas été promulguée dans l'urgence pour nourrir le peuple irakien. Le seul but de cette loi a été d'ouvrir un nouveau marché lucratif aux entreprises semencières contrôlant déjà ce marché dans d'autres parties du monde. Les entreprises géantes avaient là un nouveau débouché pour leurs marchandises. Au moment de l'invasion, deux millions d'hectares de blé étaient cultivés en Irak. Près de 97% des fermiers irakiens conservaient ou achetaient les semences locales à des vendeurs locaux. Un nombre incalculable de variétés poussaient là, dont le *Saberbeq*, un blé traditionnel du nord de l'Irak connu pour la qualité de son pain et sa tolérance à la sécheresse.

---

[55] Arundhati Roy est née en 1961 en Inde. Militante pacifiste, féministe et écologique, elle est connue pour son roman *Le Dieu des petits riens*. En 2005, elle a participé au Tribunal mondial sur l'Irak, initiative populaire souhaitant faire pression sur les administrations de G. Bush et T. Blair pour qu'elles rendent compte de leurs agissements pendant cette guerre.

« Il faut interdire aux fermiers de réutiliser les semences des variétés protégées. » A première vue, la formulation du décret 81 semble assez banale. Empêcher la réutilisation des semences de variétés protégées n'a pas d'impact sur les coutumes traditionnelles, n'est-ce pas ? Mais c'est tout le contraire qui se passe et ce pour deux raisons.

Premièrement, les multinationales sournoises ont breveté en toute discrétion les semences que les fermiers avaient patiemment sélectionnées au fil du temps à la main et aux prix de grands efforts. Soudain les fermiers n'étaient plus propriétaires des semences qu'ils avaient faites pousser et qu'ils avaient conservées. Ensuite pour asseoir le système, il ne restait aux entreprises qu'à faire accuser de vol quelques fermiers, de les menacer de poursuites immédiates, et les autres filèrent doux.

Ensuite, dans le cadre d'un programme baptisé *Operation Amber Waves*[56], les soldats de l'armée américaine ont distribué gratuitement et dans plusieurs régions du pays des semences de blé et d'orge, des fertilisants et des T-shirts portant l'inscription : « Fermiers Unis d'Irak. » Ces semences étaient OGM. Elles assuraient ainsi la contamination génétique des cultures traditionnelles du pays et mettaient en place le fardeau qui allait peser sur les épaules des fermiers irakiens. Appelons ça des graines d'impérialisme.

« Introduire du blé transgénique signifie remplacer la diversité naturelle et la condamner à l'extinction » dit Nagrib Nassar, professeur de génétique à l'université de Brasilia, au Brésil. « Elle sera remplacée par une monoculture ayant une base génétique très restreinte. C'est un problème qui deviendra une catastrophe. »

Dans cette guerre faite aux fermiers, jugez donc de cette autre avancée : Abu Ghraïb, ville située non loin de Bagdad, a été conquise et mise sous contrôle par des envahisseurs. La banque de semences de l'Irak se trouvait alors à Abu Ghraïb où les réserves de matériel génétique ont été pillées et, depuis, perdues. Sanaa Abdul Wahab Al-Sheikh travaillait à la banque génétique nationale d'Abu Ghraib. Au cours de l'invasion elle a caché un millier d'échantillons et d'articles de la collection, les a enterrés derrière sa maison, cachés dans son frigidaire, les sauvant ainsi du désastre. Elle travaille depuis à la reconstruction dans de nouvelles installations et se déplace dans tout le pays à la recherche de variétés qu'elle ajoute à ce qui reste de la banque génétique. Mais plus les fermiers irakiens font pousser les nouvelles variétés OGM plus les variétés traditionnelles disparaissent. Les fondements de la souveraineté alimentaire irakienne ont été sapés lors de ce fulgurant déluge.

Jeremiah Gettle, de Semences Traditionnelles de Baker Creek[57], propose à la vente les semences de pastèque *Ali Baba*, un fruit irakien recueilli en 1990 par Aziz Nail. Comme le dit Gettle dans sa description du fruit : « Il est désormais quasi impossible d'avoir des semences provenant de ce pays ancestral dont le peuple a perdu la plupart de son héritage génétique au cours de cette longue et sanglante guerre. Désormais le modèle de notre agriculture corporatiste a été gentiment suggéré aux fermiers autochtones qui ont perdu des milliers d'années de travail de reproduction végétale. J'imagine qu'ils ont gagné la liberté de signer un renoncement au brevet et qu'ils

---

[56] « Opération Vagues d'Ambre ». Un documentaire de E. Piper-Burket retrace cette histoire, *The Iraqi Seed Project*.
[57] Baker Creek Heirloom Seeds.

pourront soutenir notre avidité génétiquement modifiée. » Baker Creek propose également quatre tomates irakiennes : *Basrawya, Ninevah, Al-Kuffa* et *Tartare de Mongolistan.*

Ce qui s'est passé en Irak faisait partie d'une stratégie extrêmement bien planifiée, politiquement habile, mise en place par des militaires, avec un mode de gestion digne des grandes entreprises, et dont le but est de contrôler l'approvisionnement alimentaire mondial. Qui est aussi notre nourriture.

En quoi le système alimentaire américain est-il cassé ?

1. Notre alimentation est en voie d'extinction.

Au siècle dernier, 94 % des variétés de fruits et de légumes anciens ont disparu. En 2005, un rapport des Nations Unies rapportait que ce sont 75 % des légumes potagers du monde entier qui avaient disparu en dépit de la productivité, l'adaptabilité et le goût savoureux de tant de légumes anciens, c'est un désastre.

2. On nous vole nos réserves alimentaires.

Je reproche aux grandes entreprises d'être responsables de la diminution drastique de notre choix alimentaire. Sachez que je ne suis pas du genre à faire des reproches aux gens – si ce n'est sur la facilité de gober les mensonges et d'accepter la tromperie. Aux dépens de nos sols, de notre santé, de nos traditions culinaires, de notre environnement et de nos communautés, les méthodes traditionnelles de production de notre nourriture nous ont été dérobées par quelques grandes entreprises et nos semences traditionnelles remplacées par des semences chimiques et transformées à l'extrême.

Je dois vous parler ici de deux concepts importants.

Premièrement celui d'une production verticale s'opposant à une production horizontale. Une production alimentaire verticale signifie un contrôle de haut en bas. Une production horizontale signifie que le contrôle se situe au niveau du producteur ou du consommateur. Quand je passe à vélo à côté d'un champ de maïs devant lequel un petite pancarte dit P1376XR, qui est un maïs DuPont, je me sens écrabouillée. Mais quand je pense aux fermiers bio ou biodynamiques ou certifiés naturels qui vendent leur production au marché, dans leurs petites fermes, travaillant des parcelles à taille humaine, je me sens proche d'eux, à même hauteur d'épaule.

J'imagine une carte de nos régions de plaines côtières s'étirant depuis les pentes géologiques jusqu'à la côte. En une matinée de bicyclette, je peux me rendre dans les prairies grasses de Debra et Del Ferguson (Hunter Cattle Company), aller chez Relinda Walker avec des champs de carottes orange et violettes et de melons jaune-canari (Walker farms), chez Jimmy et Connie Hayes qui font des cacahuètes bio (Healthy Hollow farm), et chez Cindy et Larry Kopczak dans leur verger de pacaniers (Snug Hill farm). Il me suffit ensuite d'enfiler mes bottes et de marcher à leur rencontre.

Inversement, je peux bien marcher une année entière sans jamais rencontrer Monsanto dans son champ ou derrière son étal au marché du samedi matin. Monsanto est ailleurs.

Le deuxième concept est celui d'une énorme entité contre une multitude de petites. Cela fait trente ans que les fermiers s'entendent dire la même chose : « grossis ou dégage. »[58] En opposition directe avec l'industrialisation de l'agriculture, le nouvel adage c'est « fais toi tout petit ou dégage. »

3. Nos réserves de nourriture sont rachetées jusque sous nos pieds.

> « Les gens mangeront ce que les grandes entreprises
> auront décidé qu'ils mangeront. »
> Wendell Berry

Dans les années 1980 et 1990, les entreprises chimiques se sont lancées dans le rachat intensif des sociétés semencières afin de s'assurer des profits promis par l'industrie génétique. Le *modus operandi* était le suivant : achat de la société, retrait du stock de semences, mise en avant de leurs propres semences. Monsanto a fait un shopping tous azimuts.

Comme l'explique Bill Kte'pi dans *Green Food : An A-to-Z Guide,* il y a deux formes d'expansion. L'une est horizontale, la consolidation de petites entreprises opérant dans un secteur donné afin de réduire la compétition. Dans l'autre, verticale, la compagnie domine tous les aspects de la production. Les multinationales pratiquent les deux : Monsanto s'est déplacé verticalement de la chimie aux semences, puis horizontalement à travers ses entreprises semencières.

Pendant un temps ça a fait tourner les têtes. En novembre 2004, sous le nom de American Seeds Inc. (ASI), Monsanto a fait l'acquisition de trois entreprises semencières de l'Iowa : Crows, Wilson et Midwest. En 2005, Monsanto a annoncé qu'elle avait l'intention de s'agrandir et a racheté pour un milliard de dollars la société Seminis, leader mondial de la production de semences de fruits et de légumes. En un seul et ample mouvement, Monsanto est devenu la plus puissante entreprise de semences et de biotechnologies au monde. Elle dépassait DuPont. Suite à cette acquisition, Monsanto a racheté NC+ Hybrids (fournisseur de semences de maïs et de soja, dont le siège central était situé à Lincoln dans le Nebraska) et Emergent Genetics Inc (semences de coton). 52 millions de dollars plus tard, à l'automne 2005, Monsanto possédait Fontanelle Hybrids (à Fontanelle, Nebraska), Stewart Seeds (à Greensburg, Indiana), Trelay Seeds (à Livingston, Wisconsin), Stone Seeds (à Pleasant Plains, Illinois) et Specialty Hybrids. Et le shopping a continué.

En 2006, dix entreprises contrôlaient la moitié des ventes de semences commerciales sur le globe. Monsanto (États-Unis), DuPont (États-Unis) et Syngenta (Suisse) en tête. En 2007, les dix entreprises les plus puissantes dominaient 67 % du marché. En

---

[58] « Get big or get out. » (NdT)

2009, la part de marché de Monsanto pour la semence de maïs était de 36 %.[59]
Le Monopoly n'est pas un jeu.

En 2005, un rapport a montré que l'industrie des biotechnologies avait perdu, dans son ensemble, 6,4 milliards en une année. Depuis la moitié des années 1970, elle a perdu plus de 45 milliards de dollars.[60] Quelle est donc la récompense, la contrepartie de la manœuvre ? Par bien des aspects, l'industrie des biotechnologies en général (et Monsanto en particulier) fonctionne comme une gigantesque start-up. L'espoir de l'entreprise est que les investisseurs verront, au bout du compte, fructifier leurs efforts de conquête. Ils espèrent toucher le jackpot vite, sans trop attendre – et ce sera possible dès qu'une assez grande partie du monde sera conquise, que suffisamment de fermiers seront privés de leurs droits et qu'une quantité suffisante de nos ressources alimentaires seront perdues à jamais.[61]

Mais peut-être n'y arriveront-ils pas.

C'est là que se porte mon vote. C'est vers ça que tendent mes prières. C'est à ce monde que je travaille. Que tous ceux qui ont investi dans ces Frankensemences se ramassent et que mon voisin fermier puisse continuer à faire pousser les graines dont lui, sa famille et son bétail se sont toujours nourris.

4. Gavage forcé à la mal-bouffe.

Certains d'entre nous connaissent les dangers de cette agriculture toxique et les risques liés à l'alimentation industrielle, tout spécialement ceux des sucres, des hydrates de carbone, des graisses et du sirop de maïs à haute teneur en fructose. Mais d'autres dangers nous guettent.

L'arrivée des aliments génétiquement modifiés relève du cauchemar et de la folie. Sans aucune étude réelle ou adéquate, ils ont été approuvés par la FDA en se prévalant de cette courte mais cruciale mention d'« Équivalence substantielle » – qui suppose qu'un nouvel aliment ne comporte pas plus de risque que l'aliment conventionnel qu'il remplace. Le site Internet de la FDA met en avant la procédure d'approbation des trucs alimentaires issus du génie génétique : les bio-ingénieurs soumettent un « résumé des évaluations de sécurité et des qualités nutritives » 120

---

[59]Monsanto, DuPont (Pioneer), Syngenta, Limagrain, Land O'Lakes, KWS AG, BayerCrop, Dow, Sakata, DLF-Trifolium sont les entreprises semencières géantes qui contrôlent ce marché. Selon la Fédération internationale des semences, en 2011, la valeur totale des graines commercialisées dans le monde était de 34,6 milliards d'euros. La production de semences est appelée culture de porte-graines.

[60]Le fait est que « La chaîne industrielle dit travailler avec 150 espèces (dont principalement 12), 72 genres et 700 espèces sauvages apparentées ; 45% des recherches sur les croisements concernent le maïs ; 80 000 variétés ont été créées depuis 1960 (dont 59% ornementales) ; et la moyenne des coûts de développement d'une variété transgénique est de 136 millions de dollars. Dans le même temps, les réseaux de paysans créent des variétés à partir de 7000 espèces, à partir d'un accès direct à 50 à 60 000 espèces sauvages apparentées ; 2,1 millions de variétés ont été créées (dont seulement quelques-unes ornementales), et il n'y a pas de coût commercial pour créer une variété. » (source Inf'OGM, F. Prat, juin 2013)

[61]Cinq pays produisent la quasi-totalité des OGM : Amérique du Nord, Canada, Argentine, Brésil et Chine.

jours avant que l'aliment génétiquement modifié ne soit mis sur le marché. Les entreprises font alors un comparatif de quelques éléments clé de leur produit, tels que la toxicité ou le risque allergique, avec des plantes sans danger. « Nous contrôlons la quantité des nutriments, protéines et autres éléments entrant dans la composition du produit pour voir si la plante transgénique est équivalente à l'aliment traditionnel » dit Éric Sachs de Monsanto. « Si les niveaux sont similaires, l'aliment génétiquement modifié expérimental est déclaré identique pour tout usage habituel et aucun autre test n'est alors nécessaire. »[62]

Avant de proposer n'importe quel nouveau médicament ou n'importe quelle technologie aussi puissante des études approfondies et sur le long terme semblent la moindre des choses : évaluations toxicologiques, cultures tissulaires, études réalisées sur plusieurs générations, tests d'allergie. Les tests superficiels ne peuvent aucunement rendre compte des transformations possibles de la plante et de ses dangers potentiels sur la santé humaine. En résumé, la position de la FDA c'est qu'il n'y a pas de problème jusqu'à ce que surgisse un problème.

Le docteur David Schubert, chercheur en médecine au Salk Institute en Californie, et William Freese des Amis de la terre ont publié en 2005 un article intitulé *Études de sécurité et régulations des aliments génétiquement modifiés* où ils écrivent ceci : « Ce qui ressort de notre étude sur la régulation des aliments GM aux États-Unis est qu'elle ne représente pas plus qu'un coup de tampon 'procédure approuvée' destiné à augmenter la confiance du public mais certainement pas la sécurité de ces aliments génétiquement modifiés. »[63]

Le gouvernement américain n'a jamais non plus exigé aucun étiquetage des produits transgéniques malgré toutes les campagnes pour le « droit-de-savoir » des associations de consommateurs et l'incroyable soutien national en faveur de l'étiquetage. Les entreprises préfèrent éviter l'étiquetage car elles savent très bien que les ventes d'aliments GM diminueraient si les consommateurs savaient ce qu'ils achetaient. En ne demandant pas aux entreprises d'identifier les produits GM, la FDA (plus intéressée par le business de l'argent que par la santé des citoyens) nous prive du droit de savoir ce qui se trouve dans notre nourriture. « L'étiquetage est un de ces domaines par lesquels la FDA est officiellement chargée de faire la promotion des biotechnologies » dit Jeffrey Smith, activiste visionnaire qui a travaillé pendant des années à attirer l'attention sur la menace que sont les produits GM, également auteur du best-seller *Seeds of Deception*.

La seule façon pour un consommateur d'éviter les aliments GM c'est de choisir des aliments issus de l'agriculture biologique. Le cahier des charges de l'agriculture bio, qui définit les lignes directrices des intrants et des méthodes que les agriculteurs bio peuvent utiliser, interdit l'usage des semences GM.[64] Comme le dit Dave Hensen,

---

[62]Eric Sachs, travaille dans cette entreprise depuis 30 ans. Il est en charge de la communication avec le public sur les risques des organismes génétiquement modifiés, selon lui inexistants. L'approche américaine autorisant la mise sur le marché d'un nouvel aliment considère que le produit issu de la génétique ne constitue qu'un produit nouveau équivalent aux autres produits agricoles. En Europe, le principe de précaution prévaut.

[63]In *Safety Testing and regulation of Genetically Engineered foods*.

[64]Il convient ici de rappeler que les certifications varient d'un pays à l'autre. Au Québec, la présence d'OGM dans des aliments certifiés bio est interdite. Au Canada anglais, l'étiquetage des

directeur du Centre d'Arts et d'Ecologie de Occidental en Californie : « Le bio est une des dernières lignes de défense sur le long terme. » Toutefois, en raison de la contamination il est impossible d'éviter totalement les OGM dans nos assiettes. *Acres USA,* un magazine d'agriculture raisonnée[65], signale par, exemple que la dérive génétique est responsable de la contamination de la totalité du maïs américain.

5. Notre nourriture met notre santé en danger.

Nous ne le savons pas encore parce que l'histoire des dangers des aliments GM n'a pas encore été racontée, en partie parce que la bouche des conteurs a été soigneusement scotchée et d'autre part parce que l'histoire n'est pas encore connue. Le besoin d'études scientifiques a été ignoré et celles qui ont été réalisées ont été supprimées.[66]

Cependant la preuve de la toxicité inhérente aux aliments GM se précise de jour en jour. Comme le dit le Dr Michael Hansen, responsable scientifique senior de l'Association des Consommateurs lors d'une conférence à Mexico, en 2002, intitulée « Cultures Bt : une expérimentation inadéquate » : « Il existe des preuves de plus en plus importantes – provenant d'études épidémiologiques ainsi que d'études en laboratoire – que les différentes endotoxines Bt (dont celles du maïs, du coton et des pommes de terre) auraient des effets négatifs sur le système immunitaire et /ou pourraient être allergènes pour les humains. »[67]

Certaines preuves défavorables viennent d'Australie, où un charançon menace l'industrie du pois fourrager. Contrairement au pois fourrager, le haricot commun contient un gène capable de tuer ce charançon. Dans le but de créer un pois fourrager génétiquement modifié, projet qui aurait été porté sur une dizaine d'années, le gène du haricot en question fut testé. Aucune réaction allergique ne fut alors constatée ni chez la souris ni chez l'humain. Cependant, lorsque le gène fut transféré au pois, le nouveau pois GM a causé des dégâts allergiques pulmonaires chez les souris. Ce qui est important dans cette étude est qu'elle montre que la transformation survenue lors d'un transfert peut rendre les aliments GM dangereux.

Diverses expériences ont montré que la prudence s'impose sur plusieurs fronts. Par exemple, en dépit des arguments de la biotechnologie qui affirme qu'un transfert génétique des plantes cultivées vers les humains est improbable, une étude de

---

produits GM est autorisé mais n'est obligatoire que dans certains cas particuliers. Sur la question des OGM, la collaboration entre les gouvernements américain et canadien est totale. Le Québec aurait tendance à souhaiter s'aligner sur l'Europe où, depuis le 1er janvier 2009, 0,9% de résidus OGM sont autorisés dans les produits bio – résidus apportés par des intrants ou présents dans l'alimentation animale. La non-contamination absolue n'existe plus mais certains labels sont plus fiables que d'autres. Source : http://www.infogm.org/spip.php?article3231

[65]Ou « Sustainable agriculture ».

[66]Les études totalement indépendantes sont effectivement quasiment inexistantes. Monsanto dispose d'une liste impressionnante d'études « indépendantes » réalisées sur ses semences GM. Mais diverses enquêtes documentées ont montré que la quasi-totalité des chercheurs/laboratoires présentant ces études étaient directement ou indirectement financés par l'entreprise.

[67]In *Bt Crops: Inadequate Testing.*

l'université de Newcastle, en Angleterre, a montré que l'ADN des cultures GM pouvait être transféré à des bactéries de l'intestin humain. D'autres expériences ont suggéré des connexions entre les aliments GM et des problèmes médicaux importants. Chez des rats nourris de maïs et pommes de terre GM, les scientifiques ont observé un nombre anormal de globules blancs et rouges, des inflammations du foie, et des grosseurs inexpliquées sur les parois de l'estomac et de l'intestin grêle.[68] En 1998, un scientifique du Rowett Institute, à Aberdeen, en Écosse, a trouvé que les pommes de terre OGM causaient des tumeurs et des inflammations sur les parois de l'estomac des animaux du laboratoire. Le monde réel a même reçu des preuves d'éventuels problèmes liés aux aliments GM : après que l'Angleterre a introduit le soja GM, les allergies au soja ont augmenté de 50 %. Des fermiers de l'Iowa ont rapporté des problèmes d'infertilité (jusqu'à 80 %) chez les porcs nourris au maïs GM.

S'ajoute à cela les effets nuisibles du glyphosate (Roundup) dont les Américains prennent de plus en plus conscience. Le glyphosate tue les herbes indésirables en annihilant leur mécanismes de défense, ce qui, en les affaiblissant, laisse libre cours aux infections causées par les éléments pathogènes du sol. Il est également lié à des déficiences nutritionnelles chez les plantes. Il détruit les microbes du sol, même ceux qui sont « utiles ». Mieux, il ne se désintègre pas rapidement dans le sol, il lui faut pour ce faire entre quelques mois et une quarantaine d'années. Selon Don Hubert, phyto-pathologiste et professeur émérite à l'université Purdue, Indiana, des données scientifiques montrent que le glyphosate est « en toutes petites quantités très toxique pour les cellules du foie, des reins, des testicules et pour tout le système hormonal endocrinien. ». Aussi, l'herbicide a-t-il été mis en cause dans des cas de fausses-couches et de naissances prématurées. Il joue un rôle dans les maladies d'Alzheimer, de Parkinson et même dans l'autisme.[69]

Un jour un ami nous a dit que « c'est tuant de trop analyser ce qu'on mange. » Mon mari, qui n'a pas sa langue dans sa poche, lui a répondu du tac au tac : « Oui,c'est tuant de trop analyser ce qu'on mange mais si on ne le fait pas, ce qu'on mange nous tue. »

---

[68]Récemment, en France, une étude portée par le Prof. Séralini de l'université de Caen, a montré des conclusions allant dans ce sens. Si le protocole expérimental de l'étude a été contesté (pas assez d'animaux testés), ce motif n'était en aucun cas une raison suffisante pour retirer l'étude de la revue « Food and Chemical Toxicology » qui l'avait initialement publié. Le retrait revient à dire que l'étude n'existe pas.

[69]Le glyphosate breveté par Monsanto est dans le domaine public depuis l'an 2000 et près de 400 produits dits « phytosanitaires » l'utilisent. Le Salvador a interdit l'utilisation du glyphosate sur toutes les cultures début 2014. Les effets toxiques sur les environnements aquatiques sont dévastateurs. En France, selon l'ANSES, le glyphosate est présent dans « 55 % des nappes superficielles ». Il est de notoriété publique que le soja importé d'Amérique du Sud pour nourrir le bétail européen est un soja résistant au Roundup. L'association Les Amis de la Terre a montré que 15 à 30 % du glyphosate animal absorbé est retenu dans le corps humain. Se reporter au dossier en ligne de l'association sur le sujet, cf Ressources.

6. Notre nourriture blesse la planète.

Non seulement la nourriture GM n'est probablement pas adaptée à notre organisme mais elle laisse dans son sillage un paquet d'autres problèmes. Le premier étant que les insectes et les herbes indésirables évoluent très vite et deviennent des super-nuisibles résistants à tout produit chimique. En 2006, 3,2 millions d'hectares étaient plantés de cultures Roundup-Ready[70] et donc pulvérisées de Roundup. Des fermiers commencèrent à remarquer que certaines herbes indésirables n'étaient pas éliminées par le Roundup. La vergerette[71], une herbe de haute taille portant 200 000 graines par plante, est la première dont j'aie entendu parler. Elle est devenue résistante au Roundup en huit années seulement.

Au cours des dernières années j'ai vu l'amarante devenir résistante. Au début, seul un plant ou deux restaient debout après pulvérisation, et quelque temps plus tard, le champ entier était parsemé d'amarante. La solution, bien sûr, c'est de pulvériser des herbicides encore plus puissants, catapultant fermiers et consommateurs sur ce chemin de destruction.

Une étude de 2009 réalisée par l'Organic Center a conclu que « la découverte la plus étonnante est que les cultures issues du génie génétique ont été responsables d'une augmentation de 173,7 millions de kilos d'herbicides utilisés en plus sur le territoire américain au cours des treize années d'utilisation commerciale de ces cultures. »

En plus de l'augmentation de cette résistance aux herbicides, la tolérance aux herbicides peut être transférée par pollinisation croisée aux plantes indésirables faisant partie de la même famille que la plante GM. Le colza, ou canola, est un crucifère, membre de la famille des moutardes. Bien des crucifères vont se mélanger avec le colza, même avec le colza Roundup-Ready. Une fois croisée, la crucifère sauvage, tout comme le colza Roundup-Ready, ne sera plus éliminée par le Roundup. Encore une fois, des pesticides plus puissants seront utilisés, transformant les fermes en sources de pollution de plus en plus grandes.

7. Notre nourriture tue les pollinisateurs.

> « Où peuvent vivre les abeilles, peuvent vivre les humains. »
> Juliette de Biaracli Levy

La situation critique dans laquelle se trouvent nos pollinisateurs a été ingénieusement soulignée par Stephen L. Buchmann et Gary Paul Nabhan dans *The Forgotten Pollinators*. Frank Morton de la ferme « Epaule contre épaule », à Philomath, dans l'Oregon, parle du degré d'attraction des pollinisateurs que l'on peut obtenir en préservant ses semences. L'approche de Morton est de laisser la nature procéder au plus grand nombre d'actions possibles et de voir le jardin comme un écosystème. Les plantes à graines et à fleurs, par exemple, fournissent continuellement du nectar, du pollen et un abri aux espèces bénéfiques qui s'en nourrissent.

---

[70]Contentant un gène leur permettant de résister au Roudnup.
[71]*Conyza Canadensis.* (NdT)

8. Notre nourriture n'est plus nourrissante.

Le département de l'agriculture des États-Unis (USDA) a identifié certains nutriments comme étant vitaux : protéines, hydrates de carbone, graisses, fibres, vitamines (A, B-6, B-12, C, D et E) tout comme certains acides aminés et minéraux (thiamine, riboflavine, niacine, acide folique, calcium, fer, phosphore, potassium, magnésium, zinc et cuivre).

Si chaque citoyen suivait les indications diététiques de l'USDA, les États-Unis pourraient observer un déclin de 20% des cancers et maladies respiratoires et infectieuses, il y aurait 25% de maladies cardiaques et vasculaires en moins et une baisse de 50% de l'arthrose et des mortalités infantile et maternelle.

Les laquais des entreprises clameront qu'un brocoli qui a poussé chimiquement (sur un sol sans vie, détrempé d'agents cancérigènes et de perturbateurs endocriniens) n'est en rien différent d'un brocoli ayant poussé avec des méthodes biologiques (rotation des cultures, fumier, légumineuses, compost, minéralisation, microbialisation[72]). En réalité, les différences sont criantes. Non seulement il y a une différence, mais elle est énorme – jusqu'à 100% de différence.

En 2004, une étude menée sur 43 légumes potagers conduite par le Dr Donald Davis de l'université du Texas, à Austin, a montré le déclin notoire de six nutriments au cours des cinquante dernières années : protéine, calcium, phosphore, fer, riboflavine et vitamine C. Ces chutes allaient de 6 à 38% (pour la riboflavine). Pendant ce temps, une étude d'Alex Jack pour l'USDA sur les données nutritives d'une douzaine de légumes, montre que depuis 1975 leurs taux de vitamine A ont chuté de 21,4%, le taux de calcium de 26,5%, celui de vitamine C de 29,9% et de 36,5% pour le fer. Une étude anglaise réalisée par le Dr Anne-Marie Mayer se focalise sur la concentration de huit minéraux essentiels dans vingt fruits et légumes. Elle a décelé un déclin régulier de ces minéraux au cours des cinquante dernières années : le fer a baissé en moyenne de 22%, le calcium de 19% et le potassium de 14 %.

Les nutriments contenus dans certains fruits et légumes peuvent être affectés par bien des facteurs, incluant la variété, la maturité à la cueillette et le laps de temps entre la récolte et l'assiette. Un facteur important, toutefois, s'avère être la méthode de culture. De nouvelles recherches prouvent que les aliments provenant de l'agriculture biologique sont plus riches en nutriments.

Les taux élevés d'azote dans les fertilisants chimiques stimulent la plante pour une croissance rapide et l'encouragent à absorber plus d'eau. Ce qui donne des rendements plus importants mais des aliments contenant moins de matière sèche (tout ce qui n'est pas de l'eau dans un aliment) ce qui par conséquent les rend moins nutritifs et moins savoureux par calorie consommée. Les niveaux élevés d'azote réduisent la concentration en vitamine C de légumes comme la laitue, l'endive et le chou frisé ainsi que dans des fruits comme les oranges et le melon. Les résultats d'études vont de 6 à 100%. De nombreuses enquêtes montrent qu'il y a plus de matière sèche dans les aliments de cultures biologiques, 20% de plus en moyenne.

---

[72]Le terme anglais décrit le fait de travailler par adjonction de microbes en imitant la dynamique spontanée mise en place par les organismes coralliens agressés. Le mot est présent en France dans quelques articles ultra-spécialisés.

Les analyses révèlent en outre une teneur en minéraux supérieure dans les produits biologiques. Apparemment, le compost offre plus de nutriments que les fertilisants chimiques.

Bob Quinn, un cultivateur de blé bio du Montana, fait pousser du *Kamut*, la marque déposée du blé khorasan, une variété qui a parait-il été découverte dans les tombes des pharaons d'Égypte. Son *Kamut* se vante d'avoir un profil nutritionnel supérieur à celui du blé cultivé de manière conventionnelle, incluant anti-oxydants, vitamines et acides aminés essentiels. Il est riche en minéraux, tout spécialement en sélénium, zinc et magnésium. « De grands changements ont été faits pour rendre la nourriture bon marché au détriment de ses qualités nutritives » disait Quinn au magazine *Acres USA*. « Les gens croient que c'est un avantage énorme de se nourrir pour pas cher dans ce pays, mais si on prend en compte le coût des dépenses médicales nécessaires dues à notre mauvaise santé, qui est une conséquence directe de notre alimentation médiocre et souvent toxique, ce n'est pas si bon marché que ça. »[73]

Avec le pic des ventes et la popularité des produits bio bien des fermiers conventionnels ont enfilé leurs pulls-tricotés-main et leurs panoplie de paysan, ont obtenu leur label bio et se sont mis à faire pousser ce qu'ils appelaient de la nourriture biologique, utilisant des intrants bio mais sans aucune conviction réelle quand aux principes fondamentaux de l'agriculture biologique. Je connais un gars super chimique qui s'est laissé pousser les cheveux longs. Les loups déguisés en moutons finiront de toutes façons par être découverts. Comme l'a dit Elliot Coleman, fermier et écrivain, au cours d'une conférence à Heritage Farm, dans l'Iowa : « Les gros céréaliers ont peut-être changé leur pratiques agronomiques mais ils n'ont pas changé leur mode de pensée. Leur esprit est toujours largement focalisé sur la quantité qu'ils vont pouvoir produire plutôt que sur la qualité des aliments qu'ils vont proposer à leurs clients. » Une monoculture en bio reste une monoculture et son but c'est le profit. Coleman affirme que « Ce qui est petit est plus beau », et fait l'éloge des petites fermes bio : « La qualité plutôt que la quantité. »

En plus des pratiques de l'agriculture biologique, le rôle de la *variété* du contenu nutritionnel ne peut être nié. Choisir un plant pour sa taille, sa couleur et sa résistance au transport a contribué au crash nutritionnel. « On crée des plantes pour d'autres motifs que leur valeur nutritionnelle », dit Michael Pollan en se référant à un déclin de 30 à 40% des valeurs nutritives des cultures américaines. « Cela équivaut à la perte d'une portion alimentaire entière de fruits et de légumes chaque jour. » Dans la dernière moitié du 20e siècle, les augmentations de rendement ont été de la plus grande importance dans l'esprit des sélectionneurs. Comme dit David, « de nouvelles preuves montrent que quand tu sélectionnes pour le rendement, les cultures poussent plus gros et plus vite, mais elles n'ont pas nécessairement la capacité à réaliser ou à intégrer les éléments nutritifs à la même vitesse, toujours croissante. » Juste un

---

[73] « Dans un livre publié par le COMITE 21, on apprend que : 1 kg de pomme de terre en agriculture intensive est vendu en moyenne 0,65€ ; alors que le même en agriculture biologique est vendu en moyenne 1,30€ ; si nous devions calculer les coûts réels, le kilo en agriculture intensive serait à 4,00€ ; alors que le même en agriculture biologique serait toujours à 1,30€. » Les coûts réels englobant les subventions de l'agriculture chimique et les coûts sanitaires. In *Terres d'avenir pour un mode de vie durable* de P. Desbrosses, E. Bailly et T. Nghiem, préface d'E. Morin, Ed. Alphée, 2007.

exemple : des tests en laboratoire effectués sur des haricots ancestraux collectés chez des peuples indigènes, ont montré qu'ils contenaient entre huit et dix fois plus d'anti-oxydants que ceux achetés à l'épicerie.

9. Ce système alimentaire menace la démocratie.

Thomas Jefferson[74] affirmait que la démocratie n'était possible que si au moins 20% de la population vivait de manière autonome dans de petites fermes. Ces fermiers seraient suffisamment indépendants pour dire à un gouvernement oppressif d'aller se faire voir ailleurs.

Nous sommes de plus en plus incapables de nous procurer de la nourriture – sans même parler d'une bonne nourriture. Nous sommes comme des bébés, nous voulons téter le biberon des grosses entreprises qui nous rendent dépendants. Et opprimés.

En principe, une démocratie c'est une personne/un vote, et chaque vote compte. Les grosses entreprises veulent le contrôle, et dans notre système capitaliste, comme l'a montré Michael Moore dans son documentaire *Capitalism*, chaque dollar est un vote et celui qui a le plus de dollars est celui qui gagne. Si les grosses entreprises possèdent nos réserves alimentaires, alors elles nous possèdent nous. La capacité à produire notre propre nourriture assure notre liberté. Pour le dire avec Eliot Coleman : « Les petits fermiers sont une menace à la consolidation du pouvoir absolu. »

---

[74]Thomas Jefferson fut le troisième Président des États-Unis de 1801 à 1809. Il participa à la rédaction de la Déclaration d'Indépendance des États-Unis.

6.

Le sens de l'humus

Je vous demande pardon d'avance de vous emmener sur ce chemin de traverse, mais parler des semences sans parler d'agriculture est impossible. Se ré-approprier les semences c'est se ré-approprier la nourriture et la manière dont nous faisons pousser cette nourriture est importante.

Beaucoup de gardiens de semences utilisent des produits chimiques. Mais pourquoi ? Pourquoi préserver des variétés ancestrales si ce n'est pour préserver également les méthodes agricoles ancestrales qui ont permis ces variétés ? La majorité des semences américaines anciennes ont été développées avant l'ère du tout chimique et elles ont très bien poussé sans l'usage de produits synthétiques. Ici, soyons clairs avec une chose importante : la terminologie. Vous ne m'entendrez jamais dire agriculture *conventionnelle* lorsque je parle d'agriculture *chimique*. Rien, dans l'usage qui est fait de la chimie, n'est conventionnel, si convention signifie ce que je crois. La vraie agriculture conventionnelle est une agriculture traditionnelle qui a fait ses preuves avec le temps, c'est une agriculture qui construit le sol.

Un jour d'automne, en 2002, avant qu'il ne devienne une célébrité avec sa devise « Vous pouvez être fermier »[75], j'ai suivi Joel Salatin chez Craig et Debbie Hardin aux Iraloke Farms à Salem en Floride. A ce moment là, Salatin avait publié quatre manuels d'agriculture. Mon époux, Raven, et moi en avions lu deux et nous avons pensé que Salatin était encore plus drôle en personne que dans ses livres.

– Les fermiers bio ? disait-il, Les gens croient qu'ils ont tous les cheveux longs, que les femmes ne se rasent pas les jambes et qu'ils courent tout nus dans les bois les nuits de pleine lune.

C'est peut-être pour ça qu'il avait cet air tellement classique avec son blue jeans et son grand chapeau blanc de cow-boy. Il n'y avait toutefois rien de convenu dans ses idées.

– Le sol c'est l'estomac de la terre. Dans le sol tout pourrit, rouille et se décompose. Le problème est qu'on traite le sol comme de la boue et le fumier comme un déchet. Nous, ce que nous voulons c'est prendre la nature comme modèle.

Le fermier doit imiter la symbiose de la nature.

– C'est par des équilibrages et ré-équilibrages permanents que nous parvenons à trouver notre harmonie avec le paysage.

Les fermiers chimiques ne font pas ça.

– Le seul outil dans leur boîte, c'est la technologie. Il ne peut pas y avoir un remède naturel – ça ne peut-être qu'un remède high-tech.

---

[75] « You Can Farm ».

Il présenta ensuite l'activité biologique du *sol* comme étant la clé de tout travail de la terre.[76]

– Nous sommes vraiment dans un business de valorisation du ver de terre, lança t-il malicieusement avant d'expliquer qu'une seule cuillère à thé de sol vivant contient six millions de bactéries, entre cinq et huit kilomètres de filaments fongiques, quelques protozoaires et nématodes et peut-être un ou deux petits insectes.

– Cette vie subvient aux besoins de plantes saines qui subviennent, elles, à la santé des gens, ajouta t-il.

L'agriculture industrielle est responsable de la déperdition de deux milliards de tonnes de terre arable chaque année. Au XIXe siècle, juste pour que vous le sachiez, la terre arable d'Iowa était épaisse de 35 à 40 cm. Aujourd'hui, il ne reste qu'entre 15 et 20 cm et elle ne cesse de diminuer.

Il faut entre 500 et 1000 ans pour que se forme un 1,5 cm de terre arable. Certes, des fermiers prouvent que la terre arable peut être générée beaucoup plus vite, aussi vite qu'un centimètre et demi de terreau en cinq ans, d'après Will Rapp, le fondateur de la Gardener's Supply Company. Cela peut se faire avec un compost riche en carbone, fragmenté par les microbes, avec la vermiculture et une couverture permanente du sol – en se servant de mulch ou de couvre-sols[77] et avec des plantations foisonnantes.

Dans cette terre notoirement infertile qu'est l'Amazone, les autochtones du Brésil pré-colombien ont créé une terre arable riche et noire d'une épaisseur de deux mètres appelée *terra preta* ou terre-noire, contenant d'importantes quantités de charbon. On trouve également près de la ville de Mexico, le système Chinampa, des îlots artificiels rectangulaires réalisés dans des lacs peu profonds avec du sédiment, de la boue et la végétation aquatique. De ces îlots, les fermiers se déplaçant en canoë pouvaient tirer entre quatre et six récoltes par an. C'est ce système qui a donné naissance à l'empire Aztèque et qui, selon les anthropologues, se révèle être la forme d'agriculture la plus productive qui ait jamais existé. Il y a aussi les agriculteurs bio de Chine, de Corée et du Japon qui ont fait des récoltes spectaculaires sur des parcelles cultivées depuis 4000 ans, décrites par F.H. King dans son livre *Farmers of Forty Centuries*.

A vingt-deux ans, je suis allée étudier l'agriculture biologique avec un nommé Augustus Pembroke Thomson qu'on appelait A.P. Le visage rasé de près de cet homme de 74 ans coiffé d'un chapeau de paille reflétait la bonté. Il faisait pousser des pommes à Golden Acres Ochard à Front-Royal en Virginie. En juin, juste après avoir reçu mon diplôme universitaire, j'ai lu une interview de Mr Thomson dans *Mother Earth News*[78] et je lui ai immédiatement écrit : « Mon ami et moi aimerions venir cueillir des pommes pour vous. » Mr Thomson a répondu que ce n'était pas une

---

[76]Les graines germent dans l'humus qui forme la couche supérieure du sol. Bactéries, champignons et insectes travaillent en permanence à la richesse des sols. Par les apports de produits chimiques, l'agriculture industrielle lessive littéralement toute cette vie micro-organique et appauvrit la qualité des terres cultivables.

[77]Ces couvertures, ou mulch, peuvent être faites de paille, de végétaux ou de bois raméal fragmenté (BRF).

[78]Reprenant le titre du journal fondé par Emma Goldman, *Mother Earth News* est un magazine américain qui compte un demi-million de lecteurs et traite de tous les sujets alternatifs depuis 1970.

année à fruits, qu'il ne s'attendait qu'à une petite récolte et qu'il avait juste la place pour deux gardiens du sol, amoureux de la terre.

Mon ami Irwin et moi avons rejoint une petite caravane installée à l'orée d'un bois sous un énorme moulin – impatients de récolter, impatients d'apprendre, impatients d'être entourés de fruits. Tôt le matin suivant on nous a donné des échelles de 4,5 m, des sacs à cueillette, des seaux qu'on s'accrochait au cou et qui se fixaient dans le dos, pouvant contenir un demi boisseau et qui se remplissaient vite.

– Commencez par cueillir les pommes que vous pouvez attraper à la main, nous a dit Mr Thomson, ensuite placez vos échelles et cueillez en grimpant.

Pour rester stables, les échelles devaient être posées sur une branche en forme de V.

– Quand le sac est plein, vous descendez de l'échelle, vous défaites les attaches de la toile au fond du sac, et vous laissez les pommes rouler doucement dans le grand coffre en bois. De haut en bas et tout autour jusqu'à ce que l'arbre soit fait. Ne vous occupez pas de ce qui est par terre, a-t-il ajouté, nous ramasserons plus tard celles qui sont tombées pour faire du vinaigre de cidre.

« Nous terminons notre premier jour de cueillette complètement éreintés », ai-je écrit le 23 septembre 1984. « Dos et épaules en compote, visages brûlés par le soleil, bras écorchés. Nous avons cueilli des *Golden Delicious* longues pendues, les plus dures à détacher et les plus fragiles. Nous avons rempli quatre coffres – ça fait 80 boisseaux, le salaire minimum. »

En deux jours j'avais appris à conduire un tracteur. « Pourquoi les femmes sont elles portées à croire qu'elles n'en sont pas capables ? » ai-je écrit. Mr Thomson est apparu à la caravane un matin et m'a prêté trois livres à lire.

– Après nous pourrons causer agriculture, a-t-il dit.

Quarante ans plus tôt, Golden Acres était une ferme familiale, improductive et dont le sol était profondément érodé. Mr Thomson était dans la Marine, à Pearl Harbour, quand il tomba sur ce classique de la vie agraire, *Pleasant Valley,* de Louis Bromfield.[79] Le livre a résonné en lui et Mr Thomson a commencé à lire tout ce qui lui tombait sous la main à propos de l'agriculture biologique. Il a commencé à correspondre avec Sir Albert Howard, un botaniste anglais considéré comme étant le père de l'agriculture biologique et auteur de *Soil of Health*. Thomson a également correspondu avec J. I. Rodale, fondateur de Rodale Press, éditeur de *Organic Farming and Gardening,* du magazine *Prevention* et grâce à qui le mot *organic*[80] est devenu populaire. Dans une entrevue pour le *Washington Post Magazine* en 1985, Mr Thomson a dit : « Comprenez-moi bien : c'était une chose rare en ces temps là. J'ai eu beaucoup de chance de rencontrer ces vrais pionniers. »

Mr Thomson est retourné dans la maison familiale rempli de ces connaissances nouvelles sur l'agriculture biologique et il a commencé par rendre à sa terre une bonne santé. Il a épandu de la fumure de poulet et planté des engrais verts, de la luzerne et du trèfle, il les a mêlés à la terre pour adoucir le sol. La troisième année, il a planté des pommiers. Quand j'étais là, dans le fouillis de son petit laboratoire, il procédait encore à des analyses de sol et chaque année il ajoutait du phosphate

---

[79] *Plaisante vallée* (1948). Louis Bromfield (1896-1956), agronome puis journaliste, il écrivit de nombreux succès dont *La Mousson.* Sa ferme de l'Ohio était en agriculture biologique.
[80] Biologique.

colloïdal, du calcium et d'autres nutriments. Pendant la saison de croissance, il pulvérisait des algues norvégiennes et des émulsions de poisson. Il pulvérisait du fumier. Il avait son propre élevage de lombrics rouges.

Irwin et moi voguions entre les *Rouges* et les *Golden Delicious*, les *Winesap*, les *York* qui pendaient lourdement, remplissant un à quatre coffres par jour. Nous nous sommes liés d'amitié avec les quelques autres ouvriers, dont Mme Thomson qui passait de longues heures à calibrer et emballer les fruits. Un des cueilleurs était un gars de l'état de Washington nommé Bob, un nomade qui fumait les joints les plus fins que j'aie jamais vus. Il avait vingt-sept ans. Il disait que tout ça n'avait pas d'importance parce que de toutes façon la réalité n'existe pas.

Même quand j'étais épuisée, le verger de trente-cinq acres restait tout aussi majestueux. L'herbe était couverte de vesce, d'alfalfa, de trèfle rouge et de fleurs de carottes. Les arbres en rangs ordonnés étaient constellés de pommes colorées, comme décorés. Pendant nos pauses nous mangions un nombre incalculable de pommes sans les peler ni les laver, repoussant d'un geste les abeilles. « C'est un plaisir indescriptible que de marcher et de ramasser son petit déjeuner » ai-je écrit. J'étais une cueilleuse désolée. La plupart du temps, je voulais surtout grimper dans un pommier avec un livre et bouquiner toute la journée. Je voulais aller faire la cueillette des baies le long du chemin et les presser pour en faire de l'encre. Mais ce mois-là, dans le Shenandoah[81], j'ai suivi un stage intensif sur la manière de faire pousser sa nourriture correctement.

Mr Thomson ne qualifiait pas son style d'agriculture de biologique. « Pendant longtemps » avait-il écrit dans une profession de foi qu'il me fit lire, « j'ai trouvé que les termes de 'biologique' et 'naturel' étaient employés de façon abusive, nous avons alors adopté un terme que nous pouvions définir et défendre si besoin était et c'était le *biologically grown* – poussé de manière biologique » Les produits chimiques traitent les symptômes des sols mal entretenus, mais la façon la plus productive, la plus saine de faire pousser de la nourriture c'est d'aimer le sol.

– Il y a autant d'organismes vivants dans un seul centimètre cube de terre saine qu'il y a d'humains sur cette planète, dit-il. C'est un système intégrateur, pulsant, vivant et respirant.

Thomson était, parmi tant d'autres choses, un philosophe. Il croyait en l'imitation de la nature.

– Quand tu es assis près d'une fleur, ne sois pas comme une personne, sois comme une fleur, disait-il avec un air de prophète. Quand tu t'assieds près d'un arbre, ne sois pas une personne, sois un arbre ; et quand tu fais cela, des millions de signes te sont donnés. C'est une communion, pas une communication. La nature parle des millions de langues mais n'a pas de langage.

C'était un fanatique de la reminéralisation des sols dégradés, ajoutant des minéraux comme le calcium et le magnésium, et des oligo-éléments comme le boron, le chrome, le fer et le zinc. Son idée était que cela reproduisait la façon dont les glaciers avaient érodé les montagnes et généré le sol, et que les minéraux nourrissaient les micro-organismes dans une matrice biologique et restauratrice ce qui multipliait les effets salutaires de ses cultures.

---

[81]Région agricole et viticole de Virginie dont le nom amérindien signifie « Belle Fille des Étoiles ».

– Toute la vie dans son concept le plus large, existe dans un état de tension dynamique entre les opposés, un équilibre incroyable et une harmonie exquise. Il faut qu'il y ait un équilibre dans la cellule, dans le sol et dans tout l'univers.

Dans cette perspective, Mr Thomson canalisait également ce qu'il appelait l'énergie cosmique à Golden Acres. Dans le verger, il avait dressé deux récepteurs métaphysiques d'énergie – des tours de métal tenant en l'air des petits réceptacles de tuyaux de cuivre remplis de minéraux récoltés dans le monde entier. Le concept de ces récepteurs était basé sur d'anciennes tours irlandaises et sur les recherches du Dr Philip Callahan, alors enseignant à l'université de Floride. Un petit écriteau disait « Oscillateur Orthomoléculaire Multi-Ondes. » Les tours supportaient deux antennes qui fonctionnaient comme les anciens récepteurs radio à cristal. Les minéraux vibraient à la même fréquence que les pommiers, y apportant de l'énergie en plus. En Irlande, entre les Ve et VIIe siècles, des moines chrétiens avaient construit des silos de pierre contenant un minerai métallique qui pouvait collecter et répercuter les ondes solaires afin d'accroître leurs récoltes.

Aussi farfelues qu'elles puissent paraître, les théories étranges de Mr Thomson semblaient bien faire leurs preuves car chacune de ces pommes venue du soleil était d'une forme parfaite, officiellement nutritive et absolument délicieuse.

La nuit je lisais la littérature agricole dont m'avait approvisionné Mr Thomson. J'écoutais les cassettes audio du Dr Carey Reams, la « Théorie de l'Ionisation Biologique », et le travail réalisé par Philip Callahan sur les insectes et le paramagnétisme. Je prenais des notes et faisais des plans.

J'étais révoltée par tout ce que je lisais sur les produits chimiques. Un jour, le fils de Mr Thomson m'a dit que je devrais voir les chiens de prairie dans l'exploitation d'à côté qui n'était pas biologique.

– Je les ai vus, sans poils sur le corps, les jambes rachitiques.

Le jeune Thomson se faisait l'écho de son père en rendant responsables de ces déformations les pesticides de type endrine, qui causent des leucémies et étaient utilisés pour éradiquer les souris dans les vergers. Il me dit que dans les vergers chimiques les pommes étaient pulvérisées plusieurs fois avec du malathion et du paraquat. Le sol était abondamment couvert d'herbicides et fertilisé artificiellement. Pour le jus de pomme du commerce, les pommes étaient rincées superficiellement, puis des additifs, comme le sulfate d'aluminium qui sert à dissoudre la pectine disgracieuse, étaient utilisés au moment de l'embouteillage.

– Le produit final n'est pas du jus de pomme mais un litre de poison avec un léger goût de jus de pomme, dit-il.

Un jour, Mr Thomson m'a parlé d'un représentant en produits chimiques qui voulait savoir pourquoi Thomson s'embêtait à faire de l'agriculture bio. Mr Thomson lui a répondu ceci : « Je veux avoir la conscience tranquille en sachant que si un enfant cueille une de mes pommes et la croque sans l'avoir lavée avant il ne risquera pas de s'empoisonner ». Il maudissait les pommes « qui avaient poussé chimiquement, marquées de la tête de mort aux deux tibias en croix, plongées dans des conservateurs dérivés d'un goudron de houille, arrosées de fongicides, cirées aux dérivés de pétrole et contenant certainement ces poisons administrés systématiquement aux racines des arbres. »

Mr Thomson partageait aussi son potager avec nous – des carottes grandes comme des bouteilles de vin, des tomates, des courges *Butternut*. Un jour que nous sortions du potager avec quelques d'énormes betteraves, nous avons croisé Mr Thomson qui s'y rendait.

– Du phosphate et de l'aragonite, dit-il en souriant, c'est ça qui le fait.

– Je veux juste enseigner aux gens ce que je sais, disait Mr Thomson, et les inspirer à essayer eux-mêmes de nouvelles idées.

Ce que j'ai appris de Mr Thomson c'est que l'ère de l'Agribusiness Tout-Chimique, comme il l'appelait, engendre pollution, dégradation des sols, risques pour la santé, perte de la biodiversité, érosion de la nutrition et paupérisation des communautés rurales. Il m'a fallu de nombreuses années et beaucoup de détours et de changements, mais finalement moi aussi je reconstruis du sol.

Comprenez-moi bien : j'ai eu la chance de rencontrer un vrai pionnier.

7.

A la recherche du *cowpea Conch*[82]

Peu après avoir déménagé à Sycamore, j'ai commencé à confectionner des petits paquets de graines dans des enveloppes de papier kraft étiquetées Hoedown Organic Farm et je les envoyais ici et là, à un dollar pièce. A l'âge de vingt-quatre ans, en 1986, je proposais des semences anciennes et des semences de plantes nouvelles au Florida Folk festival, un festival grandiose organisé chaque année pour le week-end du Memorial Day[83] sur les rives de la rivière Suwannee, dans le Stephen Foster State Park à White Springs en Floride.

Les nostalgiques se penchaient avec amour sur ma table, scrutant le contenu des pots de bébé remplis de haricots sauvages rouge corail, les seules graines vraiment rouges que je connaisse, de minuscules semences de tabac et de coques brun-noir de cotonnier. Ils secouaient légèrement les fioles de haricots *Velvet*, de *Belles de nuit*, de *Gombo Red*, de pastèques *Moon and Stars*, de haricots *Soldier*. Je me souviens de cet homme modeste et frêle en chemise à boutons de manchettes et casquette de base-ball.

– Que je sois béni, dit-il, c'est du *cowpea Conch.*

– Vous le connaissez ?

– Bon sang, j'en ai planté des millions de ceux-là ! On faisait pousser ces pois quand j'étais gamin. Ça reste près du sol quand ça pousse, comme une tige de patate douce. J'en ai pas vu depuis des années.

– Je n'en avais pas entendu parler jusqu'à récemment, lui dis-je, j'ai vu une publicité pour ces semences dans le *Florida Market Bulletin* et j'en ai acheté que j'ai fait pousser. Je n'en trouve dans aucun catalogue.

– C'est une très vieille variété, dit le brave homme en réajustant son pantalon. Autrefois, c'était très populaire.

– Savez-vous d'où ça vient ?

– Non.

– Il parait que ça été trouvé sur une plage de Floride dans les débris d'un bateau échoué.

– Que je sois damné ! dit-il.

Et il m'en acheta deux paquets.

Peu après, une dame âgée enfilait ses lunettes de lecture et me dit :

– On faisait pousser ce gombo[84] *Cowhorn* quand j'étais petite, c'est celui qui a de longues gousses, n'est-ce pas ?

– C'est exact.

---

[82]Voir la note de la traductrice en début de volume.

[83]Dernier lundi du moi de mai où l'on commémore la mémoire des morts de la guerre de Sécession (1861-1864).

[84]Très répandu dans le sud des États-Unis où il s'appelle aussi *okra*, ce légume vert ressemble à une sorte de piment vert et pointu, tout creusé de rainures.

– Qu'est-ce qui lui est arrivé ?

– Je ne sais pas. On a arrêté d'en faire pousser pour une raison ou une autre. C'est un formidable gombo pour ce que je peux en dire.

Comme ces haricots *Jacob's Cattle*. Ou ces tomates *German Pink*.

– Je suis vraiment content de vous revoir, me dit un gros bonhomme, agriculteur à la retraite aux joues roses et aux lunettes cerclées. Je ne suis venu au festival cette année que parce que je pensais vous y trouver.

Il se pencha sur les semences comme un scientifique, se promenant parmi les enveloppes et les pots, comme si elles réveillaient en lui une chose qu'il ne pouvait nommer ou si le fait de pouvoir les tenir dans sa main était un droit qui lui avait été refusé toute sa vie.

Si cette existence que j'ai connue à Sycamore avait été ma route, et si cela avait été possible, je serais aujourd'hui encore dans le nord de la Floride dans un jardin dont la terre serait encore plus riche en microbes, encore plus verdoyant, en train d'expérimenter et de développer. Mais j'étais appelée ailleurs. Un jour, alors que je mettais un paillis sur nos pommiers près de la route, un homme s'est arrêté pour me demander son chemin. Il avait une douzaine d'années de plus que moi, bel homme, et s'intéressait au *homesteading*[85]. Nous avons commencé à sortir ensemble, puis nous nous sommes installés ensemble. A l'été 1988, j'étais mariée et j'avais donné naissance à un petit garçon.

Sur une photographie un peu passée que j'ai du festival de cette année, je suis assise derrière une table couverte de semences, discutant avec un client, tenant mon fils dans le creux de mes jambes croisées, la cheville de l'une sur le genou de l'autre. Silas devait avoir deux semaines.

Après cela, il y a eu de la tristesse. Mon mariage fragile n'a pas fini l'année et pendant bien des années après cela je n'ai pas eu de jardin – pas de temps, pas de terrain, pas d'énergie. J'ai dérivé bien loin de la jeune femme entourée de fleurs qui gardait les abeilles et conservait les graines.

Mais j'ai eu une deuxième chance. Elle est venue après le départ de Silas à l'université. Dans l'idée de me préparer à cette séparation, quelqu'un m'a dit un jour : « remplis l'espace d'amour. » J'ai rempli l'espace laissé par l'absence de Silas avec d'anciennes amours, en particulier la conservation des semences, et j'ai repris cette passion là où je l'avais laissée dix-huit ans auparavant.

J'ai aussitôt repensé au *cowpea Conch*. Au fil des ans, déménageant ici et là, mère célibataire la plupart du temps, j'avais perdu la trace de ma réserve de graines. Maintenant j'allais chercher dans les catalogues de semences. J'ai regardé sur le net. J'ai regardé dans le *Georgia Market Bulletin*. J'ai renouvelé ma carte de membre du Seed Savers Exchange et j'ai cherché.

Pas de traces du *cowpea Conch*. Le temps que je tourne la tête pour élever mon fils et il avait disparu. Mais avait-il disparu pour de bon ?

Les *cowpeas* sont des légumes importants, résistants à la sécheresse, adaptés aux tropiques. Certains forment des buissons ; d'autres font des plantes coureuses (des tiges qui s'étendent, quoique pas autant que celles des haricots grimpants) ; d'autres

---

[85]Ce terme intraduisible désigne le fait que quelqu'un peut entièrement subvenir à l'ensemble de ses besoins en toute autonomie. Il s'agit de micro-fermes, parfois établies en ville.

sont des demi-coureuses plus réservées. Sur une planche de potager, les *cowpeas* vont s'étaler sur un mètre cinquante dans chaque direction. Dans un climat subtropical où les haricots nordiques ne se plaisent pas, les *cowpeas* sont une source vitale de protéines. Ils produisent bien dans des sols sablonneux et pauvres. Ils enrichissent le sol en y fixant l'azote. Et avec un peu de chance ils fournissent en protéines une famille pour tout l'hiver. Ils peuvent être mangés avec leur cosse tendre quand ils sont jeunes, en pois frais quand ils sont mûrs, ou secs pour les garder tout l'hiver, dégustés à la *hoppin' john* avec du riz et des légumes. En plus, les tiges séchées servent de fourrage pour les vaches. Traditionnellement, on les faisait pousser dans les champs de maïs, ce qui explique pourquoi bien des variétés étaient appelées haricots *Cornfields*. Les *cowpeas* sont divisés en deux catégories principales, m'a expliqué mon amie fermière Vickie Carter : les *Crowders* et les *Creams*[86]. (Eux-mêmes divisés en *Purple Hulls* avec leurs cosses violettes, *LongPods* avec leur longue gousse et pois *Forage* pour le fourrage).

Les *Crowders* sont nommés ainsi à cause de leur tendance à se pousser les uns les autres dans leur cosse au point que le pois finit par être cubique. Ils sont généralement colorés et ils peuvent être bruns, noirs ou mouchetés. La couleur se concentre généralement vers le hile[87], ou œil. Bien que généralement noirs, les pois peuvent aussi être roses, brun ou bronzés. Quand ils sont cuits, le jus de cuisson est noir. La fleur est généralement violette.

Les *Creams*, à l'inverse, produisent surtout des semences blanches, ou principalement blanches, et le jus de cuisson reste clair. Certaines variétés ont une tache de couleur autour du hile. Les *Black-eyes* sont des pois de ce type. La fleur est blanche.

Les *Butter beans*, un autre aliment de base du sud riche en protéines, ne sont pas des *cowpeas*. Ce sont ceux qu'on achète secs en magasin sous le nom de *Haricots de Lima*, bien que traditionnellement les gens du sud les mangeaient plutôt frais que séchés. Les haricots *de Lima* poussent aussi en buissons ou sur de longues tiges, dans le jardin ou dans le champ de maïs.

Au cours d'une de mes pérégrinations quelqu'un m'a donné une enveloppe en papier kraft. Elle contenait deux bulletins d'informations agricoles datés de 1958, et tous deux provenaient du *Georgia Market Bulletin*. Le premier datait de février, l'autre de juin. Les bulletins étaient jaunis et friables et je les ai lus, curieuse de savoir comment était la vie de ferme en 1958 alors que l'ère chimique était déjà bien installée mais que de nombreuses personnes vivaient encore à la campagne et qu'en ce temps là les traditions étaient encore assez intactes ou du moins plus vivantes. Les semences à vendre étaient proposées dans une colonne au titre générique de « Semences et Grain », à l'exception de « Haricots et Pois ». La raison en est que les haricots et les pois ont toujours été cruciaux dans l'économie domestique et dans les traditions culinaires du sud des États-Unis. Dans ces publicités de 1958, l'incroyable diversité des variétés m'a surprise. Les pois étaient souvent proposés en quantités

---

[86]Les *crowders* pourraient être traduits par « entassés » et les *creams* pourraient être traduits par « crémeux ». (NdT)
[87]En botanique, le hile est la cicatrice que porte la graine au point où elle était attachée à la plante dont elle est issue. (NdT)

importantes, comme 350 boisseaux, et parfois à la tasse[88]. Étant bien incapable de distinguer le nom d'un élément descriptif, j'ai tout mis en capitales dans la liste :

Haricot *Old-fashioned Large White Half-runner*
Haricot *Black & Brown Cornfield*
Haricot *Speckled Cut Short Cornfield*
Haricot *White Tender Creaseback Cornfield*
Pois *Black Crowder*
Brown with Dark Purplehull Crowder
Red-Spotted Crowder
White Crowder
Pois *White Brown-eye Crowder*
Pois *Red Speckled Cream & White Crowder*
Cream Crowder
Haricot *Old-time White Pole Butter*
White Creaseback Half-runner
Haricot *Purple Blossom Brown-Striped Half-runner*
Haricot *Old-time Speckled Half-runner*
Haricot *White Half-runner Garden*
Haricot *Brown-striped*
Haricot *Little Pink Peanut*
Tender Hull White
Purplehull
Pois *Little White Lady*
Haricot *White Bunch Butter*
Haricot *Henderson White Bunch Butter*
Haricot *White Garden Bunch*
Pois *Blue Java*
Haricot *Purplehull Pole*
Haricot *Blue Pole*
White Black-eye
Pois *White Acre*
Pois *White Acre Conch*
Pois *Brabham*

Voyez combien il y en a, une variété pour chaque microclimat. Une variété par famille. Une variété pour chaque usage. Est-ce que le *Henderson White Bunch* est le même haricot que le *White Bunch* ? Est-il différent parce qu'il arrive via une famille d'Henderson ? Est-ce qu'il poussait dans un endroit qui s'appelait Henderson ? Si nous faisions des tests génétiques, toutes ces variétés seraient-elles différentes ?
En examinant minutieusement chaque nom, il est évident que chaque pois a une histoire – d'où il vient et comment il poussait, quel usage on en faisait – et que nous ne connaîtrons jamais toutes ces histoires.

---

[88]Ou *cup*, soit 125 g.

Notez que dans cette liste un *Conch* apparaît. Il s'appelle le *White Acre Conch*. Est-ce là un mélange des noms de ces deux pois populaires ? Est-ce un croisement ? Est-ce une nouvelle variété qui rappelait au fermier et les *White Acres* et les *Conchs* ?

Je suis aussi sous le charme du pois *Blue Java*. Il n'y a pas longtemps, j'ai appelé un homme, Walker Ogden, pour savoir si un maïs qui avait été donné par un certain Mr Ogden à un Mr Gore était une variété de sa famille. Walker ne savait pas. La famille n'avait plus de maïs ancien, mais elle avait toujours un pois que sa famille avait fait pousser. Ils l'avaient toujours appelé le pois *Javie*.

– Comment épelez-vous ça ? lui ai-je demandé.

– Chérie, comment t'épelles Javie ? a demandé Walker à sa femme.

– J-A-V-I-E, elle a dit.

Bien qu'il n'en n'ait pas fait pousser depuis des années parce qu'il travaillait en-dehors de la ferme, il en avait plein dans son congélateur et avait l'intention d'en faire pousser à nouveau. Et c'est avec plaisir qu'il m'en donnerait pour que j'en plante aussi.

Nous n'avons fait que commencer à effleurer le lexique des *Cowpea*. Parce que ça continue encore et encore : *Calico Crowder, Green Acre, Dixie Lee, Stowwood, Trinkle's Holstein, Smallpox, Ram's Horn, Polecat, Cuckold's Increase, Browneyed Sugar, Buckshot.* Ajoutez à cette liste les variétés décrites dans le tome de 1912 de Charles Piper[89]. Ajoutez à cela la bonne centaine de *cowpeas* du *Garden Seed Inventory*, une compilation de Kent Whealy du Seed Savers Exchange, qui collecte les informations sur la disponibilité des semences non hybrides dans le commerce en Amérique du Nord. Nous pourrions remplir des pages et des pages rien qu'avec des noms de *Cowpeas*.

J'ai passé un coup de fil au magasin de fourrage, grains et semences local. Il propose toujours cinquante variétés de *Cowpea*, dont le *Mississippi Purple Hull, Texas Cream 40, White Acre* et *Dixie Lee*, ce qui montre combien les pois de champs sont importants pour les producteurs en Géorgie. Mais dans le commerce des centaines et des centaines de variétés ne sont plus proposées. Le vendeur m'a dit que beaucoup de personnes âgées demandaient du *Red Ripper*, une variété que j'ai pu obtenir d'un jardinier local, Harry Mosely, qui l'avait lui-même obtenue de Short Reeves.

– C'est un très bon pois, m'a dit Mr Mosely, ça vous donnera un jus de cuisson vraiment noir.

Nous avons perdu beaucoup de variétés de pois dans notre histoire moderne, et les pois ne sont qu'un aliment parmi d'autres. Étendez cette diversité à chaque plante cultivable qui pousse sur notre belle planète. Nous sommes cernés par les pertes.

---

[89]*Agricultural Varieties of the Cowpea and Immediate Related Species.*

8.

Histoires de sexe

Du sexe, voilà la grande affaire de la ferme de Will Bonsall, du sexe sans aucune honte, sans aucune retenue, partout du sexe, même s'il s'agit de sexe entre rutabagas.

Will Bonsall est un gardien de graines reconnu qui s'efforce de préserver les semences dans le cadre du Scatterseed Project. Mais il y a eu tellement de visiteurs à sa ferme, là où il préserve les semences, qu'il a décidé de programmer une fois par an une journée portes-ouvertes pour retrouver ainsi son intimité pendant le reste de l'année. Raven et moi étions justement dans le Maine pour mon travail – je venais de terminer un atelier d'écriture sur le thème de la crise climatique – et nous arrivions à la ferme de Bonsall pour la visite. L'unique publicité se trouve collée sur un fond de boîte en carton posé sur une barrière fermée. Il est écrit dessus : Khadighar Farm – 14h. On aperçoit une maison de bois entre des arbres broussailleux.

Nous nous garons sur le bord de la route. Sur le chemin, une femme est en train de déplacer des vans, et sur l'un d'entre eux un autocollant dit : « Biotechnologie = Donner Vie à la Pollution. » Elle nous salue, nous dit qu'ils seront prêts à deux heures, qu'elle doit conduire quelqu'un à son cours de violon. Il est deux heures moins le quart. Nous retournons sur la route détrempée. Érables, tsugas, sapins, les arbres ruissellent.

Raven va chercher du homard dans la voiture, un reste du banquet de la fin d'atelier. Il finit ce qui reste et se rince les mains avec notre bouteille d'eau.

– Regarde à gauche, je murmure.

Six dindonneaux, d'un jour à peine, traversent la route et disparaissent dans les bois où le couvert de fougères fait comme une forêt vierge.

A deux heures pile, Bonsall descend le chemin, pieds-nus, vêtu d'un jean large cousu de poches sur les côtés, maintenu par des bretelles noires passées sur une chemise de jean fin. Il a une longue barbe grise et les tempes dégarnies. Il nous demande s'il n'y a que nous et nous répondons que oui, jusqu'à présent. A ce moment arrive une autre voiture et deux autres personnes en descendent.

– Je pense que la pluie a dissuadé les autres, dit Bonsall et il nous entraîne à sa suite en haut de la colline.

Trèfle et plantain poussent entre les herbes. Le premier jardin se trouve entre la route et la maison.

– Je vois que nous avons le même tracteur, blague Raven. En fait c'est une pelle, laissée dehors sous la pluie. Bonsall ne rit pas. Peut-être qu'il n'a pas entendu.

– Notre principal centre d'intérêt ici est double, commence Bonsall. Numéro un, j'ai toujours été intéressé par l'autosuffisance. Et numéro deux, y arriver dans un cadre végétalien.

Je ne comprends pas.

– Végétalien ?

– Biologiquement, sans utiliser aucun produit animal. Juste en utilisant des purins végétaux. Nous n'avons qu'une exception, le fumier de vache composté. J'appelle notre système le conventionnel profond.

C'est ce désir d'autosuffisance qui avait amené Bonsall à appeler sa ferme Khadighar, nom formé de deux mots hindous – *khādï* qui signifie « un tissu de toile grossière tissé à la main » mais qui a également pris la signification d'« aller vers l'autonomie » à l'époque du mouvement pour l'indépendance de l'Inde mené par Gandhi ; et *ghar*, signifie « maison » ou « ferme ».

– Pour moi ça veut dire « fait maison », dit Bonsall.

Il s'arrêta et nous fit un grand sourire.

– Les gens pensent que nous sommes des Hare Krishna. Qu'on fait un trip quelconque.

Les yeux de Bonsall sont très bleus et sa peau a la couleur du bronze.

– Au début, je n'étais même pas au courant des variétés traditionnelles. Je n'étais intéressé que par les plantes cultivables permettant l'autosuffisance. Les courges à graines nues. Les fibres de lin. Les tomates qui font de bons concentrés.

Un soir, dans les années 1970, Bonsall était allé écouter une causerie sur les jardins et par la suite quelqu'un lui avait tendu un catalogue du Seed Savers Exchange. L'organisation en était à sa seconde année et Bonsall les a immédiatement rejoints. De tous les membres, c'est lui qui détient maintenant, et de loin, la plus grande collection de semences, soit à peu près 1300 variétés. Où ça ? Je me le demande. Le jardin que je regarde est un beau jardin, mais il n'est pas de ceux foisonnants de vie et de verdure que je vois habituellement. Les plantes sont plutôt maigrelettes.

Quand il a commencé à préserver les semences, Bonsall s'est focalisé sur les variétés anciennes du Maine sur un rayon géographique de huit cents kilomètres, et il a passé beaucoup de temps à collecter dans le nord-est. Une des variétés qu'il a trouvées est le maïs *Byron Yellow Flint*.

Pourquoi ne pas en profiter pour vous expliquer qu'il existe plusieurs sortes de maïs ? Les maïs cornés ont la partie externe des grains durs comme de la pierre et ne présentent pas de creux. Les maïs indiens sont des cornés, et le maïs à pop-corn en est une variante. Avec un amidon plus tendre, les maïs dentés ont des grains marqués par des creux distinctifs sur leurs côtés. Les maïs crantés sont ceux dont les grains sont disposés en zigzags, contrairement à ceux en rangées. Le *Country Gentleman* en est un exemple. De plus, certains maïs sont des maïs doux, conçus pour être mangés frais, d'autres sont des maïs à bétail, qui sont généralement séchés et utilisés pour l'alimentation animale.

L'histoire se poursuivant, Bonsall entendit parler d'un certain Mr Mosher de Wilton, dans le Maine, possédant un maïs ancien et il alla lui rendre visite. L'homme était pratiquement sur son lit de mort. Il lui dit qu'il n'avait plus de ce maïs là, et n'en n'avait plus planté depuis des années. Mais après un temps quelque chose lui revint en mémoire. Il demanda, à celle qu'il appelait sa femme de ménage, d'aller chercher une boîte à chaussures sous le lit. Bonsall se souvient encore du nom de la femme de ménage, Olive. Elle revint avec la boîte à chaussures qui ne contenait qu'un épi de maïs, vieux de quinze ans.

Une semence a une durée de vie. La longévité, la capacité d'une semence à survivre dans un état de dormance dépend des conditions – humidité, température, type d'enveloppe de la semence, – ainsi que d'autres facteurs, plus mystérieux et peu compris. Parfois nous ne voulons pas qu'une semence ait une longue vie. Les scientifiques, par exemple, qui étudient assidûment les spontanées cherchent à comprendre ce qui permet à ces semences de persister dans le sol ; ils parlent de demi-vies, la demi-vie d'une semence d'amarante commune et d'un chénopode dans le sol n'étant que d'un peu plus d'une année. Nous voulons évidemment que les semences des plantes de culture soient résistantes, pas celles des herbes folles.

Bien des semences affichées comme étant à longue-vie ne le sont pas, mais des semences de canne à sucre ont été trouvées dans une tombe en Argentine et étaient encore viables après six siècles de dormance. Ces semences de canne avaient été insérées dans des noix vertes, qui, une fois mûres puis sèches avaient servi de hochet. En général, toutefois, pour les potagers domestiques, lorsqu'un paquet de semences est ouvert, elles ne se conservent que quelques années. Les semences de concombre sept ans, les tomates trois, les salsifis deux. La durée de conservation estimée du maïs entreposé à la maison n'est que de quelques années. Sachant cela, Bonsall a ramené le maïs du vieil homme chez lui et en a planté les grains avec un soin extrême. Et là, incroyable, quelques grains ont germé !

Ce maïs est une variété de corné très précoce, avec des épis longs et fins comme des aiguilles et des grains ambrés qui poussent sur huit rangs, devenant douze rangs à la pointe. Bonsall l'a nommé maïs *Byron Yellow Flint* et il a appris que c'était probablement un maïs développé à l'origine par les Indiens Abenaki du nord-est.

– J'en ai envoyé des douzaines et des douzaines de paquets, dit Bonsall.

Notre petit groupe se déplace jusqu'à un second jardin, qui est en meilleur état. Il est mulché de feuilles déchiquetées.

– Il y a une obsession du sol nu, dit Bonsall. Mais un sol nu c'est comme regarder une femme qui accouche. Couvre-la d'une couverture et respecte-la.

Une fourche a été oubliée sur le bord du jardin et par terre une hache est entrain de rouiller.

En face de la grange, des vignes émeraude poussent sur un large treillis, un kiwi est effrontément couvert de fruits immatures. Bonsall promet qu'ils seront délicieux.

– Des personnes de sexe différent ne devraient pas avoir la permission de manger ces fruits dans la même pièce, commente t-il.

Au deuxième jardin, le cours d'éducation sexuelle commence pour de bon.

– Le sexe est une bonne chose, dit Bonsall. Des centaines de milliers de variétés nouvelles se créent grâce au sexe. Mais qu'en est-il si nous voulons conserver la même variété ? Alors il nous faut contrôler qui copule avec qui. Tu ne tombes pas enceinte juste en étant assise à coté de quelqu'un dans le bus, poursuit-il, mais pour les plantes, c'est le cas. Alors, avec les plantes il faut faire attention à qui on met au lit ensemble. Parfois il faut même s'assurer que la plante copule avec elle-même. Considérez la chose ainsi : la variété n'est qu'un euphémisme pour race. Ce que nous faisons ici serait inadmissible chez les humains. Nous sommes extrémistes ici. Nous faisons du racisme végétal. Cela ne sert que nos intérêts, pas ceux des plantes. Nous ne sommes pas attachés au rendement. Nous sommes attachés à la stabilité.[90]

Debout face à ses rangées de légumes dont pas deux sont identiques, il parle des parties mâles et des parties femelles.

– Si je parle d'étamine et pistil et anthère, nous sommes sur une autre planète, dit-il.

Peu après, cependant il parle d'hétérozygotes et d'homozygotes, jusqu'à ce qu'une masse de B se mettent à bourdonner tout autour. Grand B, petit b. Grand B, grand B. Petit b, petit b. On dirait une sorte de poème linguistique. On dirait que je suis sur Jupiter. Je comprends à ce moment qu'il va me falloir trouver un traité de génétique. Je lui demande d'expliquer ce que sont les F2 et les F3 et ainsi de suite. Je comprends F1, premier croisement filial, des fils et des filles, pour le dire ainsi, hybrides, de deux parents qui en fait sont différents.[91]

– Les F2 sont les petits-enfants, dit-il. Vous croisez deux F1 pour les obtenir. Mais les F1 sont ce que vous obtenez quand un sélectionneur ne finit pas son travail.

– C'est-à-dire ?

– Si le F1 était perçu comme le commencement d'un programme de reproduction, ce serait différent. Le sélectionneur pourrait prendre sept années de plus afin de le stabiliser. Mais les sélectionneurs veulent un certain nombre de variétés sur leur étal à semences dès l'année suivante. Quand ils se mettront à finir leur travail, alors le marché aura de superbes variétés à pollinisation ouverte.

Il marque une pause.

– Je ne vais pas faire pousser de hybrides F1. Je n'en aurai jamais sur la ferme.

Pourquoi ne pas en profiter pour vous expliquer que sept ans n'est pas un nombre magique tout droit sorti d'un chapeau. Tom Stearns, entrepreneur et homme de semences qui a créé le « High Mowing Organic Seeds » dans le Vermont, uniquement dédié à la vente de semences biologiques, me l'a bien expliqué. Nous intervenions tous deux un jour dans une conférence de la Géorgie Bio. Suite à cette rencontre, quand il m'arrivait de sécher sur une question, j'avais l'impression que je pouvais l'appeler et obtenir aussitôt la réponse claire et précise d'un expert, une personne infiniment plus savante que moi.

– En fait, ce n'est pas sept ans, m'expliqua t-il. Ce sont sept *générations*. Si tu travailles dans un climat plus chaud comme celui dans lequel tu vis, ou dans une serre, tu peux avoir deux générations en une année.

– Bien, sept générations. Mais pourquoi ?

– Quand tu fais un croisement et que tu conserves la semence, elle va avoir besoin de plusieurs années pour devenir vraie. Chaque année tes semences vont se rapprocher des caractéristiques désirées. C'est tout simplement une question de statistiques. En

---

[90] Un cultivar, c'est-à-dire une plante cultivée créée par sélection ou hybridation, est dit fixé après avoir été cultivé pendant au moins 8 à 10 ans avant d'être mis sur le marché. Une sélection rigoureuse élimine à chaque génération les individus qui ne respectent pas les caractéristiques voulues. Lorsque le cultivar peut être reproduit fidèlement par ses semences, on le dit fixé.

[91] Dans notre alimentation végétale, bio ou pas, il s'agit majoritairement d'hybrides F1. Et lorsque les grands semenciers ne peuvent techniquement bloquer une variété, ils la bloquent juridiquement avec des Certificats d'Obtention Végétale (COV).

moyenne, le processus prend à peu près sept ans.

Je pédalais toujours dans la semoule.

– Disons qu'à la première génération tu es à 20 % des caractéristiques désirées. A la génération suivante tu es à 30 %, puis 40 %, puis 50 %. En sept générations, tu seras à 95 %.

– C'est forcément toujours sept générations ?

– Non, me répondit Tom. Si tu croises deux variétés similaires, disons deux tomates rouges à salade, les deux étant déjà définies, tu peux stabiliser le croisement en trois ou quatre générations. Mais si ton croisement est large, si tu croises une tomate rouge à salade avec une tomate cerise orange, par exemple, cela prendra sept générations et peut-être plus.

– Maintenant je comprends, lui ai-je dit avant de le remercier.

Il y a différents endroits où tu peux tracer une frontière entre le type de semences que tu vas accepter et celles dont tu ne veux pas. Bonsall trace sa frontière avec les hybrides. Mais même s'il le décrète, quelque part à Khadighar des plantes s'hybrident inévitablement. Je suis sûre que ça arrive. Ça arrive tout le temps. Les paysans qui ont sélectionné des plantes ont produit des hybrides au petit bonheur la chance pendant des siècles, d'où est née toute la diversité agricole. Aucun doute là dessus, la reproduction minutieuse c'est de la consanguinité. Et pour Bonsall, la consanguinité maintient la fixité.

Bien des petites sociétés biologiques tracent leur frontière avec les OGM et elles n'y pensent pas à deux fois avant de planter des hybrides. Johnny's Selected Seeds, pour donner un exemple, qui s'adresse aux jardiniers sur les marchés, semble proposer plus d'hybrides que de variétés standard. Un après-midi alors que j'étais en résidence à la Pace University, en 2010, je visitais Stone Barns à Pocantico Hills dans l'état de New York, un domaine appartenant à David Rockefeller. Le lieu est devenu une ferme école et abrite le plus célèbre restaurant de la ferme-à la table des États-Unis, le Blue Hill. Jill Isenbarger, la directrice, m'a dit que la ferme était un centre d'expérimentation pour de nouvelles semences hybrides ; en fait, elle ne voyait à la ferme que deux variétés anciennes poussant à cette saison : le maïs *Otto File* et le soja *Panther*. Faire pousser des hybrides c'est accepter que la plupart des semences sont un produit de l'hybridation « pour voir ce que ça va donner », dit la lettre d'informations de Stone Barns, dans un esprit d' « innovation créative ».

Mais pour Bonsall, hybridation équivaut à industrialisation, et il n'a pas envie d'entrer là-dedans.

Bonsall est un conservateur régional du Seed Savers Exchange. Il a choisi de maintenir en vie des semences très difficiles.

– Haricots et tomates – ce sont les semences que la plupart des gens préservent. Déjà, ce sont des plantes sexy, toutes annuelles, toutes auto-fertiles[92], dit Bonsall. Mais je me spécialise dans les plantes à deux-cycles.

Il ne s'attend pas à ce que l'un d'entre nous lui demande de quoi il s'agit.

– Il faut sauter deux cycles pour avoir la semence, explique t-il. Ces plantes sont

---

[92]On parle d'autogamie ou auto-pollinisation.

généralement bisannuelles. La première année tu plantes la graine, puis il faut lui laisser passer l'hiver. Elles retournent à la terre, fleurissent, puis donnent des graines. Aller contre les règles de reproduction chez les bisannuelles anéantirait une lignée. Et les règles ne manquent pas pour vous mettre la tête à l'envers. En voici quelques-unes. Les plantes se pollinisent par croisement. Même si, par leur aspect et leur goût, elles semblent différentes, les betteraves et les blettes se croisent, étant donné qu'elles appartiennent au même genre, espèce et sous-espèce – *Beta vulgaris*. Le pollen des betteraves et des bettes est fin, adapté à la pollinisation par le vent, et ces deux plantes doivent être séparées de trois à huit kilomètres pour préserver leur stabilité. Dans le cas contraire, leurs fleurs doivent être ensachées.

– Ensachées ?

– C'est-à-dire recouvrir une fleur qui a été pollinisée manuellement d'un petit sac afin d'éviter tout croisement. Si une plante est pollinisée par les insectes, c'est plus difficile de conserver la pureté de la semence.

– Compris, je dis.

Bonsall poursuit son exposé. Les racines mises en cave ou en silo pendant l'hiver ne doivent pas geler. Elles doivent être replantées dans la terre au printemps suivant avant qu'elles ne s'abîment.

– Toutes ces règles sont un peu difficiles à suivre, dit-il.

Ces difficultés expliquent pourquoi moins de gens préservent les semences de bisannuelles. Bonsall est gardien de semences de choux de Bruxelles et de poireaux pour le Seed Savers Exchange.

– Pour le meilleur ou pour le pire, poursuit-il. Et surtout pour le pire.

Il garde aussi en vie une variété de blette suisse qui provient d'une ancienne ville d'Allemagne de l'est d'avant la Deuxième Guerre mondiale.

– Les gens qui la faisaient pousser pourrissent aujourd'hui dans une fosse commune, dit Bonsall.

Il fait une pause mais pas assez longue pour que quelqu'un puisse lui poser une question.

– Gloups.

Son gloups n'est pas un vrai gloups.

– Je ne dois pas me laisser aller. C'est un grand risque de laisser autant de matériel génétique à un seul endroit. Si cette maison brûlait, ce serait une putain d'extinction.

– Il semblerait que beaucoup de variétés soient en fait identiques, dis-je à Bonsall. Elles ont juste des noms différents. Pourquoi ne pas les tester et réduire la collection ?

– Les test d'ADN sont coûteux et inefficaces. A un moment des tests ont été faits sur les variétés de pommes de terre du Seed Savers Exchange. L'idée était de se débarrasser des doublons et de ne conserver que les variétés vraiment différentes. Le mieux qu'ils ont pu faire était d'arriver à dire que « Oui, cette pomme de terre est très différente ». Ils n'ont jamais réussi un test qui dise « Oui, celles-ci sont vraiment les mêmes ». En fin de compte, un gardien de semences ne peut jamais rien jeter. Ce que les gens des pommes de terre recherchaient c'était une simplification. La vertu de la simplicité c'est que c'est plus facile. C'est aussi très dangereux. Il y a une sécurité dans la complexité. Il y a toujours plus de force dans la complexité. Je suis un dingo de la diversité, dit Bonsall. Plus y en a, plus y a d'la joie !

Bonsall change de voie.

– En parlant de simplicité, dit-il, les gens disent que je vis dans la simplicité. Mais cette simplicité supposée est très complexe. A chaque heure je dois m'arrêter et repenser, me demander ce que je suis en train de faire. Les options changent tout le temps. C'est une vie très complexe.

Nous arrivons finalement en haut de la colline où se trouvent les principaux jardins dédiés à la conservation de semences. Passé une barrière, une superbe brouette se trouve là, abandonnée aux intempéries, soleil, pluie et neige. Bonsall nous dit l'avoir construite avec un de ses apprentis. Ils étaient allés dans un musée pour en avoir le modèle et ont utilisé du frêne pour les rayons, de l'orme pour la roue et du cèdre pour la caisse.

Le jardin est un désordre total. Une semaine plus tôt Bonsall avait employé un jeune homme pour qu'il vienne « remettre une peu de logique dans tout ça », nous dit-il. Les rangs ne sont désherbés que sur six mètres, assez pour y voir quelque chose, et le reste est laissé à l'état sauvage.

La collection de pommes de terre comporte plus de 700 variétés. On aperçoit à peine les tiges. Elles sont englouties par les herbes folles et Bonsall admet qu'il s'est un peu laissé déborder avec toute la pluie tombée cet été.

– Ça va aller, dit-il, on veut juste qu'elles survivent et qu'elles fassent quelques tubercules. Je suis stupéfait du petit nombre de variétés actuellement disponibles dans le commerce. Il n'y a plus beaucoup d'endroits où en trouver sur la planète. Et franchement, ça me fout les foies. Si je les perds, elles auront disparu de la planète.

Franchement, ça me fout les foies à moi aussi parce qu'ici je n'arrive même pas à voir les pommes de terre. Je repère difficilement quelques plants maladifs, frêles, perdus dans la broussaille.

Bonsall admet qu'il est submergé. Il a maintenant cinquante-neuf ans et ne peut pas travailler aussi dur qu'avant. Le revenu issu de la vente de quelques échantillons de semences et des bourses d'aides occasionnelles ne suffisent pas à maintenir toute cette diversité de façon viable.

– Vous préservez chacune des variétés qui vient à vous ?

– Vous êtes ici dans l'arche de Noé, me dit-il. Je suis Noé. Je ne suis pas Dieu. Ce n'est pas moi qui décide de ce qui va être dans l'arche. Peut-être qu'un jour on dira « Waou, c'est bien qu'on n'ait pas perdu ça pendant l'ère Monsanto ». Une variété peut ne pas être très utile ici, mais elle peut-être idéale dans un autre endroit. Elle peut avoir un gène d'une grande valeur. Je ne veux pas donner une valeur à ces choses. Ce n'est pas à moi d'en juger.

Bonsall est un homme de métaphores et il termine son monologue d'une heure avec ce commentaire coloré.

– Ici, j'essaie de jongler avec deux mille balles. Je ne peux en laisser tomber aucune, même si je ne suis pas un très bon jongleur. Je mène une guerre que je suis voué à perdre, dit-il.

Puis il hausse légèrement les épaules :

– Mais voilà, c'est ma vie.

Il espère que les gardiens de semences « développeront leur adresse à conserver des plantes plus difficiles et me rejoindront dans la protection de ce type de plants pas assez pris en compte. » Quant aux pommes de terre, le Seed Savers Exchange a commencé en 2008 un projet pour sauvegarder celles de Khadighar avec des cultures cellulaires en laboratoire qui permettront une conservation à long terme.

Nous laissons Bonsall jongler avec plus de 700 variétés de pommes de terre, 50 de topinambours, 400 pois, 50 radis, et 5 poireaux – tous en suspens dans la grande orgie de son jardin.

9.

Le jardin de Sylvia

Le plus grand chêne blanc du Vermont pousse à l'entrée du jardin de Sylvia. Dans les branches du chêne, des rouges-gorges chantent et tout autour, la verdoyance de l'été vit sa propre animalité.[93]

Devant nous, dans un espace d'une centaine de mètres carrés, cette femme élégante maintient près de 150 variétés de plantes potagères. Un ensemble de sentiers forment un réseau autour d'étroits lits surélevés configurés pour optimiser l'espace et l'exposition au soleil. Sylvia remporterait haut la main le prix du « jardin le plus impeccable ». Ses lits sont plantés de façon régulière et méticuleuse. Douze laitues parsèment une section parfaitement désherbée, à côté d'une planche à découper d'oignons, voisinant un échiquier de cresson. Bien qu'organisé de façon très rigoureuse, le jardin parvient tout de même à faire quelques écarts de folie et une étrange, éblouissante plante à feuilles rouges a surgi dans les recoins et dans les haies.

– C'est de l'arroche, semblable au chénopode, dit Sylvia.

Tous deux font partie de la famille des *Chenopodium* et sont cousins du quinoa. Elle arrache une feuille froissée en forme de pointe de flèche et me la tend. La feuille à un goût d'épinard, avec moins d'acide oxalique.

Sylvia est née en Suisse. Son père, Américain, était représentant pour une compagnie qui fabriquait des instruments de précision, pour géomètres entre autres. Sylvia a grandi aux États-Unis mais sa famille est retournée en Suisse quand elle avait seize ans.

– Quand j'étais enfant j'ai lu les *Robinsons Suisses,* dit elle, et j'ai été complètement imprégnée par ces idées d'autonomie et de débrouillardise.

Après huit années en Suisse, Sylvia retourne aux États-Unis et réalise son premier jardin en 1978 à Milton, dans le Massachusetts. Les années passant, elle commença à voir des variétés familières disparaître des catalogues de semences. Les semences disparaissaient. Elles étaient remplacées par des hybrides, prises d'assaut par les grosses entreprises. Les sauver relevait d'un savoir faire de base totalement nécessaire et Sylvia a commencé à se voir comme gardienne de semences.

– Actuellement, un grand nombre de personnes commencent à jardiner et se soucient très vite de préserver les semences, poursuit Sylvia. Cela me donne beaucoup d'espoir, car cela signifie que la prise de conscience de l'importance de ce travail s'accroît. J'y suis arrivée beaucoup plus graduellement.

– Qu'est-ce qui est le plus difficile quand on passe du jardinage à la conservation des semences ?

– On ne regarde plus les mêmes choses, le temps nécessaire se rallonge et il faut

---

[93]Les chênes blancs atteignent 30 mètres de haut et poussent dans les régions humides d'Amérique du Nord, comme dans l'état du Vermont, frontalier avec le Québec.

observer plus attentivement. J'ai eu l'impression d'apprendre une nouvelle langue romane : je parle déjà le français mais j'apprends l'espagnol. La grammaire est la même mais le vocabulaire est différent.

Je suis distraite, je m'efforce d'écouter une jardinière réfléchie et de ressentir en même temps chaque centimètre de son jardin. Nous arrivons devant un lit de *True Red Cranberry,* un haricot grimpant qu'elle a obtenu de l'Abundant Life Seed Company en 1997, du temps où cette variété était rare, avant qu'elle ne fasse un vrai come-back.

– Je dis aux nouveaux jardiniers de commencer avec des choses simples, des auto-fertiles comme les pois et les haricots. Tout ce qu'il faut faire pour préserver les légumineuses c'est les laisser sécher sur la tige.

Nous nous arrêtons devant un énorme plan de courgettes.

– Je n'en fais pousser qu'une variété à la fois, dit Sylvia.

– Parce qu'elles croisent facilement ?

– Oui, c'est un défi de garder une variété pure. Et je ne plante qu'une seule espèce de courge d'hiver par an.

– Laquelle, si je puis me permettre ?

– *Red Kuri.*

La *Red Kuri* est une courge d'hiver à peau épaisse, d'un orange profond, populaire au Japon.

– Ce qui est intéressant, c'est que, sans le savoir, la courge préférée de ma sœur qui vit en Suisse est le *Potimarron,* qui a un aspect identique à celui de la *Red Kuri.* Cette année, j'ai décidé de faire pousser les deux pour voir laquelle était la meilleure. Mais ici il n'y en a qu'une. L'autre est dans le jardin d'une amie.

Il devient vite évident que Sylvia est une expérimentatrice, marque d'un esprit fin.

– Mon dernier projet, dit elle, c'est la recherche de deux oignons exceptionnels, un jaune et un rouge, qui seraient particulièrement bien adaptés à notre région.

Elle m'explique que les oignons sont des plantes bisannuelles, fleurissant et produisant leurs semences la seconde année. Ainsi pour obtenir des semences, les racines doivent être remisées pendant l'hiver et ensuite replantées, puis la plante peut fleurir et monter en graines.

– L'année passée j'ai fait pousser quinze sortes d'oignons. Je les ais remisés dans le cellier à racines. J'ai noté à quel moment ils s'étaient réveillés de leur dormance.

– Je ne vois pas quinze oignons différents ici, dis-je en regardant tout autour de moi.

Elle sourit.

– Je les ai envoyés chez des amis pour qu'ils les fassent pousser. Je fais pousser mes plantes à semences dans différents jardins.

– Est-ce que ces amis sont dans tout le pays ?

– La plupart sont juste ici, à Hartland, dans le Vermont. Je veux rester profondément locale.

Oh que j'aime son *profondément local* !

Nous retraversons le jardin pour aller voir la variété d'oignon que Sylvia a choisi pour elle : *Southport Red Globe.* Il pousse tout droit, vert, éclatant de vie.

– Quand les petites enveloppes autour de chaque graine commenceront à sécher, je les récolterai. Pour chaque variété d'oignon je me demanderai : Est-ce que ça pousse bien ? Est-ce que ça se conserve bien ? Est-ce que le goût est agréable ? Produit-elle sa semence en une seule saison sous notre climat ?

Dans cette expérience Sylvia choisit les plantes, elle ne les « sélectionne » pas. Sélectionner implique la production dans un but spécifique.

– Ce que je fais s'apparente plus à un partenariat, je laisse la plante s'exprimer.

Elle parle de phénotype, ou traits observables, et de génotype, qui est le contenu génétique.

– Les plantes vont réagir à mon environnement en une saison. Peut-être est-ce un sol différent, une élévation différente, quelque chose de légèrement différent de l'endroit où la plante se trouvait auparavant. Des caractéristiques cachées en raison de modifications de son environnement peuvent ainsi refaire surface, dit-elle. Par exemple, j'ai reçu ce poireau de William Woys Weaver. Il n'était à l'origine résistant que dans la zone 7.[94] Après l'avoir fait pousser pendant un certain nombre d'années et choisi pour la production de semences les plantes qui avaient survécu à l'hiver, ce poireau est maintenant résistant aux hivers du Vermont. Il ressemble toujours exactement au poireau que j'ai reçu. Mais je peux le laisser dans le sol tout l'hiver. Ce poireau avait les capacités génétiques pour s'ajuster à mon jardin.

Sylvia a une autre expérience en tête. Elle veut faire pousser du poivre *Sheepnose* et lui permettre, année après année, de s'adapter à l'environnement du centre du Vermont. Parallèlement, pendant dix ans, elle gardera des semences originales de poivre *Sheepnose* au congélateur pour les faire pousser ensuite. Elle veut comparer les deux poivres. Seront-ils les mêmes ? Ou bien le poivre adapté se sera-t-il peu à peu et visiblement altéré ?

Comme les semences, chacun de nous a des traits cachés au plus profond qui, dans les circonstances adéquates, peuvent émerger. Chacun d'entre nous peut se sélectionner et se développer. Nous pouvons devenir ce que nous avons toujours voulu être. Nous pouvons réagir et nous ajuster, bien sûr, mais ce qui est plus important encore, nous pouvons nous exprimer. Nous pouvons devenir bien plus forts et bien plus essentiels que ce que nous étions avant.

Ayant entendu que Sylvia travaillait sur la déshybridation de la tomate *Sungold* j'ai eu envie de lui en parler. La *Sungold* est une tomate populaire – une tomate cerise orangée à peau fine développée par la Tokita Seed Company au Japon – que j'avais rejetée de mon jardin parce que c'était un hybride, qu'on ne peut obtenir que par achat. En faisant pousser la *Sungold* chaque année et en la choisissant selon les caractéristiques désirées, Sylvia espérait en obtenir une version stable, à pollinisation ouverte, après environ sept années. Ces semences auraient produit des tomates *Sungold* qui auraient été accessibles à tous, passées dans le domaine publique.

– Mais j'ai arrêté ce projet, me dit-elle alors.

J'attends la suite, devant un lit de roquette, la main en suspens au-dessus de mon calepin.

– Les *Sungold* craquaient toujours, dit-elle. Mais Tim Peters, de Peters Seed and Research, a développé la *Sweet Orange II* qui ne craque pas du tout. Et la *Plumgold* est arrivée une des années où je travaillais sur ce projet. Avec de superbes tomates

---

[94] Il s'agit de zones de rusticité découpées par tranches climatiques (de -45,6°C à + 10°C) et numérotées de 1 à 11.

comme celles-là, il devenait inutile de poursuivre mon projet.

J'ai appris par la suite que d'autres sélectionneurs ont utilisé une lignée voisine de la *Sungold* pour créer une version à pollinisation ouverte de cette variété, dont Tom Wagner, qui a créé la *Flaming Juane* et la *Flamme Burst.*

Dans le jardin de Sylvia j'ai vu des choses que je n'avais encore jamais vues : des salsifis avec leurs fleurs violettes et aussi le *Scorzonera hispanica,* le salsifi noir ou salsifi cultivé, une explosion de fleurs jaunes, rien à voir avec ce que la plupart des gens planteraient dans leur jardin.

Sylvia se tourne vers moi :

– Regarde donc ces petites fleurs avec leurs petites pointes vertes. Je veux dire, je te demande...

Et elle n'a pas besoin de finir sa phrase.Elle s'arrête près d'un épinard.

– Peu de gens réalisent qu'il y a des plantes mâles et des plantes femelles.

Elle me montre la différence avec des plantes qui ont passé l'hiver sous la neige.

– Une fois que la semence commence à mûrir, les plantes mâles meurent.

C'est important à savoir. Et je l'ignorais. Pourtant, j'avais vu des plants d'épinard mourir sans produire de semence et je me demandais pourquoi.

– Le pollen est si fin qu'il est comme de la poudre de riz, dit Sylvia.

Il y a tant à apprendre...

– Une des choses amusantes que j'essaie de faire ici, c'est de jardiner comme si nous n'avions plus de pétrole, dit Sylvia.

– Et pourquoi donc ? je lui demande. C'est bien entendu une question rhétorique.

– Parce que bientôt nous n'en n'aurons plus ![95]

Elle rit, non parce qu'elle trouve ça drôle mais parce que cette phrase est chargée d'une grande émotion et qu'il est de toutes façons trop tard pour pleurer sur le fait que nous avons atteint le pic de la production de pétrole au niveau mondial, et que sous peu, il nous faudra apprendre à vivre sans, parce que le pétrole deviendra de plus en plus rare, et donc plus cher. Un rire ironique.

Cela me rappelle une carte de Noël qu'avait reçue mon amie Susan Murphy et qui disait : « Quelques mots pour une économie de l'ère post-pétrole : La fête a été formidable, mais il est temps de rentrer à la maison ! A la maison, avec les façons de faire de nos grands-parents : faire pousser nos légumes, voyager moins, et retrouver l'amour de son chez-soi, sa famille, ses amis. »

Bon, ça ne ressemblait pas vraiment à une carte de Noël mais ça l'était.

– Tu es une héroïne, dis-je à Sylvia.

– Juste une jardinière, répondit-elle.

Elle me demanda si je voulais voir la collection de semences, et c'était le cas bien sûr. Nous sommes alors retournées dans la maison, puis au sous-sol où une série de réfrigérateurs étaient remplis de paquets et de sacs soigneusement organisés. Sylvia forme un groupe de jardiniers pour qu'ils soient des conservateurs de cette collection. Ils se rencontrent chaque mois, partagent les semences et leurs connaissances du jardinage et ils travaillent en collaboration sur des projets ayant pour but de préserver des variétés de semences qui en valent la peine et qui sont en danger. La petite

---

[95]En 2010, l'Agence Internationale de l'Energie a déclaré que le pic de la production pétrolière a eu lieu en 2006 et se stabilise jusqu'en 2020 pour amorcer ensuite la pente descendante.

banque de semences de Sylvia pourrait renflouer la région, permettre de commencer de nombreux jardins, nourrir bien des gens, ce qui fait de cette femme remarquable une révolutionnaire et une activiste, bien qu'elle-même ne se qualifierait jamais ainsi. Ce qu'elle dirait est qu'elle essaie simplement de faire en sorte qu'on reste tous bien nourris.

Dans une correspondance que nous avons eue ultérieurement, Sylvia a résumé de façon éloquente sa mission en son jardin : « Mon but est d'amener le mouvement de production alimentaire locale à l'étape logique suivante qui est d'établir une réserve de semences locales sur lesquelles s'appuieront les futures réserves alimentaires locales. » Comme elle l'explique : « Actuellement, les graines que nous achetons sur catalogue proviennent littéralement du monde entier. Elles ont poussé dans des conditions complètement différentes de celles dans lesquelles nous vivons. De plus, nous ne savons même pas comment ces graines ont poussé, quand elles ont été récoltées et dans quelles conditions elles ont été séchées, manipulées, conservées ou transportées. Cela semble tellement évident de faire pousser les plantes que nous consommons tout comme leurs semences. Ainsi, à l'endroit même où elles seront consommées elles auront eu l'opportunité de s'adapter localement et en profondeur. »

La sagesse de Sylvia et son conseil valent la peine d'être répétés : pour le mouvement de production alimentaire locale l'étape suivante est, en toute logique, de créer des semences locales et de les préserver.

10.

Le haricot du Prêcheur

La musique est un peu forte pour une Fête de la Nature. Une femme frisée à guitare accompagnée d'un batteur chante « Daddy, Won't You Take Me Back to Muhlenberg County. » Je mange un coleslaw avec des haricots en sauce délaissant l'émincé de porc dès lors que j'avais réalisé que c'était de la viande industrielle. La chanteuse se déchaîne et les gens empilent leurs assiettes sur le buffet. Cette collecte de fonds pour la protection de la rivière Satilla dans le sud-est de la Géorgie se tient dans un pavillon près de Nahunta. Je suis seule à la grande table couverte d'un drap blanc lorsqu'un homme que j'ai l'impression de connaître me demande suffisamment fort pour couvrir le bruit :
– Puis-je me joindre à vous ?
– Avec plaisir.
– Vous vous rappelez de moi ?
– Votre visage me dit quelque chose.
– J'enseigne à l'université de South Georgia. Je m'appelle Doug Tarver.
Je lui demande ce qu'il a fait pendant l'été et il me répond que son jardin est entrain de le tuer.
– Si les catalogues de semences inscrivaient le nombre d'heures de travail, ils ne vendraient rien.
Je dois crier pour qu'il m'entende.
– Ce n'est pas ça. J'ai un mauvais dos.
– Pas drôle, ça.
– Mais j'aime tellement jardiner que je le fais quand même.
– Vous faites pousser des variétés anciennes ?
La chanson se termine et ma question est soudain trop forte.
Une étincelle illumine son visage.
– En effet, dit-il, Un haricot.
– Qui s'appelle ?
– Le haricot *du Prêcheur.*
Les graines de ce haricot avaient été données à Katie Tarver, grand-mère du Dr Tarver, jardinière passionnée qui vivait dans les forêts de pins du nord de la Louisiane, à LaSalle Parish. Ils lui avaient été remis en l'an 1912, par un prêcheur de campagne qu'elle aimait beaucoup. Le prêcheur avait été appelé à servir ailleurs, et en cadeau de départ il avait offert à Miss Katie une pleine poignée de graines brunes, les semences d'un haricot grimpant à gousses violettes, que la famille a depuis gardé en vie, obéissant à une règle importante. Le prêcheur avait demandé à Miss Katie de lui faire la même promesse qu'il avait faite lui-même en les recevant : conserver les plus belles semences nécessaires à deux années de semis, au cas où une récolte serait perdue.

Au moment de planter les graines, incapable de se souvenir du nom que leur avait donné le prêcheur, Miss Katie les baptisa haricots *du Prêcheur*.

– Ils poussent avec vigueur et produisent une quantité exceptionnelle de haricots verts et violets, me dit le Dr Tarver.

Depuis 1912, un siècle durant, la famille Tarver a fait pousser et partagé ses semences.

C'est une histoire formidable. Des histoires comme celles-là nous poussent à faire en sorte que notre vie soit elle aussi remplie d'histoires qui pourront se perpétuer, qui pourront nous instruire et nous donner courage.

Ce qui m'amène au point suivant : en plus d'être une ressource génétique, une variété familiale de semences possède une autre qualité, c'est une ressource culturelle. Elle a une histoire. L'histoire évolue avec le temps. Celle que le Dr Tarver raconte sur le haricot *du Prêcheur* n'est pas celle que Katie Tarver racontait, qui n'est pas non plus celle que le prêcheur racontait. Mon histoire, désormais, y a ajouté une nouvelle couche. Et ainsi l'histoire progresse, comme l'humus sur le sol de la forêt.

Comme dit Will Bonsal, les semences sont vivantes et lourdes de leur histoire. Il m'avait parlé de ce féru de semences, un explorateur agricole nommé Jack Harlan qui avait voyagé en Turquie en 1948 pour y collecter des plantes, et en particulier des céréales, pour le Département Américain d'Agriculture (USDA). Harlan avait découvert en Turquie une incroyable diversité, mais il n'avait pas noté les noms de la plupart des semences qu'il avait trouvées. A son retour, elles n'ont été identifiées que par des numéros de série. En d'autres termes, Harlan ne collectait que du simple matériel génétique.

– Donc sans aucune information sur son utilisation, ajouta Bonsall. Sans culture, sans histoires interminables.

Plusieurs décennies plus tard Harlan est retourné en Turquie et fut sidéré par le nombre de variétés qu'il ne pouvait plus trouver.

Dans son travail, l'anthropologiste Virginia Nazarea[96], écrit sur la relation entre l'agro-biodiversité et la mémoire culturelle. Les recherches de Nazarea ont été pour elle la source de deux révélations formidables : a) une graine est une ressource culturelle tout autant qu'agricole et b) malgré l'homogénéisation, les plats préparés à partir de ces plantes ne sont pas les mêmes dans tout le pays. Les gardiens de semences indépendants, selon Nazarea, jouent un rôle significatif dans la préservation de cette diversité.

Les gardiens et gardiennes de semences représentent ce qu'elle appelle « les marginalités de l'esprit », jouant sur l'idée développée dans *Monocultures of the Mind* de Vandana Shiva[97]. Dans ce traité, Shiva avance comme principe que les institutions dominantes, généralement développées par les puissances économiques,

---

[96] Auteur de *Heirloom Seeds and Their Keepers: Marginality and Memory in the Conservation of Biological Diversity*. Professeur à l'université de Géorgie.

[97] Vandana Shiva (née en Inde en 1952) est docteur en philosophie des sciences. Intellectuelle et écologiste, elle lutte contre le brevetage du vivant, la bio-piraterie et la mondialisation. Elle est à l'origine du réseau indien de fermiers et gardiens de semences « Navdanya ». Très active, elle est l'une des figures les plus inspirantes et les plus écoutées sur ces questions. Elle conseille le gouvernement du Bhoutan qui souhaite que le pays devienne prochainement 100% bio.

créent des monocultures de pensée en rejetant les systèmes alternatifs locaux. Pour Nazarea, les gardiens de semences occupent les marges, d'où l'expression de « marginalités de l'esprit ». Ils défient l'homogénéisation de l'agriculture industrielle en une « résistance joyeuse » ou « résistance du faible ». Les gardiens de semences ne sont pas « encombrés de l'ire rebelle mais sont plutôt mus par un esprit profond et créatif », écrit-elle, ce qui permet la persistance d'une diversité aussi bien culturelle que génétique. Nazarea appelle les producteurs « à se sevrer de cette vieille habitude colonialiste [qui est] de s'approprier les ressources génétiques végétales. »

Le travail des gardiens de semences empêche cette perte de mémoire, d'identité et donne ce « sentiment d'appartenance ». Ce qui est particulièrement vrai pour ces émigrants jardiniers qui amènent avec eux leurs propres graines. Nazarea défend une pratique nommée « banque de mémoire », parallèle aux banques de semences, qui préserverait l'information culturelle en même temps que l'information génétique et agronomique. « Ceci », écrit-elle, « fera en sorte que la biodiversité ne soit pas sortie de son contexte ou vidée de son sens émotionnel et de sa signification culturelle. » Sauver les semences et sauver du matériel génétique sont deux histoires complètement différentes.

Les semences sont porteuses de multitude. Elles ont mille poches, toutes pleines d'histoires. Une semence est comme une ville pleine de rues, une forêt traversée de sentiers. Que se passe-t-il dans le jardin, dans le champ, dans la cuisine, dans le laboratoire, dans l'entrepôt, dans le magasin, dans les communautés rurales dans tous les États-Unis ? Que se passe-t-il ?

Quand je pense aux semences, leurs noms et leurs histoires, une image qui ne cesse de me revenir est celle d'un oiseau, une hirondelle qui vole autour du monde. Cachées entre les plumes de ses ailes des milliers de graines minuscules, pâquerettes, asters, trèfles et plus de sortes d'herbes que je n'apprendrais jamais à différencier. Chacune d'entre elle est une histoire, et elle pousse.

Chaque année, le Seed Savers Exchange publie le catalogue annuel des listes de semences proposées par ses membres. Il se nomme le *Seed Savers Exchange Yearbook*. Dans ce catalogue, les gardiens de semences sont identifiés par un code composé de l'abréviation du nom de leur état, suivie des deux premières lettres de leur nom de famille, suivies de l'initiale de leur prénom. Je suis GA RA J. Dans ces listes les gardiens de semences sont invités à donner des informations culturelles et agronomiques sur les variétés qu'ils proposent.

Un jour, lors d'une rencontre de gardiens de semences, j'ai posé à John Swenson, un homme de semences, une question de génétique épineuse, en fait la même que j'avais posée à Will Bonsall. Si l'on faisait un test génétique de tout ce qui se trouve sur les listes du Seed Savers Exchange, le *Yearbook* serait beaucoup moins épais, peut-être moitié moins. Alors pourquoi préserver toutes ces variétés ? Est-ce que la conservation des semences est une initiative aussi culturelle que génétique ?

– L'utilisation que vous faites du mot culturel est importante, me répondit Swenson. Nous préservons un héritage culturel. Le haricot *Wild Goose* venait-il du jabot d'une oie sauvage que quelqu'un avait tuée ? Peut-être, peut-être pas.

– Mais si autant d'énergie et d'efforts sont mis à maintenir des variétés, se débarrasser des doublons semblerait logique.

Swenson me regarda comme si j'étais une enfant de six ans.

– Du point de vue d'un gardien de semences, l'aspect génétique est presque insignifiant, dit-il. Toutes ces histoires, ces recettes – voilà ce qui est important. Prenez l'ail. Génétiquement il y a peut-être trente génotypes. Mais il y a des centaines de noms qui flottent autour.

– Alors nous sommes là pour soutenir la préservations des noms intéressants ?

– Chaque nom a une histoire. Chaque histoire a sa nécessité. Nous soutenons la préservation de la culture humaine.

Il me fallait digérer ça. J'adore l'histoire, les histoires. Mais la scientifique en moi cherche l'efficacité.

La référence de Swenson à l'ail avait fait mouche. Je fais partie de ces gens qui préservent une variété d'ail à cause d'une histoire. C'est une femme qui croyait au mariage qui me l'avait donné. Il y a plusieurs années, j'étais responsable d'un troc de semences au cours d'un barbecue locavore organisé par les Okravores[98], notre groupe de producteurs et consommateurs locaux du sud de la Géorgie (avec liste électronique et page Facebook). Le barbecue se tenait à l'Agrirama, musée d'histoire vivante de Tifton, en Géorgie, et je me tenais derrière une table de pique-nique couverte de pots, sacs et paquets, ainsi que des têtes de tournesols séchés et de fragiles gousses de haricots.

Mon étal de plantes n'intéressait guère les gens qui finirent par s'en aller. Un regard rapide sur la table couverte de bocaux de graines leur faisait vite comprendre qu'il n'y avait rien ici d'intéressant à trouver. Ils continuaient jusqu'à la queue pour le barbecue, où chaque bouchée de ce qu'ils allaient avaler dépend entièrement d'une graine. Dans mon esprit perverti, je m'étais mise à considérer tous ces gens qui me passaient devant comme des pécheurs, des âmes perdues.

Les autres – les amoureux, les botanistes, les architectes paysagistes, les fermiers, les poètes, les écologistes, les faiseurs de bocaux-maison, les prêcheurs, les enfants, les anciens – eux sauraient fondre devant ces si jolies graines.

A ce barbecue, donc, une femme d'âge mûr aux cheveux laqués (ou tirés-grillés disait Silas quand il était petit) s'arrêta devant ma table et y regarda chaque chose. Elle flotta là pendant si longtemps que je sus alors que c'était une sainte.

Quand finalement les nuées s'estompèrent, elle demanda :

– Qu'est-ce que c'est ?

– Des semences de variétés anciennes.

– C'est ce que je pensais. J'adore ça.

– Formidable ! j'ai souri. Vous jardinez ?

– Oui, toute ma vie, répondit-elle. J'ai un ail ancien dont j'ai envie de vous parler.

– Ah oui ? Quelle variété ?

– Je ne sais pas. Je l'appelle, l'ail du Mariage.

– Hmmmmm.

– C'est ma grand-mère qui me l'a donné quand je me suis mariée et que je suis partie

---

[98]Les locavores mangent des produits locaux et les okravores sont donc des mangeurs de gombo local.

vivre avec mon époux. Elle m'a dit qu'aussi longtemps que je ferais pousser cet ail, mon mariage durerait.

– Pourriez-vous m'en donner pour planter ? Mon mariage se porte bien, mais j'aimerais vraiment en faire pousser.

– Avec plaisir .

Quelques mois plus tard je recevais un paquet de Jane Howell : « J'ai reçu cet ail de ma grand-mère quand mon époux et moi nous sommes mariés. » disait de nouveau la lettre. « J'ai appris qu'elle l'avait elle-même reçu de sa grand-mère avec la même histoire : tant que tu fais pousser cet ail, ton mariage durera. Son mariage a duré soixante ans, et Raymond et moi sommes mariés depuis quarante-cinq ans cette année ! »

L'ail avait donné à ma boîte aux lettres des effluves de trattoria.

Plusieurs mois passèrent avant que je puisse planter mon ail. Nous étions en train de vendre la ferme et je ne voulais pas abandonner les gousses dans un endroit que j'allais quitter. Juste après avoir déménagé dans notre nouvelle ferme, j'ai retrouvé les gousses que Jane m'avait envoyées. Elles commençaient vraiment à défraîchir et je les ai plantées dans un lit d'herbes aromatiques tout près de la cuisine. L'une d'elle contenait toujours un germe de vie et elle a lancé sa longue lance verte pour venir épicer notre cuisine matrimoniale. Cela fait trois ans que cet ail est chez nous et j'espère bien qu'il y restera des années.

Dans le milieu de la semaine qui suivit ma rencontre avec le Dr Tarver, qui m'avait parlé de son haricot *du Prêcheur* familial, notre postière a klaxonné devant la porte. Le paquet qu'elle nous livrait contenait un sac plein de haricots. Le Dr Tarver y avait écrit l'histoire. Il s'était aussi souvenu de la seconde règle du prêcheur : « Vous devez partager ces graines. Toutefois si quelqu'un ne préserve pas ses propres graines, vous n'êtes pas obligée de lui en redonner lorsqu'il vous en redemande une deuxième fois. »

« De temps à autres je feuillette des catalogues de semences », écrivait-il, « espérant identifier le vrai nom de ces haricots. Mais pour dire la vérité, j'espère ne jamais les trouver. Ce sont les haricots *du Prêcheur.* »

La saison étant en retard, et ayant un grand espace libre dans le potager, je mis aussitôt à tremper la moitié du paquet. Le lendemain je les ai semés, et ils ont germé plus vite qu'aucune graine jusqu'alors.

Mon jardin déborde de toutes ces variétés à histoires, de plantes liées à des anecdotes et à des légendes. Le pois *Whippoorwill Field*, mentionné par Edmund Ruffin (cet homme de Virginie dont on dit qu'il fut celui qui tira le premier coup de feu de la Guerre Civile) lors de son hommage aux *cowpeas* en 1855, est sûrement nommé ainsi parce que son dessin moucheté léger ressemble à celui des œufs d'engoulevent appelé *Whip-poor-wills*[99] aux États-Unis. La tomate *Aunt Ruby's German Green* venait de Ruby Arnold de Greensville, dans le Tennessee, qui décéda en 1997. Le melon musqué *Old Time Tennessee* ne voyage pas bien mais il est réputé être si parfumé qu'on peut le trouver dans le noir. La tomate *Amish Paste* m'est

---

[99]Nommé ainsi en référence à son cri. (NdT)

arrivée de Lancaster en Pennsylvanie, par un gardien de semences du Wisconsin et elle représente un de ces nombreux légumes préservés par les Amishs.

Mon jardin contient un large lit de haricots *du Prêcheur*. J'en ai aussi une réserve de côté. Les plants ressemblent terriblement à des haricots *Rattlesnake*, mais pour le Dr Tarver ce seront toujours des haricots *du Prêcheur*, et pour moi aussi.

11.

Gombos

Pour que vous puissiez savourer ce qui va suivre, je dois vous décrire mon ami Jack Daniel. C'est un homme de grande taille, d'une cinquantaine d'années qui avait été entrepreneur en bâtiment de haut standing à Savannah. « Je pense vraiment que c'est d'avoir travaillé toute ma vie pour des gens extrêmement riches et malheureux qui m'a fait m'éloigner du métier de la construction. C'est ce qui a nourri mon exode. » Jack était parti vivre à la campagne, dans un ranch sur la propriété de sa famille près de Surrency en Géorgie, où il s'est mis à faire du vin, à chasser le cerf et à cultiver son jardin. Ce qu'il préfère c'est aller en forêt dans son 4x4.

– Dans nos forêts je me sentais, et me sens toujours, l'homme le plus riche sur terre, dit-il.

Raven et moi sommes devenus amis avec Jack lorsqu'il s'est occupé du renvoi du chef de la police locale (qui était aussi son oncle) qui avait détourné de l'argent. C'était une amitié improbable mais amusante, étant donné que Jack était à sa façon beaucoup plus traditionnel que nous. Jack nous appelait la « Cavalcade des Fous », bien que nous ayons réussi à amener une certaine justice au conseil d'administration de l'école.

Une chose concernant Jack, c'est que son nom lui sied tout à fait. Et ça l'a même aidé à devenir un grand conteur. Bien sûr, pour être un grand conteur il faut de l'expérience et Jack n'en manque pas. Il avait vécu une folle vie de motos, fêtes et quelques bonnes amours. Il s'était frotté à l'élite. Il avait passé, qui sait pourquoi, une nuit en prison avec un compagnon de cellule nommé Genesis et le garde avait complètement baissé le chauffage.

– J'ai déjà été ici, avait dit Genesis à Jack, et ils n'ont jamais laissé les lumières allumées toute la nuit et il n'a jamais fait ce putain de froid !

Pour Jack tout était matière à histoire et des histoires fort amusantes. La plupart de nos conversations tournaient autour de la politique locale, et j'ai donc été vraiment surprise de recevoir de sa part une toute autre sorte de courrier.

« J'ai entendu dire que tu travaillais à un livre sur les semences, m'écrivit-il dans un mail. *Ça fait quinze ans que je tourne autour de ces semences de gombo... sans déconner ! Elles ont été fourrées dans une glacière, congelées, décongelées, déplacées, trimbalées d'ici à là et retour, et finalement je les ai plantées et bon sang ce qu'elles ont germé ! La plupart des graines avaient même eu des petites pousses qui sont mortes en sortant de la graine. Alors comme je n'étais pas trop optimiste au moment de les planter, je les ai semées très serrées sur un petit rang, et elles sont toutes sorties ! Alors maintenant il faut que je les éclaircisse. »*

Il continuait en racontant comment il avait obtenu sur la côte de Géorgie, ces gombos qui lui avaient été décrits comme étant des gombos *Longhorn* :

« C'était vers 1994, j'allais chaque jour à Long County, à plus ou moins 16 km à l'est de Ludowici, pour faire un boulot sur lequel je travaillais alors. Et chaque jour je passais devant cette petite ferme. J'avais remarqué ce vieil homme et cette vieille femme qui traficotaient dans leur champ, tôt le matin quand je passais. Finalement, je n'ai pas résisté, me demandant ce qu'ils faisaient et un matin je me suis arrêté. Et comme chaque jour, le vieil homme et la vieille femme étaient là, dehors, dans ce champ assez humide que j'avais bien regardé, et comme à chaque fois ils portaient ces énormes chapeaux de paille, des manches longues et ces seaux de 20 litres le long des rangées, en parallèle, travaillant sur deux rangs à la fois. Les plantes ressemblaient à des plantes que j'avais dans mon jardin, mais les tiges étaient comme comme des tiges de maïs et les feuilles comme celles d'un gigantesque hibiscus. Après avoir attiré leur attention, je leur ai demandé ce qu'ils étaient en train de cueillir et le vieux bonhomme m'a répondu, 'Ça là, ce sont des gomboos.'[100] En regardant dans son seau, j'ai vu quelque chose que je n'avais jamais vu avant et dedans il y avait ces 'gomboos' quasiment aussi hauts que le seau et déposés comme ça, à la verticale ! Le vieux bonhomme a fini par me donner des semences qu'il avait dans son congélateur et c'est depuis que je me les trimbale. J'ai aussi eu droit à une démonstration pour apprendre à reconnaître quand un gombos était un 'tout bon' ou un 'pas bon'. C'était le bon vieux test du 'casse-la-pointe' et ces énormes choses pouvaient le réussir ou non ! Il a aussi sorti son couteau et en a coupé un qui se coupait comme un bon vieux gombo de huit centimètres. Quoiqu'il en soit, j'ai de ces choses-là et si tu en veux quelques-uns, si tu as un coin bien humide, ils devraient pousser jusqu'à la première gelée et produire des milliers de semences et peut-être un ou deux repas pour vous autres. »

J'ai donc eu la plante en 2009 et cela fait trois ans maintenant que je la fais pousser. Je l'appelle gombo *Long County Longhorn*. Son vrai nom est gombo *Cowhorn*[101] et il est effectivement au moins trois fois plus grand que les gombos habituels. Et la plante fait près de quatre mètres. Jack avait raison, c'est presque un arbre. Je suis sûre que le couple âgé est décédé maintenant et j'aime penser à eux de temps à autre quand je désherbe autour de mes arbres à gombos – eux que je n'ai jamais connus mais qui, à travers Jack, m'ont fait ce merveilleux présent.

---

[100]L'accent du sud des États-Unis traîne sur les voyelles finales.
[101]Corne de vache. (NdT)

12.

Le poète qui sauvait des graines

Je n'ai eu qu'une seule opportunité de rencontrer Jeff Bickart et je suis bien contente d'en avoir profité. Une annonce punaisée sur le panneau d'affichage d'un supermarché de Craftsbury, dans le Vermont, m'a conduite à lui.

« Semences gratuites :
11 variétés de haricots
18 variétés de pommes de terre »

Pendant une semaine, non loin de là, j'avais donné un atelier d'écriture au Sterling Collège. Au téléphone, Jeff m'avait indiqué la route et j'étais arrivée à une maison moderne sur la rivière Wildbranch, un affluent de la rivière Lamoille. A notre arrivée, un homme de grande taille était occupé à désherber et mulcher des vignes dans de vastes jardins s'étendant au pied d'une maison à ossature de bois. Il semblait avoir la quarantaine, portait une chemise vert-sauge et un pantalon de travail sombre. Une montre se balançait à sa ceinture.
– C'est nous qui avons appelé.
– Soyez les bienvenus, dit-il.
Il semblait très à l'aise.
– Cet endroit est magnifique.
– Oui, répondit-il. Nous sommes très heureux d'être ici.
Nous nous tenions là, dans la fraîcheur de cet après-midi du Vermont, regardant les prairies basses s'étendre jusqu'à la Wildbranch. Les prairies étaient entièrement couvertes de fleurs sauvages.
J'avais amené avec moi une jeune femme écrivain, Holli Cedarholm, parce qu'elle s'intéressait à l'agriculture et que je l'aimais bien. Holli, les joues roses, les cheveux roux, silencieuse et terre à terre, savait faire montre d'une force intérieure rare. Alors que les autres participants avaient choisi les dortoirs, elle campait toute la semaine pour faire des économies. Il y avait aussi mon époux Raven. Nous étions donc là tous les trois.
Pendant les huit années au cours desquelles Jeff et sa famille (son épouse, professeur d'espagnol dans un lycée, et leurs deux enfants de sept et neuf ans) avaient vécu dans cette ferme de 35 hectares, ils avaient planté 160 groseilliers, 45 pommiers, des myrtilliers et des poiriers. Nous étions cernés par les jardins et, au-delà des planches débordantes de végétation, les vertes prairies dévalaient jusqu'à la rivière. La maison de Jeff semblait tout droit sortie d'un livre et dans la chaleur de l'été du Vermont l'ensemble paraissait encore plus pittoresque. J'étais subjuguée, un peu envieuse et surtout très inspirée tout comme l'étaient Holli et Raven. Le pauvre Jeff était bombardé de questions.

– Vous vendez vos légumes sur les marchés ?
– Non, c'est surtout pour la famille, pour notre propre subsistance, et ce qu'il y a en plus nous le vendons.
– Avez-vous des animaux ?
– Je m'intéresse plus aux fruits et aux légumes.
– Et vous travaillez en dehors de la ferme ?
– Non, j'ai de la chance.
Il passe sa main sur ses cheveux châtains.
– Qu'est-ce qui vous a amené à Craftsbury ?
– Je suis venu pour enseigner au Sterling College, et j'y étais entre 1998 et 2000.
Je lui ai demandé ce qu'il y avait enseigné et il me répondit : l'ornithologie, la botanique, le jardinage biologique.
– Bien, voulez-vous voir les semences ? demanda Jeff.

La pièce principale de sa maison était lumineuse, confortable et propre. Le plancher en pin était recouvert d'un tapis rouge de fibres tressées à côté d'un canapé couleur airelle. De grandes fenêtres laissaient entrer la lumière. L'espace était ouvert et nous pouvions voir la cuisine et la table qui faisait office de salle-à-manger. Tout dans cette demeure était joyeux, chaque objet, généralement fait de matières naturelles, choisi avec soin et à sa juste place.
Près de la porte, on pouvait lire sur un tableau noir : « Sois toujours en train de finir quelque chose. » Quelqu'un avait ajouté dessous une liste de travaux à faire... commencer les choux, mulcher.
Mais il y avait autre chose dans cette pièce. Comme un souffle discret, d'une autre nature, un sentiment de tristesse – ou bien était-ce juste une impression ? Était-ce parce que les lumières venaient toutes de source naturelle, de ces larges fenêtres, mais la maison semblait comme en attente... du retour des enfants par le bus scolaire, certes, mais dans l'attente d'autre chose aussi...
Jeff nous a fait passer devant un rouet et nous avons appris que c'était le sien, pas celui de son épouse, car il était aussi tisserand et tricoteur. Sur une table de pin blond se trouvait le dernier numéro du *Small Farmer's Journal* et le livre édité par Mother Earth sur le séchage solaire. Nous sommes passés dans un bureau aux murs tapissés de livres, où sur une table l'écran d'ordinateur laissait apparaître des formes géométriques tournoyant au hasard. Jeff s'agenouilla et se mit à ouvrir quelques boîtes remplies de bocaux de verre de 250 ml dont chaque couvercle était soigneusement étiqueté. Les bocaux crépitaient comme des hochets.
– Je fais surtout pousser des semences faciles, celles qu'il ne faut pas ensacher, dit Jeff.
Ses yeux étaient bleu pâle derrière ses lunettes rectangulaires. Ses cheveux étaient bruns et fins.
Les bocaux étaient remplis de haricots. De haricots aux formes étranges.
– Allez-y, regardez, dit Jeff. Vous pouvez prendre une poignée de toutes celles que vous voulez.
Les mains de Holli s'aventurèrent entre les bocaux et très cérémonieusement, elle en choisit un. J'ai vu en elle quelque chose de moi. Je choisis pour ma part un des

bocaux étiquetés Haricot/Buisson/Sec : *Agate Pinto*, suivi d'une série d'abréviations qui indiquait où Jeff avait obtenu ces graines. L'*Agate* est un cultivar du pinto, marbré et légèrement aplati, sélectionné pour être buissonnant bien qu'il donne toujours quelques longues tiges. Ce n'est pas une variété ancienne en soi, mais une variété à pollinisation ouverte créée par Rogers Brothers Seed Company (achetée par Sandoz en 1975, qui a fusionné avec Ciba pour créer Novartis en 1996, qui devint Syngenta en 2000).

J'aimais la façon dont les haricots de Jeff roulaient et cliquetaient dans leurs bocaux quand je les faisais tourner dans la lumière. Certaines variétés étaient à couper le souffle. *Calypso* – un haricot moitié blanc-moitié noir avec de petits points noirs sur le côté blanc – me rappelait le symbole du Yin-Yang et les grandes orques. *King of the early* était d'un bordeau-rognon mêlé de brun. Il y avait les haricots *Black Turtle*, des *Pawnees*, des haricots *Tepary*, des *Cranberry* – tous couverts de motifs et de couleurs incroyables.

– J'ai regardé dans le catalogue du Seed Savers Exchange et j'ai choisi les plus beaux, dit Jeff.

Pragmatique, Holli demanda lesquels avaient bon goût mais Jeff ne les avait pas tous testés. Les semences étaient sa priorité. Après les avoir plantés, partagés, puis mangés, il espérait avoir un surplus de haricots cette année. Un jour, bientôt, il aimerait réussir à produire 50 kilos de haricots par an.

– Ce qui m'intéresse le plus ce sont les cultures de survie, dit-il. Céréales, haricots, oignons, des choses de base qui nourrissent vraiment, qui donnent des protéines et des hydrates de carbone, des calories. Des cultures fondamentales pour rester en vie.

Bien plus tard je me repasserai cette conversation en mémoire et je réaliserai alors tout ce qu'il y avait de poignant, de mélancolique et d'obstiné dans les paroles de Jeff.

– L'an dernier, poursuit-il, en 2007, j'ai commencé à faire pousser de l'orge, sept variétés dont un *Purple Hullless,* qui n'a pas besoin d'être battu. Maintenant je fais aussi pousser de l'avoine, du millet et du blé pour le grain. Je m'intéresse également à la culture et à la transformation des graines oléagineuses à échelle domestique.

– Quelle graines ?

– Carthame, tournesol, lin.

Très désireux de partager ses haricots, Jeff sortit des petits sacs en plastique et je fis mon choix, *Paint, Tiger Eye* et *Mitla Black* – un *Tépary*, qui est un haricot préhistorique, résistant à la sécheresse, celui-ci venant de la vallée de Mitla, à Oaxaca, au Mexique. Je prenais garde de réfréner mon appétit, sachant que les semences anciennes sont comme le levain. Ce sont des animaux domestiques. Tu n'as peut-être pas à les nourrir deux fois par jour, mais elles ont leurs propres besoins, et une fois que tu les prends sous ton aile, tu en es responsable, il faut faire le nécessaire pour bien s'en occuper. Je crois qu'Holli n'a accepté qu'une seule variété. Elle a un petit jardin.

Un des bocaux de Jeff était rempli de haricots très différents, certains étaient unis, d'autres tachés – *Mull Kidney Bean*. Il les avait commandés chez Will Bonsall.

– Ils devraient être rouges, dit-il. Quand je les ai fait pousser, c'est ça qui est venu. Des haricots blancs et d'autres tachetés brun-gris se mélangeaient au rouge. Je ne sais

pas s'il y a eu croisement dans le jardin de Will ou dans le mien. Je vais les faire pousser et je verrai bien. Je tiens peut-être là une nouvelle variété.
– Si c'est le cas, comment allez-vous les appeler ?
– Je ne sais pas, répondit-il avec un sourire timide.
Derrière Jeff le mur était couvert de livres. Les deux éditions du classique de Suzanne Ashworth, *Seed to Seed,* se trouvaient à hauteur d'yeux. Je vis des romans, des ouvrages de *nature writing*[102], des collections de poésie. L'ordinateur était comme en attente, la qualité du silence de cette maison avait quelque chose d'étrangement familier. Au-delà de nos bavardages et du cliquetis des graines, j'ai eu une intuition.
– Vous êtes écrivain ?
Il hésita.
– J'essaie de l'être.
– Quel genre ?
– Poésie.
Évidemment. Et j'ai pensé : « Pas besoin d'être poète pour préserver les semences mais il y a de grandes chances que tu le sois. » Je voulais lui demander un ou deux poèmes, mais il nous avait déjà beaucoup donné. Au lieu de ça, je lui ai demandé comment il en était venu à s'intéresser à la préservation des semences.
– C'était peu de temps après notre mariage, dit-il, quand nous avons réalisé notre premier jardin, à l'été 1994. Nous nous sommes lancés tous les deux, avec Jennifer. Je sentais qu'il était temps que nous fassions pousser notre propre nourriture. Peut-être était-ce parce que je venais de me marier et que tout à coup nous formions une famille et qu'une famille a besoin de nourriture, de bonne nourriture.
Quatorze ans plus tard, dont huit à la ferme, il avait fait pousser 22 sortes de haricots, 5 sortes d'orges, 8 sortes d'aulx et 20 sortes de pommes de terre. Dans l'édition de 2008 du *Seed Savers Exchange Yearbook* il propose 52 variétés. Il n'était dans cette ferme que depuis huit ans et il en avait fait beaucoup en huit ans.
– Est-ce que, parfois, vous souhaiteriez avoir commencé plus tôt ? lui demandais-je.
Je pense beaucoup à ça, parce que moi j'ai commencé tard la vie dont j'avais rêvée et quand je visite des maisons de personnes qui ont vécu au même endroit pendant des années, je me rends compte des choses incroyables qui peuvent être faites quand on se tient à un projet.
– Ce n'est pas trop tard, dit-il, même s'il est quand même toujours trop tard.
A ce moment là je n'ai pas compris ce qu'il voulait dire.
Lorsque j'ai mentionné les *cowpeas*, parce qu'ils poussent si bien dans notre coin de Géorgie, Jeff a sorti un gros sac rempli de paquets de semences.
– J'ai essayé de faire pousser des *cowpeas* l'an dernier, dit-il, mais la saison est trop courte ici et ils ne se sont pas plus. Si vous arrivez à les faire pousser là où vous vivez en Géorgie, vous pouvez prendre tout ça.
J'ai tripoté les paquets. *Red Ripper* et *Papago* et *Pennyrile* et *Purple Hull Pinkeye* et *Queen Anne Black-eye.* Je n'avais pas besoin de toutes ces variétés. Nous étions en juin et la saison était déjà bien avancée en Géorgie – où les aurais-je plantées ? Il

---

[102]Genre littéraire très ancré dans la tradition américaine des grands espaces où se mélangent des notes personnelles et des observations sur la nature. Plus largement, ce sont aussi des romans où la nature tient une place centrale, comme chez Jim Harrison ou Michael Blake.

faudrait que je fasse d'autres lits, il me faudrait plus de place. Mais ici, dans le bureau de Jeff, ils perdraient peu à peu de leur viabilité et finiraient par mourir. Ils mourraient parce que la vie, à l'intérieur, s'en écoulerait lentement et rien ne pourrait la leur rendre. Je ne voulais pas me sentir responsable de vingt variétés anciennes de *cowpea*, mais après tout mieux valait que ce soit avec moi plutôt que sans. Les haricots, pensais-je, peuvent vivre au moins trois ans à température ambiante, sans trop de perte de pouvoir germinatif, et ils tiendront plus longtemps encore au congélateur. A reculons j'acceptais quand même de les prendre tous.

– Je comprends, dit il, depuis que je suis tombé malade j'ai appris à choisir soigneusement où mettre ou ne pas mettre mon énergie.

– Malade ?

– J'ai un cancer. Mélanome. Je suis actuellement en rémission.

Voilà qui expliquait ces voiles de tristesse dans l'air, le silence et la maisonnée toute entière concentrée sur un objectif. La maladie est un état d'être qui rend la vie plus précieuse encore à celui qui ne méditerait pas sur le passage du temps.

Personne n'aurait pu rester insensible à cette nouvelle. L'information me frappa complètement à l'improviste. Jeff était si jeune, vif et sain – en plus d'être évidemment talentueux, brillant et engagé au service du vivant. Étant moi-même bénévole à l'hôpital et mon époux étant ambulancier, j'ai vu pas mal de décès. Peu importe combien de personnes auront vécu cela, ou combien il est possible de le rationaliser, rien ne peut minimiser cette tragédie. Cet homme dynamique et bon, visionnaire et travailleur, un homme dont ses enfants avaient besoin, se battant pour vivre, espérant rester en rémission, se tenait simplement là.

Tant de gens survivent à tant de calamités.

Jeff regarda par la fenêtre, cherchant à apercevoir ses enfants et à ce signal nous sommes tous sortis, prenant juste encore un peu le temps pour faire le tour des jardins qui longent les collines en terrasse autour de la maison. Tout était net, désherbé, étiqueté, vert et croissant – pavots à graines, *Kamut*, 15 variétés de tomates. Au-delà des jardins les prairies était couvertes de myosotis. Nous avons remercié Jeff et lui avons promis de lui faire savoir si les pois et les haricots avaient poussé.

Une année passerait avant que je ne reçoive de ses nouvelles.

13.

Rapide leçon d'anatomie de l'inflorescence

Quand j'étais enfant, il y avait une petite phrase qui faisait à coup sûr éclater de rire mes copines : « D'abord il y a l'amour, puis viennent les mariés, et peu de temps après arrivent les bébés. » Ce qu'il se passe exactement entre les mariés et les bébés est la grande inconnue, mais avec le temps, chaque enfant finit par comprendre qu'il se passe sûrement *quelque chose*. Bizarrement, aveuglément et clandestinement, parfois brutalement, les grands mystères de la sexualité nous sont révélés. Il en est de même avec la sexualité des plantes. La plupart d'entre nous sommes encore comme des enfants, ne sachant rien à rien sur comment est fabriqué ce que nous mangeons.

Aucune étude sur les semences ne peut prétendre à l'exhaustivité sans une présentation rapide de la carpologie[103].
Dans le règne *Plantae*, les plantes vasculaires et portant semence sont divisées en deux classes : les angiospermes et les gymnospermes. Les angiospermes – pissenlits, lis, tomates, oranges, noix, pois – produisent des graines encloses dans un ovaire ; les gymnospermes – pins, cèdres, cyprès, épicéas, cycadales, ginkgos – produisent leurs semences sur des écailles ouvertes, généralement des cônes. Je ne vais parler ici que des angiospermes. Non pas que nous ne trouvions aucune nourriture sur les gymnospermes, car il y en a (les pignons des pins parasols, par exemple) mais dans la plupart des cas toutefois notre nourriture provient des angiospermes.
La plupart des angiospermes sont des plantes à fleurs. Voici leur petite phrase : « D'abord il y a une fleur, puis la pollinisation et c'est ainsi qu'une plante fait sa reproduction. » Pratique la procréation. Accroît sa population. Connaît la consommation.
En termes moins simplets, les plantes créent des fleurs pour de bonnes raisons. Elles veulent se multiplier, végétaliser le monde. Après que la fleur est produite, elle doit être fertilisée. Une fleur peut être pollinisée de trois façons :
a) sans effort extérieur aucun, c'est l'auto-fertilisation,
b) par le vent,
c) par les insectes.
Les fleurs doivent se parer de couleurs vives ou dégager des fragrances inhabituelles afin d'attirer à elles le pollinisateur désiré.
Observons une fleur simple. La plupart sont dotées d'un calice, d'une paire de sépales ressemblant à des feuilles et d'une corolle formée de pétales assemblés. Les organes de reproduction de la fleur consistent en un ovaire, c'est-à-dire un vase où les œufs (ou ovules) sont fabriqués, un stigmate, un disque recevant le pollen durant la fertilisation et un style, qui est la fine tige qui connecte les deux. L'ensemble des organes féminins sont regroupés sous le nom de pistil.

---

[103] C'est-à-dire l'étude des fruits.

Les organes reproducteurs mâles, ou étamines, consistent en un anthère – qui produit le pollen – et le filet, qui supporte l'anthère. En général, les anthères sont regroupés autour des styles.

Ici, la botanique de l'inflorescence se complique. Certaines plantes ont des fleurs *parfaites*, signifiant qu'elles ont les deux organes sexuels dans une fleur (comme les pois et les laitues). D'autres plantes ont des fleurs *imparfaites*, signifiant que les fleurs ne comprennent que des organes mâle ou femelle.

Parmi les plantes à fleurs imparfaites, les fleurs mâles et les fleurs femelles se retrouvent parfois sur la même plante mais séparément. Elles sont appelées monoïques, qui vient du grec *monos*, seul et *oikos*, demeure – une seule demeure – c'est le cas des concombres, du maïs et des figues.

Les plantes dioïques – ayant deux demeures – ont, elles, les fleurs mâles sur une plante et les fleurs femelles sur une autre, comme pour les épinards, les asperges et le chanvre.

Le concombre est monoïque. Un plant de concombre porte les fleurs femelles et les fleurs mâles. C'est comme ça qu'on fait un bébé concombre. Après que la dame concombre ait épousé le monsieur concombre, un gros bourdon va leur rendre visite à l'un puis à l'autre. Il rend d'abord visite au monsieur. Le monsieur l'invite à voir ses tours dorées et alors qu'il monte là-haut, de la poussière dorée se colle aux pattes du bourdon. L'hyménoptère reste à tailler une bavette avec le monsieur et puis il s'en va. Il faut qu'il se promène un peu pour trouver la dame ce qu'il finit par faire en suivant la tige qui sortait juste devant la porte du monsieur. La dame vit tout près. Le bourdon entre chez la dame et y laisse choir un peu de la poussière dorée, et voilà comment, au fond de la fleur jaune, un petit concombre se met à pousser.

Un concombre *BoothbyBlonde*. Ou un *Diva*. Ou un *Little Tyke*. Ou un *Straight Eight*.

Les épinards sont dioïques, certaines plantes sont mâles et d'autres sont femelles. Et voici comment faire un bébé épinard. La femelle épinard veut avoir la maison pour elle toute seule. Elle apprécie sa solitude et aime sa vie indépendante. L'épinard mâle accepte cela et il se réjouit lui aussi d'avoir son propre espace. Mais il aime cette femme et tous deux savent qu'ils doivent faire des petits parce que ce sont des annuels et que l'année suivante ils seront morts. Quand la femme est prête à faire ses semences, elle téléphone à l'homme, et il ouvre ses fleurs qui contiennent un pollen fin comme du talc. Le vent soulève le pollen et l'emporte là où vit la femme et le répand sur ses stigmates. C'est ainsi que ses ovules vont se transformer en un petit amas de semences. Des semences de *Bloomsdale Long Standing*. Ou de *Spartacus*. Ou de *Giant Nobel*. Ou de *Monnopa*.

Des illustrations pour mieux comprendre...

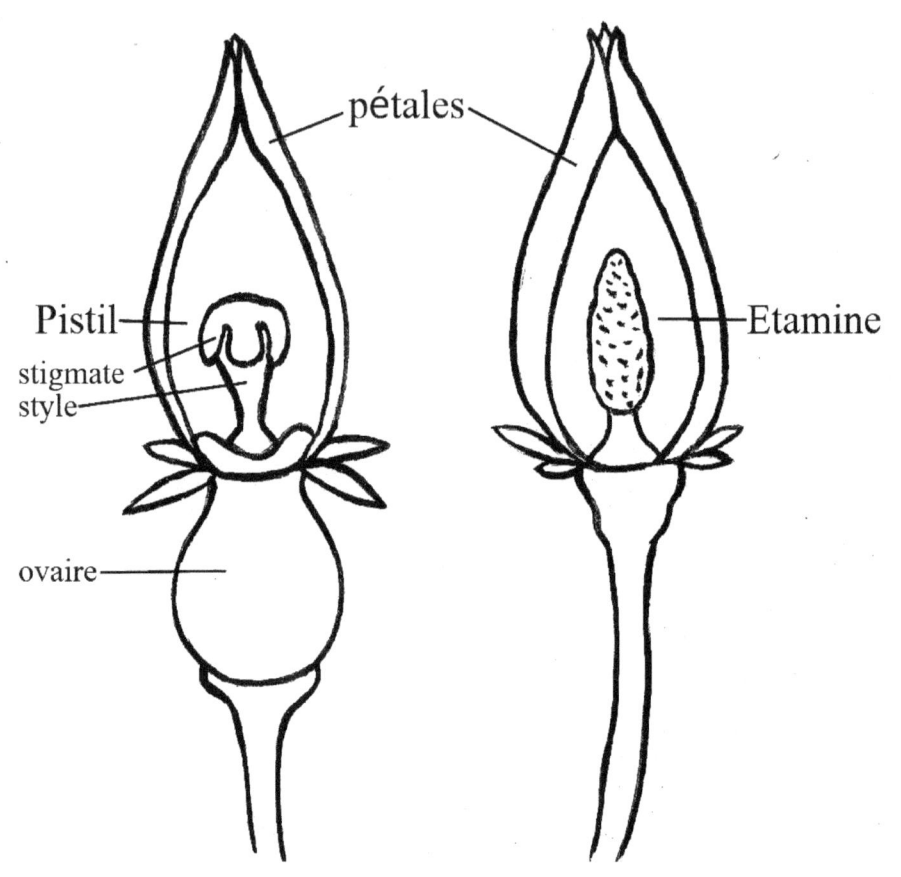

pétales

Pistil

stigmate
style

ovaire

Etamine

Fleur femelle

Fleur mâle

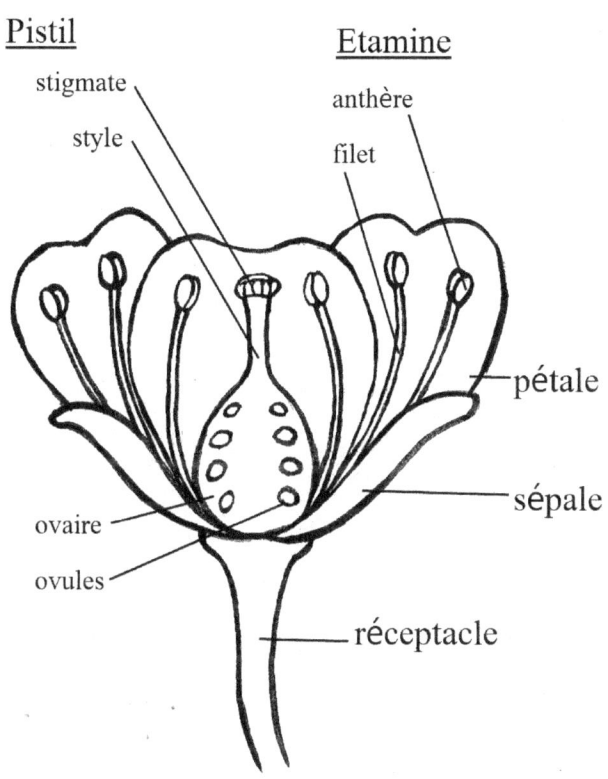

Pistil

Etamine

stigmate

anthère

style

filet

pétale

sépale

ovaire

ovules

réceptacle

Fleur parfaite

14.

Terre Rouge

Parfois je rêve que je suis née d'un arbre et que je suis arrivée sur terre en roulant, comme une pomme, chair issue de sa chair. Immobile sur le chemin, je regarde les visages de mon père et de ma mère qui brillent comme le soleil dans le midi. J'ai vu bien des choses magnifiques. J'ai vu l'amour dans le regard d'un cerf. J'ai vu se balancer la gorge des lys. Et je voulais une ferme. Je voulais une ferme à l'orée du monde sauvage.

Je ne pouvais échapper à cet appel puissant.

Même en devenant un écrivain de Nature, à la recherche d'espaces sauvages et passant des jours bénis à marcher dans ce qu'il reste des vastes étendues de pins des marais des *flatwoods*[104], je me débattais avec cette partie de moi qui voulait vivre non pas en terre sauvage, mais dans une ferme. J'en étais arrivée à envisager une espèce de *continuum* social qui commençait dans le monde sauvage (la chasse et la cueillette pour se nourrir) se poursuivait dans le monde agraire (se sédentariser et travailler un lopin de terre), puis dans le monde industriel (la vie urbaine) jusqu'à celui du monde technologique (quelque soit le style de vie). N'importe quelle étendue de terre pouvait subvenir aux besoins d'une forêt ou d'une ferme ou d'une usine ou d'un groupe d'ordinateurs fonctionnant avec des robots. Si la vie sauvage se situait sur le côté gauche de la ligne du *continuum*, je voulais que tout mouvement ayant trait à l'utilisation des terres aille de droite à gauche. La vérité est que je suis probablement la plus heureuse quelque part au milieu. Mon ami Rick Brass m'a dit un jour : « Ce que je voudrais c'est, après avoir travaillé dans les champs, poser la charrue et entrer dans une vieille forêt où je pourrais marcher et me reposer à la fin de ma journée de labeur. »

Lorsque Silas est parti pour l'université, chaque matin, peu après mon réveil, ce désir lancinant venait me visiter. Mon esprit vagabondait, j'imaginais comment serait ma vie si j'avais mon endroit à moi. Si j'avais de la terre, des arbres, des champs, en quoi mes choix seraient-ils différents. Je pense que ce sentiment vient de la notion de *cultus* et de l'instinct de prendre soin de quelque chose. Une fois Silas parti, j'avais besoin de cultiver quelque chose. Chaque matin mes réflexions aboutissaient à cette même question : Où se trouve cet endroit ?

Mon époux et moi l'avons activement cherché. Nous avons écrit à nos amis comme à des inconnus.

« Nous cherchons une ferme. Nous cherchons une vieille maison traditionnelle sur un beau lopin de terre, de préférence dans le sud de la Géorgie, sur les plaines côtières. Même à rénover. Qu'elle ait au moins 50 ans et quelque chose d'historique serait formidable. Nous ne cherchons pas un ranch de style moderne ni une maison

---

[104]Sorte de landes typiques du sud-est du pays.

en brique. Nous ne voulons pas être près de l'autoroute mais plutôt sur un chemin de terre. On aimerait avoir des champs, des forêts, une grange ou des dépendances (à l'abandon ça va aussi) – Peut-être dans les marais, ou une crique ou près d'un étang. Plus il y a de terre mieux c'est, tout en prenant en compte que nous ne sommes pas millionnaires. Nous avons besoin de prés. Le maximum que nous pouvons mettre est 220.000 $.[105] Si vous connaissez ou entendez parler d'un endroit qui se rapproche de cette description, s'il vous plaît, faites-le nous savoir. Nous étudions toutes les possibilités. Merci beaucoup. S'il vous plaît, faites passer ce message. Et à vous, nos meilleurs vœux pour que vous trouviez ce que vous cherchez. »

Nous avons cherché le bon endroit pendant près d'un an, des heures et des heures chaque semaine à parcourir les journaux et les annonces des agences immobilières, encore plus d'heures au téléphone, et d'autres encore avec les agents immobiliers à faire le tour de propriétés qui ne nous correspondaient pas du tout. Nous mettions des mots dans les boîtes aux lettres des maisons qui nous plaisaient. On ne sait jamais quand ni où on va trouver ce que l'on désire. On finit par se fatiguer, se décourager. Mais chaque matin, avec une ardeur renouvelée, je savais que je devais continuer à chercher. Pendant ce temps, nous avons rassemblé des animaux de ferme et des semences et des herbes et des savoir-faire. Tout cela prenait racine. Il me fallait un endroit où mettre tout ça en pratique.

Pour Raven et moi, une des choses qui nourrissaient notre sentiment d'urgence était l'augmentation constante des preuves de l'effondrement et en particulier celui du climat – ce n'était pas seulement de le savoir mais surtout de le constater par nous-mêmes. Au cours de nos années de recherche, le Sud sortait de trois années de grave sécheresse. En mars, des tornades saccageaient les villes, écrabouillaient les écoles et des quartiers entiers, tuaient des gens. Les statistiques montraient de plus en plus la nécessité de se fixer, de créer une communauté sociale et d'être capable de subvenir au minimum à ses besoins de base. La catastrophe immobilière nationale (et internationale), en plus du crash boursier de l'automne 2008, a bien évidemment augmenté notre sentiment d'urgence.
Une nuit, pendant le second septembre de notre longue recherche, j'ai fait un rêve qui me vrilla l'estomac. Une tempête se préparait. J'avais été à une réunion où la plupart des participants étaient des amis, et nous nous sentions de plus en plus inquiets. C'était palpable. Je repartais avec Silas, lorsque soudain, lui et moi nous nous tenions au bord de l'espace, sur la marge même de l'atmosphère. Tout autour de nous, la biosphère était bleue, toutes les nuances de bleu, tourbillonnantes, comme ce qu'on pourrait voir en prenant des champignons hallucinogènes. Je savais que le bleu signifiait la glace. Les teintes bleutées tourbillonnaient, entraînées par les vents du globe qui spiralaient. Nous pouvions sentir le vent froid tout autour de nous, c'était un vent monolithique. Je me sentais subjuguée mais aussi impuissante et je me souviens avoir pensé qu'au moins à ce moment Silas et moi étions ensemble. Là où la couleur était d'un bleu poudré, je savais que la glace avait fondu.

---

[105]Environ 160 000€.

Ça c'était la catastrophe. Mais voici que la glace se solidifiait à nouveau, et les vents tourbillonnants étaient alors de toutes les couleurs, toutes les couleurs de l'arc-en-ciel, brillantes et vives. Silas et moi avons fait des offrandes, qui étaient des pelures de pomme de terre. C'est alors qu'un homme est apparu. Je ne le connaissais pas et Silas non plus, mais l'homme portait un bébé. C'est ce qui deviendrait l'élément important.

Voilà tout le rêve dont je me souviens et peut-être était-ce là tout. Je n'ai jamais étudié l'interprétation des rêves, mais un couple d'amis l'a fait et je sais que c'était un rêve d'avertissement mais aussi d'espoir, un millénaire dans une capsule, un effondrement et une reconstruction. Il y avait de l'espoir dans les couleurs et dans le bébé.

Un jour, alors que je faisais mes trois kilomètres quotidiens de jogging, je sus dans ma chair que l'endroit que nous cherchions était enfin à portée de main, que nous n'avions plus qu'à le trouver. Une telle prémonition ne pèse pas lourd quand on cherche depuis si longtemps, quand la zone de recherches est si vaste (Raven et moi avions étendu nos recherches aux deux Carolines, à la Virginie et à la Floride du nord, bien que nous soyons toujours focalisés sur le sud de la Géorgie et ses coins les plus ruraux). La dernière chose que nous voulions, alors que les nouvelles ne faisaient qu'empirer, c'était de recracher dans l'air tout ce dioxyde de carbone à conduire sur les routes et les chemins de terre à la recherche de notre maison. A cette époque nous vivions sur un terrain familial où nous aurions pu rester mais nous n'étions pas propriétaires. Il fallait demander la permission à ma famille pour effectuer le moindre changement qui aurait pu nous simplifier la vie, nous aurait permis d'être plus sains, plus en sécurité et plus autonomes, et la plupart de nos requêtes avaient été refusées. Notre vision n'était pas celle de ma famille. Mon père, un chiffonnier, continuait à accumuler des quantités et des quantités de détritus matériels et d'objets à la valeur immatérielle.

Notre ferme s'est retrouvée sur le marché immobilier lorsque son propriétaire, un promoteur, s'est trouvé dans l'impossibilité de vendre d'autres propriétés. L'organisme de garantie des déposants avait alors obligé la banque du propriétaire (qui avait une première puis une seconde hypothèque) à le presser de vendre la maison. Il n'avait pas du tout envie de se séparer de cet endroit.

Un jour j'ai vu la photographie de la maison sur Internet. Je me souviens bien de cet après-midi. Raven était particulièrement dépité par notre recherche infructueuse ce jour là, se sentant bloqué, dans l'incapacité de faire avancer ce projet. Je devais me dépêcher de boucler un projet d'écriture et j'étais en partance pour une conférence, mais j'avais quand même volé deux minutes pour aller voir le site d'une agence immobilière.

– Pourquoi n'irais-tu pas voir cet endroit ? ai-je demandé à Raven. Juste pour voir. Je sais que ce n'est pas à l'endroit que nous avons choisi, mais ça à l'air intéressant.

Il est revenu très vite.

– Laisse tout tomber, m'a t-il dit, nous avons trouvé notre ferme.

La maison a deux étages, peinte en blanc avec des rehauts vert-sapin. Son toit en métal est également vert sapin. Elle a été construite en 1850 par Lawrence Pearson avec du pin des marais local dans le style Fédéral, bien qu'au cours de rénovations le porche d'entrée ait été clos dans le style Victorien. Le bois utilisé à la construction venait des forêts environnantes et la scierie qui appartenait au frère de Pearson, se trouvait à moins de deux kilomètres d'ici.

La maison est entourée d'un terrain de plus de 18 hectares. Au nord et au sud s'étendent de vastes pâturages. A l'est, se dresse un verger ancien de pacaniers[106], où l'air automnal est rempli du parfum des oignons sauvages, et au-delà passe la route de terre. A l'ouest, une forêt d'arbres caduques descend doucement vers une ligne de cyprès longeant l'eau sombre d'un paisible ruisseau nommé Slaughter Creek (à cause d'une bataille entre des natifs américains et des colons blancs)[107]. Depuis chaque fenêtre de la maison nous ne pouvions voir que la nature – pas de voisins, pas de rues, pas de câbles électriques ni de caniveaux.

La ferme se situe dans le delta formé par deux rivières, toutes deux se trouvant à un kilomètre et demi de là. A l'est, la délicate Ohoopee creuse son sillon dans le sable blanc, rejoignant la grosse Altamaha au sud de la ferme pour glisser paresseusement vers Darien, sur la côte, cent-vingt kilomètres plus bas. La cour de la maison est plantée de gainiers rouges, de cèdres, de houx et de lilas des Indes. Mais le plus beau c'est le vieux chêne-châtaignier des marais qui pousse devant la maison – un point de repère, très grand et impressionnant : il couvre 500 mètres carrés à lui seul et laisse tomber partout des glands énormes, ses semences.

A l'automne 2009, je me souviendrai de tous ces mois d'attente, tous ces mois d'amertume emplis du seul désir d'avoir un endroit à moi, un endroit dont je rêvais, où je pourrais vivre la vie dont j'avais envie, où je pourrais construire des choses qui resteraient, où nous pourrions nous installer, et même être enterrés ; et tous les soirs de tous ces mois pendant lesquels j'avais cherché dans les journaux et les magazines et les sites web pour la seule, l'unique annonce qui s'adresserait à nous, une maison que l'on pourrait s'offrir. Je me suis souvenue de tout cela un matin alors que je donnais un cours d'écriture-nature en tant qu'intervenante extérieure au Mulhenberg College en Pennsylvanie, lorsque le vent jouant dans les arbres jaunes faisait un bruit de pluie, qu'au loin un tracteur crapotait et que, pendant ce temps, chez moi, en Géorgie du sud, mon époux signait pour nous deux dans un cabinet d'avocat, et, même si je ne pouvais y emménager avant mon retour quelques jours plus tard, j'allais avoir, très bientôt, la ferme dont j'avais tant rêvé.

Considérez la possibilité que j'ai tendu toute ma vie vers cette terre.

Considérez qu'elle m'était destinée.

Personne ne s'est jamais installé plus rapidement que nous. Les soirées étaient consacrées aux cartons et tout le jour, pour profiter de la lumière, nous avons installé la boîte aux lettres et mis les poulaillers mobiles dans la prairie, planté des arbres fruitiers, des grands et des petits, passé la herse à l'emplacement du futur potager, planté encore plus d'arbres à ombrage, posé une barrière autour des deux prés,

---

[106]Qui donnent les noix de pécan. (NdT)
[107]Slaughter signifie «massacre».

nettoyé la grange et rangé ce qui pouvait l'être, construit un parc à cochon. Un jour, le nom de la ferme s'est imposé à Raven : Red Earth, Terre Rouge. Cinq mois après nous avions une chèvrerie et une maisonnette pour les moutons. Nous avons organisé quelques fêtes et reçu un flot constant de visiteurs. Notre pancarte « Œufs à Vendre » était installée.

Il y avait toutes les corvées habituelles, collecter les œufs, préparer les repas, à quoi s'ajoutait la liste sans fin de tâches nécessaires à réaliser afin de mettre en place l'infrastructure d'une nouvelle ferme qui nous rendrait rapidement autonomes, et qui devait être la plus belle possible. Nous avons collecté le plus de matières biologiques à disposition, fumier, paille ancienne, copeaux de bois, carton pour le mulch, têtes de crevettes du marché au poisson, cendres du fourneau du voisin. Nous avions besoin de viande pour toute l'année alors Raven se levait chaque matin avant l'aube, et allait se placer dans le poste de chasse qu'il avait construit à l'orée de la forêt pour y attendre quelque cerf. Parfois je me levais aussi et enfilais plusieurs couches de vêtements, puis j'allais dans une autre direction, à un poste de chasse édifié par le propriétaire précédent sous un arbre à l'angle nord-ouest de la propriété. Les matins, la terre du chemin était criblée d'empreintes de sabots et parfois nous pouvions voir un cerf dans la lumière des phares s'il nous arrivait de rentrer tard le soir, après une lecture.

Ce premier hiver, j'étais impatiente de planter mon treizième et, j'espère, dernier jardin. Je me souvenais de tous les jardins que j'avais créés et laissés derrière moi – parce que j'avais grandi, parce que je m'étais séparée, parce que le loyer avait trop augmenté, parce que j'étais partie au lycée, parce que le lycée était fini, parce que, parce que, parce que. Dans un domicile stable, avec aucune intention de repartir, je pourrais m'occuper des semences que j'avais collectées au fur et à mesure, auxquelles je m'étais intéressée, ou que je préservais déjà du mieux que je pouvais. Je pourrais garder les semences mieux encore. Nous avons commencé à creuser quelques lits en double bêchage[108], d'un mètre vingt de large et trois mètres de long, quinze dans un jardin et vingt-cinq dans l'autre. Pendant que je creusais, je pensais à cette phrase de Fred Magdoff qui disait qu'il y a trois sources de fertilité du sol : « le vivant, le mort et le très mort. » Il parlait de la vie microbienne, de la matière organique en décomposition et, pour finir, de l'humus.

J'ai passé des soirées passionnantes à étudier les catalogues de semences puis à faire mes commandes, uniquement des variétés à pollinisation ouverte. Quand les semences sont arrivées, c'était un deuxième Noël, j'ai rassemblé toutes celles que j'avais mises en réserve dans mon congélateur, dans des bocaux, dans des boîtes à café et dans des sachets et je les ai organisées en les divisant par types de culture. Tous les paquets de laitue sont allés dans un sac, toutes les fleurs, tous les *cowpeas*, toutes les blettes. J'ai mis tous ces sacs dans deux sacs plus grands, cultures d'été et cultures d'hiver. Dans les dernières semaines de la fin de l'hiver, j'ai commencé à planter.

Je n'écris quasiment jamais sur les heures que je passe dans le jardin, pas même dans mon journal intime. Quelque chose se passe en moi lorsque je jardine. Je suis

---

[108]« Double digging », méthode de culture bio-intensive de Jon Jeavons très efficace pour les petites surfaces. (NdT)

pleinement, réellement, merveilleusement présente à ce que je suis et où je suis à ce moment. Je suis un animal avec une centaine de sens différents et tous sont en éveil. Comme une sorcière je mélange le terreau, mêlant dans un chaudron compost, tourbe et cendres. Il n'y a là rien de scientifique, rien n'est testé. Tout ce que je fais est expérimental. Je plante les semences dans des pots de vingt centimètres de haut, séparant délicatement ces petits segments de vie, ces petits réceptacles, petits germes d'idées. Un germe, du latin *germen*, signifie aussi une maladie, en effet. Mais c'est également la moelle, le cœur, l'essence, le nectar. La nuit vient et je travaille vite. J'entends l'appel d'un oiseau depuis le champ de graminées sauvages de l'autre côté de la route. C'est le premier engoulevent arrivé du sud.

Qu'est-ce qu'une graine et un caillou ont en commun ? Tous deux sont généralement petits, ronds, doux et durs. L'un est plus dur que l'autre, plus fort que l'émail de nos dents ; l'autre peut en général être écrasé par l'émail – quoique j'en connais certains, moi incluse, qui se sont cassés des dents sur des graines. Sur le popcorn notamment. On peut confondre un petit gravier avec une graine au point de laisser tomber dans un trou quelque chose qui ne germera jamais. Je pense à tous ces bocaux de haricots à soupe que j'ai triés et dans lesquels j'ai trouvé quelques cailloux dissimulés. Des cailloux et des graines, il en existe de toutes sortes, les gens collectionnent les uns comme les autres, des musées ont été dédiés aux deux et les deux possèdent leur propre science. Et chacun recèle un mystère qui va au-delà de la science, la vie inconnue d'une pierre, la vie d'une graine qui attend en sa patiente dormance. Il en est de toutes les tailles, couleurs et formes. Les unes transportent des informations d'une génération à la suivante, les autres sur des périodes géologiques entières. L'une se déconstruit de l'intérieur vers l'extérieur, l'autre de l'extérieur vers l'intérieur car si un caillou évolue c'est dû à l'érosion. Les deux possèdent leur horloge, l'une est biologique, l'autre géologique, l'une rapide, l'autre lente. Les deux restent pendant un certain temps sur le sol.

Je découpe des étiquettes dans des moules à gâteaux en aluminium, utilisant la pointe sèche d'un stylo pour y écrire les noms : *Chou frisé, Lacinato. Chou frisé, Dwarf blue curled, Chou frisé, Red Russian. Chou frisé, Greenpeace.* J'espère que les étiquettes ne vont pas disparaître ou devenir illisibles. Quelqu'un m'a dit que les lamelles de stores métalliques conviennent bien pour ça. Je me demande où je pourrais en trouver.
Il fait sombre et j'arrose les pots de semences.
C'est le matin, je les arrose.
Quatre semaines plus tard, je les transplante dans les longs lits impeccables, m'agenouillant sur le mulch épais de paille posé sur une couche de copeaux, livrés par la compagnie électrique contre un petit pourboire laissé aux ouvriers, le tout posé sur une couche de carton. J'arrose les petits semis qui s'agitent dans les soucoupes. Je plante encore d'autres étiquettes dans le sol mou. Je fais un plan du jardin Sud, un autre du jardin Nord et je note tout ce qui s'y trouve.
Je fais la course contre la nuit pour réussir à planter mes petites pousses de huit centimètres de melon dans le jardin rond, là où sont plantées la majorité des plantes

rampantes. Je mulche les semis. Je les regarde grandir. Je dépose autour des plants du fumier mûr récupéré dans une étable, répartissant les vers qui s'y trouvent. Je désherbe. Je garde un œil sur ce premier petit pois frais. Je cueille la première laitue.

Puis vient l'été et les pois d'Angole que m'a donnés mon ami Albert Culbreath, un spécialiste des maladies de l'arachide, sont plus grands que moi. Ils montent à deux mètres cinquante, fleurissant jusque tout là haut d'un rouge éblouissant. Je me suis redressée après avoir désherbé d'en dessous de la forêt des pieds de pois d'Angole quelques plantes sauvages, amarantes et porcelaines et une pousse de lilas de Perse. J'entends le gazouillis si particulier de l'oiseau mouche. C'est un colibri à gorge rubis qui se nourrit aux arums rouges se dressant au-dessus de moi en faisant plus de bruit que je crois nécessaire.

Je me tiens immobile. Le colibri s'envole et va se poser sur la clôture grillagée qui entoure le jardin. Je remarque alors un deuxième oiseau mouche, plus petit, sur la même clôture. Commence alors une intense conversation en oiseau-mouche. Un autre oiseau se glisse hors d'un pacanier et disparaît entre les fleurs. Mon visage est comme une pleine lune, scrutant à travers les feuilles composites, sous un champ de fleurs. Je suis à cinquante centimètres de deux oiseaux, impassible, et je réalise alors que ce sont des jeunes, ayant quitté leur nid tout proche, apprenant de leurs parents à aspirer le nectar des fleurs. Ils sont très excités. Pendant un long moment je ne bouge pas, ils ne sont pas inquiets, et je regarde les deux jeunes et leurs parents piquant de façon maladroite et chaotique entre les corolles. Mais ne parvenant pas à rester longtemps en suspens ils tanguent à nouveau jusqu'à la clôture pour s'y reposer. Je les regarde jusqu'à ce qu'ils repartent tous, s'envolant dans la biosphère bleue tournoyante.

Ce que je veux dire c'est que des choses magnifiques, étranges et profondes se passent dans un jardin et que le jardinier, parfois, s'en trouve tout bouleversé. Je me tiens le long d'une ligne de tomates *Striped Roman* et mon fils Silas, en vacances pour l'été, se trouve de l'autre coté. Il travaille plus vite que moi, arrachant les herbes folles à pleines poignées. Parfois il attrape la racine, parfois non. Je suis plus soigneuse. J'agrippe chaque brin d'herbe, chaque lamier et grande chélidoine, allant les chercher jusque dans le sol pour avoir la satisfaction d'entendre le son de la racine qui vient, un déchirement assourdi par la terre. Je suis ravie de travailler avec Silas. Il me raconte sa vie. Lui et un de ses amis sont en bisbille à cause d'un skateboard emprunté. J'écoute, posant parfois une question pour mieux comprendre, gardant ma tête baissée, tirant les herbes, essayant de ne pas arracher une tige de framboisier par erreur.

– Est-ce que cette dispute est vraiment à propos du skateboard ou bien il y a autre chose ?

– Il trouve que je suis frimeur, me dit Silas.

Pendant tout ce temps le soleil tape dur et j'aimerais vraiment avoir un chapeau. Plus loin, Raven photographie les fleurs.

– Tu sais quelle est cette variété de tomates ?

– Non.

– Des *Striped Roman.*

Silas ne répond pas.

– Elles ont été créées par un homme que je connais, John Swenson. Elles sont vraiment belles, longues et pointues, avec ces rayures oranges.

– C'est bien, dit-il, puis plus rien.

Nous terminons cette rangée puis nous passons à la suivante, une ligne de jeunes plants.

– Je lis tes emails à Papa, dit-il, et je suis d'accord avec toi.

Il parle d'une série de messages dans lesquels je parle à son père du financement de l'année d'université, comparant des prêts étudiants. Je suis contente que Silas ait envie de parler, même s'il n'a pas envie de parler de ce dont je voudrais parler.

– Ça a été une bonne chose, je lui dis.

– Je veux seulement dire que je pense que t'avais raison, dit-il, je suis de ton côté.

– J'espère que tu seras toujours de mon côté, quand tout aura été dit et fait, parce que je serais aussi de ton côté. Toujours avec toi.

– J'ai toujours été de ton côté, dit-il.

Nous nous déplaçons jusqu'aux aubergines et nous travaillons en silence.

Je suis seule dans le jardin, comme la plupart du temps, plantant encore quelques semences. Je transplante, pensant au dîner, parce qu'il est l'heure d'aller cuisiner. J'attrape des patates douces, déterre des radis, cueille des feuilles de basilic. Lorsque je récolte la nourriture que je vais manger, je ne pense plus à la semence comme étant ma récolte. Penser ainsi est une seconde nature. Je ne peux pas arracher tous les radis. Je ne veux pas non plus garder tous mes gombos pour qu'ils mûrissent et vieillissent, alors quand je commence à récolter je laisse une ou deux capsules des premiers gombos sur chaque plant. Je sais que certaines personnes considèrent qu'il ne faut pas mélanger ce qu'on mange avec ce qu'on garde pour les semences, et ces personnes ne prendraient *aucun* fruit de ces gombos, mais des gens ont fait les deux pendant des siècles. Peut-être que je me trompe, mais cela me semble naturel. Je noue des bandes de tissu de coton d'un centimètre et demi de large sur les tiges des gousses qu'il ne faut pas cueillir, afin que Raven et moi nous nous souvenions desquelles il s'agit. Je ramasse les gousses des *cowpeas* séchées sur la tige en même temps que les vertes : je mange les vertes et je garde les séchées. J'enfouis les têtes de semences de panais à maturité dans de vieux sacs de toile. Une à une, j'extrais dans un bocal la pulpe des tomates *Matt's Sweet Wild Cherry* grosses comme des billes.

Je fais du pesto, grille des courgettes, rince la laitue, hache menu un gros chou blanc à *coleslaw*. Je bats des œufs de nos poules avec des blettes.

Pour une jardinière et gardienne de graines, il n'y a quasiment aucune soirée sans quelque chose à faire – haricots à écosser, semences à battre ou à vanner, graines de courge à étendre sur du papier journal pour les y laisser sécher, têtes de fleurs à gratter pour en récupérer les semences. Il y a des semences à peser et à mettre en enveloppes, des étiquettes à coller, des poèmes à imprimer et à glisser dans les enveloppes.

Qu'est-ce qu'une graine et une planète ont en commun ? Toutes deux sont rondes, douces et colorées, elles portent la vie, elles sont vivantes – une cosmologie de semences, chacune un corps céleste voguant dans le ciel, sauf que ce que chaque semence-planète désire c'est trouver une flaque d'eau, un nuage, pour germer et continuer à voguer à la recherche d'un morceau de terre, une planète. Imaginez Vénus changée en semence d'ipomée volubilis, dormant au frais dans un petit paquet, et lorsque finalement vous plantez cet étrange joyau, elle devient une fleur étourdissante de beauté possédant trois lunes à elle seule. Imaginez sauver un monde en sauvant ses semences.

J'ai dû quitter la ferme brièvement pour aller donner une lecture dans une autre université. C'est fini, je suis dans le train, me rapprochant de la maison. Demain, je serai rentrée. Je viens juste de finir *Bringing it to the table*, une anthologie du travail de Wendell Berry sur la vie à la ferme et la nourriture, livre qui montre qu'il a été la cheville ouvrière du mouvement pour l'agriculture bio et le prince de la révolution locavore. Ces écrits me transportent à chaque fois dans une paix profonde et me redonnent l'espoir que mon aspiration à la vie de ferme, pour une culture qui tend à disparaître, pourra se réaliser. Je me prends à rêver que je pourrais bien devenir fermière, que je pourrais élever une paire de bœufs, que notre ferme pourra être prospère. Je jette un œil à mon agenda et je vois tous ces jours, ces semaines déjà bien pleines de tâches à faire – remplir les fiches d'impôt, revoir les épreuves de mon dernier livre, écrire un essai. Et me voilà de nouveau assise dans mon jardin, dans cette Amérique du XXIe siècle, à regarder les poules étirer le col de l'autre coté de la clôture pour y attraper les petits pois frais. Un troglodyte de Caroline atterrit tout à côté et pique un brin de paille dans le mulch avant de s'envoler. Au-dessus, un ciel tourbillonnant de bleu s'emplit du rose intense et orangé du crépuscule.

15.

Pèlerinage à la Mecque

J'avais un souci. Cela faisait plus de vingt ans que j'avais entendu parler du Seed Savers Exchange et voilà que j'avais maintenant décidé d'aller à leur rassemblement annuel au siège central. Mon souci étant qu'à cause de la crise climatique j'avais cessé de prendre l'avion. Je vis en Géorgie et le Seed Savers Exchange se trouve dans l'Iowa.[109]

La dernière fois que j'ai pris l'avion c'était en 2008, de Chicago où j'étais coincée à cause d'un incident météorologique, à Oxford dans le Mississippi, pour une lecture à l'université du Mississippi en soutien à la création d'une nouvelle filière « durable ». Je ne dis pas que je ne prendrai plus jamais l'avion. S'il y a une urgence concernant un proche et que je dois arriver vite sur place, j'irais en volant. Mais pour l'instant, voilà où j'en suis. J'ai arrêté de prendre l'avion il y a plus de quatre ans et je n'ai pas remis le pied dans un aéroplane depuis.

Songeuse, j'ai étudié l'invitation à la rencontre. Sur une carte j'ai trouvé où se situait Decorah. C'était loin. Toutefois, rien jusqu'alors ne m'avait empêchée de voyager étant donné qu'il existe toutes sortes de moyens de transport autres que l'avion, dont la marche à pied. J'ai donc commencé à manigancer mon voyage.

J'ai préparé mon sac à dos, embrassé mon cher époux – longuement – et conduit quatre heures jusqu'à Atlanta. Quelque part dans une pente, le compteur kilométrique du pick-up a indiqué le chiffre étonnant 234,235. J'ai garé le pick-up dans un parking gratuit à une station Marta[110], acheté quelques jetons puis je suis montée dans le métro. Assise à côté de moi, une femme portait un énorme bouquet d'œillets et, en face, un homme prévoyait de commencer le yoga le week-end suivant. Le métro m'a déposée à la station d'autocars.

La station, architecturalement dénuée de tout sens artistique, était d'époque, sol en béton, plafond trop bas et lumière trop vive. L'endroit était plein d'étudiants fauchés assis sur leurs bagages lisant Foucault et Faulkner, de travailleurs immigrés et d'autres voyageurs, certains avec des enfants, en route vers de nouveaux rêves de bonheur. Au guichet, la préposée m'a dit que pour les places c'était premier-arrivé, premier-servi, sauf si je voulais payer cinq dollars de plus et m'assurer une place côté fenêtre. Déterminée à avoir une place sans débourser plus, j'ai fait la queue à la « porte Chicago » tout en sachant que l'autocar ne partirait pas avant deux heures.

Quand nous avons quitté Atlanta, la conductrice – Miz Off-the-Chain, comme elle se faisait appeler – nous a demandé d'éteindre nos téléphones portables pour ne pas gêner nos voisins à parler fort.

– Laissez les toilettes propres et ne vous promenez pas dans l'allée centrale, dit-elle. Si l'autocar s'arrête, n'en descendez pas sauf s'il s'agit d'un arrêt prévu. Si, au cours

---

[109]Soit à environ 1400km.
[110]Metropolitan Atlanta Rapid Transit Authority.

des arrêts prévus, vous n'êtes pas de retour quand la pause est terminée, et bien tant pis, je vous laisse là. Essayez pour voir.

Le bus s'est extrait d'Atlanta par la route nord. C'était un vieux modèle de Greyhound, avec des fauteuils serrés et inconfortables aux housses de velours bleu roi rehaussé de petits lévriers bleu clair.[111] « Si nous avons choisi un lévrier et pas un paresseux, c'est pour une bonne raison » disait une petite pancarte. Mon voisin de siège, Brian, était un camionneur qui essayait de rentrer à temps pour un mariage. Nous avons discuté un peu puis j'ai regardé par la fenêtre. Derrière moi, une jeune femme Maori étudiait chez Vanderbilt. Sa compagne était enceinte, disait-elle, l'enfant allait naître en septembre et elles avaient prévu de le nommer Rythm. Pour passer le temps, je lis *The Long Emergency*. J'ai dormi et me suis réveillée. J'ai mangé un sandwich que je m'étais préparé.

Nous avons roulé à travers tout le Tennessee et le Kentucky.

Vers minuit le car s'est arrêté pour une halte d'une demi-heure à Louisville. J'ai donné un coup de main à un vagabond au teint jaune qui essayait de reprendre son panneau dans le car : « J'ai faim. Je suis en rade. Je préfère mendier plutôt que voler. » En marchant vers la station routière il m'a dit qu'il se plaçait aux intersections. « Faut être près d'un business » me dit-il. Dans la station au plafond voûté, meublée de jolis bancs de bois, j'ai remarqué plusieurs voyageurs en pantalon kaki impeccables, T-shirt blanc froissés par les bagages et chaussés de simples baskets montantes. C'était bizarre, autant de voyageurs vêtus de t-shirts froissés.

Brian était devant les distributeurs automatiques.

– Pourquoi tous ces gens sont-ils habillés comme ça ? C'est un uniforme ?

– Je ne saurais pas vous dire. Peut-être qu'ils travaillent ici ?

– A mon avis, ils viennent tout juste de sortir de prison.

Il a regardé à nouveau et j'ai vu son regard sombre traversé par un sentiment mitigé.

A chaque arrêt, au cours de cette longue nuit et jusqu'au jour suivant, jusqu'à notre arrivée à Chicago, j'ai vu de ces hommes en vêtements neufs tuer le temps dans les stations routières. Dans une des stations j'ai vu un de ces groupes accompagnés d'un garde attendant de monter à bord de mon autocar.

– Alors voilà ce qu'on te donne quand tu sors de prison ? ai-je demandé à Brian. Des habits neufs et un ticket d'autocar ?

– Ils leur donnent certainement de l'argent également, surtout s'ils ont travaillé.

– Imagine avoir à tout recommencer. Je me demande s'ils ont un endroit où aller, si quelqu'un les attend...

– Je parie que oui.

J'ai sorti de mon porte-monnaie des petites coupures de cinq et dix dollars et je les ai mises là où je pouvais les attraper facilement si l'occasion de les donner se présentait.

A l'aube, l'autocar avait deux heures de retard. Alors que nous traversions les vastes champs de maïs de l'Indiana dans notre bus bondé, j'ai pensé à ces expéditions d'autrefois qui nous faisaient encore rêver, et ces explorateurs qui allaient collecter les semences sur tout le globe – les Bartrams dans le sud, Jamaica Kincaid vers la Chine et le Népal, Gary Nabhan au Tajikistan.

---

[111]Un greyhound, en anglais, est un lévrier.

A Chicago, près de midi, j'ai dit au-revoir à mon nouvel ami Brian (qui aurait à attendre encore pour poursuivre son voyage), j'ai repris mon sac à dos et marché cinq pâtés de maisons jusqu'à Union Station à laquelle j'avais fini par m'habituer au cours de ces dernières années sans avion. J'ai commandé un *burrito*[112] à mon échoppe favorite. Pendant que je mangeais le haut parleur s'est mis à appeler mon nom, me demandant de me rendre à un guichet.

– C'est votre billet ? me demanda la préposée.

Oui. J'avais laissé tomber mon billet et un ouvrier l'avait trouvé et rapporté.

– Il aurait pu le ramener et se faire rembourser, me dit la préposée, et vous auriez dû en acheter un autre.

– Les gens sont fondamentalement bons, n'est-ce pas ?

– Oui, dit-elle.

J'ai attendu le départ de mon train, à 14h15, l'Empire Builder. Cela faisait 24 heures que je voyageais.

Une fois dans le train, c'était plus confortable. La dernière fois que j'avais fait ce trajet pour aller faire une conférence à Winona dans le Minnesota, il longeait la Route Panoramique de l'Age glaciaire, et les gares m'étaient familières – Milwaukee, Portage, Wisconsin Dells. Le train est commode et confortable. Vous pouvez vous lever et marcher jusqu'à la voiture du bar pour y acheter des amandes et du jus d'airelles. Ou aller dans la voiture club pour commander une bière et jouer aux cartes. Si vous avez de l'argent vous pouvez même vous rendre au wagon restaurant vous offrir un bon repas servi à une table couverte d'une nappe blanche.

Une famille d'Argentins s'est assise à côté de moi et je me suis retrouvée à visionner sur un portable les photos de vacances en Patagonie pendant que leur fils de quatorze ans pratiquait désespérément son anglais sur moi. Les cent premières photos étaient formidables. Quand le défilé des photographies s'est arrêté j'ai regardé la campagne.

Je suis descendue à La Crosse en début de soirée et j'ai hélé un taxi qui m'a demandé vingt dollars pour m'emmener à l'agence de location automobile la plus proche, celle de l'aéroport. La voiture de location m'a emportée rapidement vers le sud, jusqu'à un hôtel à Decorah dans l'Iowa. Dans l'Amish Byway, où vivent de nombreux Amish, près d'Harmony dans le Minnesota, j'ai doublé une famille dans un buggy tiré par un cheval, trois enfants assis derrière et tournés vers l'arrière regardaient le paysage. J'ai fait un appel de phare et fut aussitôt récompensée par de grands sourires sur leurs visages.

Dans ce voyage vers le nord j'avais tout fait sauf de l'auto-stop. Ou de la bicyclette. Ou du cheval. Mes déplacements avaient été à pied, en pick-up, en métro, en autocar, en train, en taxi, en voiture de location et de nouveau à pied. Huit états traversés. Trente-six heures. J'envisage de lancer un mouvement de *slow-travel*.[113]

Seul un endroit vraiment spécial pouvait me convaincre de quitter ma maison et m'embarquer dans ce voyage marathon. Heritage Farm, le siège central du

---

[112]Crêpe roulée contenant de la viande, des haricots, des tomates et des épices.

[113]C'est-à-dire de voyage-lent. L'expression est inspirée du mouvement *slow food* impulsé par Carlo Petrini en 1989 et qui invite consommateurs et cuisiniers à ralentir pour savourer la nourriture et préférer les produits locaux.

Seed Savers Exchange, était encore plus beau que je ne l'avais imaginé. La première impression que j'en eu était celle de jardins nets, droits et bien définis, couverts d'un beau terreau avec quasiment aucune herbe folle. Volontaires et visiteurs du centre déplaçaient des tables et c'est là que j'ai rencontré un de ceux arrivés, tout comme moi, un peu tôt. Je me suis présentée et nous nous sommes promenés en bavardant.

– Étais-tu vraiment en train de bavarder ? – m'aurait demandé mon mari, me taquinant sur cette mienne habitude qu'il trouve charmante mais ne pratique pas lui-même – ou faisais-tu en sorte qu'il te raconte sa vie ?

Et bien mon chéri, voici son histoire. Cet homme vient du Wisconsin et s'appelle Steven. Il s'est marié tard et, malheureusement quelques années après son épouse est décédée dans un accident de voiture, à quelques kilomètres seulement de chez eux. Tu te souviens de ce qui est dit, que cinquante pour cent des victimes meurent à moins de huit kilomètres de leur domicile ?

Steven est tombé en dépression. Ça a duré deux ans puis peu à peu il a commencé à s'en sortir. Il s'est rendu compte qu'il lui fallait reprendre le cours de sa vie. Il était content d'être là, à cette rencontre autour des semences, bien que ce voyage fut assez triste pour lui – lui et son épouse avaient prévu de se rendre ensemble à une rencontre de gardiens de semences, mais ça ne s'était jamais fait.

– Elle aurait adoré tout ça, lui dis-je.

Tout autour de moi, les rangées impeccables de poireaux, brocolis, laitues et haricots semblaient plus précieuses encore dans l'écho de cette histoire de tristesse et de renaissance qui m'était contée alors que je les longeais. Sur le côté est, bordant le jardin, se dressait une haie de près de trois mètres de roses trémières, de celles qui poussent près des cabinets – formant un écran de feuillage couvert de pois colorés composé d'une multitude de fleurs blanches, roses, magenta et bordeaux. Traditionnellement, dans les fermes de l'Iowa, ces roses marquent l'emplacement des cabinets extérieurs.

Sur ces rangées, le Seed Savers Exchange réservait près de vingt mètres par variété, chacune identifiée par son nom. Je n'avais jamais vu certaines de ces plantes. L'une d'entre elles était un ail fantastique avec des tiges en tuyau du bleu-vert typique de la famille des oignons, sauf qu'à la pointe des flèches poussait comme un amas miniature de bulbes, et de cet amas d'autres tiges sortaient, et parfois même, à la pointe de ces tiges-là poussait un autre amas de bulbes. La plante ressemblait à un oignon de quatre étages, montant jusqu'à l'épaule. Le veuf amoureux des plantes l'identifia comme étant un oignon marcheur ou *Rocambole*. Apparemment, les amas les plus élevés deviennent trop lourds et tombent, puis s'enracinent et poussent, forment un autre immeuble, tombent à nouveau, et ainsi de suite ils se promènent à travers tout le jardin. J'ai tout de suite voulu avoir cette plante.

A cette heure-là bien plus de monde était arrivé, et mon nouvel ami et moi même avons été entraînés dans la visite des jardins isolés[114]. Quelque part, en chemin je me suis séparée du groupe pour me promener seule. Sans tout ce monde autour je voyais mieux.

---

[114]Jardins où les variétés sont isolées les unes des autres, par la distance et par des filets pour éviter les croisements. (NdT)

La pièce centrale d'Heritage Farm est une énorme grange peinte en rouge rehaussée de blanc. Quand je dis « énorme » c'est que la foire régionale pourrait toute entière se dérouler dedans. On pourrait y faire un match de foot. Son toit est assez haut pour y mettre une grande roue ! Une porte au second étage, par laquelle on passait autrefois le foin, s'ouvre vers le bas avec des cordes et des poulies.

Le long d'un des murs de la grange, les liserons de Grandpa' Ott grimpent sur des treilles. Cette plante est une vieille amie. Ce fut l'une des premières plantes que j'avais demandées à un compagnon gardien de semences, en 1986. Après quelques années la plante m'était perdue, comme diraient des latinistes, ce qui signifie que j'avais perdu la plante. J'imagine le petit jardin que j'ai laissé à la lisière des forêts du nord de la Floride, à Sycamore. Le printemps suivant mon départ les liserons auront certainement fleuri, étant donné que le liseron est auto-fertile – mais les linaires et les graminées commenceraient à l'étouffer, et le printemps d'après, j'imagine qu'il n'y aurait plus eu un centimètre de sol nu pour y laisser germer quelques semences

C'est pour ça que les semences ont besoin des gens. Les plantes domestiques, comme la plupart des animaux domestiques, ne peuvent survivre sans nous. Si suffisamment de personnes font pousser une variété, quand quelqu'un abandonne les autres continuent.

Près de cette incroyable grange se trouvait un jardin de démonstration qui, si vous le voyiez, vous donnerait envie d'arracher tous vos couvre-sol d'ornement. Dans de petits lits, les feuillages aux formes diverses contrastaient avec une infinité de textures et de couleurs allant du vert-argenté à l'émeraude en passant par le vert-roux. L'effet était subjuguant. Dans un petit triangle le chou frisé *Dinosaure* enveloppait le persil et la verveine. Dans un autre, les concombres s'enroulaient autour de l'aneth et des soucis ; un lit spécial sauce mêlait tomates, coriandre et oignon. Trois basilics – sacré, violet et *Thai* – faisaient équipe avec de l'arthémise. Un lit « Thomas Jefferson » présentait les plantes collectionnées par l'ancien président : doliques *d'Egypte* s'agrippant à un treillis de bambou, laitue *Tennis Ball*, plante sensible, zinnia *Red Spider*, choux *de Bruxelle*s. Dans d'autres lits on pouvait trouver d'autres curiosités botaniques comme la cerise *terrestre d'Aunt Molly,* les épinards-fraises, et le pois *Norwegian Soup.*

Je me tiens là, coupable de gloutonnerie dans mon amour des plantes. Je suis blâmable de luxure. Par jalousie, également j'ai fauté. En ces jardins, oui, j'ai péché.

Je retrouve mon groupe au Seed Savers Exchange. Becky Pastor vient de Saint Louis, elle se tient près d'une exposition au centre de visite. Elle a commencé un projet intitulé « Becky et le haricot magique », un blog qui parle de toutes les manières de cuire les haricots, avec une recette par semaine.

– La plupart des gens peuvent citer cinq ou six noms de haricots et les épiceries en proposent à peu près une douzaine de variétés mais il en existe à peu près 400 sortes. Les livres parlent surtout de la façon dont ils poussent. Je voulais quelque chose qui soit tout autant sur la cuisine. J'ai monté un groupe d'amis qui aiment le vin et les amateurs de vin ont généralement de bonnes papilles. Nous avons créé une goûterie de haricots.

Après avoir discuté avec Diane Ott Whealy, co-fondatrice du Seed Savers Exchange, Becky Pastor avait reçu par la poste une énorme boîte de haricots. Elle les a présentés sur Internet, un haricot par semaine.

– Chacun d'entre eux possède son caractère distinctif, dit-elle. Je pense qu'il est important que les gens sachent quel goût ils ont et ce que l'on peut faire avec. Son plat préféré ?

– J'aime vraiment le *succotash*, un plat de haricots *Lima* et de maïs doux.

Je suis allée me balader dans la grange pour voir le troc de graines. Seules quelques personnes avaient, à cette heure encore matinale, apporté des semences à partager. Un homme âgé aidé d'une canne, s'appuyait sur un comptoir où avaient été posés deux petits plants de piments d'une vingtaine de centimètres chacun.

– C'est le grand-père de tous les piments, expliquait l'amoureux des plantes.

Je me suis glissée près de lui.

– Sa semence a été collectée en Bolivie. J'ai commencé ces plants le 31 mars au Jardin botanique de Chicago. *Caspicum Chacoense.*

Cet homme était John Swenson.

– Les archéologues trouvent des piments sur quasiment tous les sites d'Amérique du Sud. Les trois sœurs (haricots, maïs et courge) poussent ensemble corps et âme, mais ça manque un peu de goût là-dedans. Alors je les appelle « Les trois sœurs et leur frère épicé ».

Je voulais poser quelques questions à Swenson. J'avais beaucoup de questions. En haut de ma liste il y en avait une qui concernait trois piles d'oignons posées sur un des comptoirs, devant lesquelles une pancarte disait « Prenez, c'est gratuit ». Les oignons de chaque tas semblaient presque similaires.

– Est-ce que ce sont des oignons marcheurs ? lui ai-je demandé en indiquant d'un mouvement de tête les petits bulbes empilés et me souvenant de ma découverte en compagnie de Steven quelques heures plus tôt.

– C'est exact.

– Tous les trois ?

– Trois variétés différentes.

– Je n'en avais jamais vus avant.

– On les appelle *Egyptian onions*, oignons égyptiens, une déformation de *gypsy*[115], dit Swenson.

Il avait très envie d'enseigner.

– Quand on ne sait pas d'où vient quelque chose, c'est que les Gitans l'ont amené.

Il qualifiait l'oignon de cultigène de jardin, un mélange entre un oignon commun et un oignon à botteler pérenne.[116] Il est aussi nommé oignon marcheur, empilant ou oignon-arbre. Swenson m'affirma que sa culture ne demande aucun effort. Dans le temps, les gens pelaient les bulbes pour les vendre au marché. Parfois les fermiers tiraient toute la plante et les vendaient comme oignons de printemps.

– Vous aurez plusieurs niveaux, me dit-il, j'en ai eu de quatre étages.

– J'aimerai en emporter avec moi. Quelle variété me recommandez-vous ?

---

[115]Gitan en anglais. (NdT)
[116]Un cultigène est une espèce fabriquée par l'homme et sans homologue sauvage dans la nature.

Il pointa vers un des tas de bulbes.

– Si vous aimez manger du contre-plaqué, c'est là.

Je ne donnerais pas le nom de la variété que Swenson avait décriée parce que certains fermiers ne jurent que par elle. Disons seulement que j'ai finalement choisi une variété nommée *McCullars White Top Set* qui, selon Swenson, a un goût de petit dîner sur la terrasse par un soir d'été.

J'ai profité de ma présence au Seed Savers Exchange pour rechercher dans la bibliothèque située en bas de la majestueuse grange des informations sur le *Conch cowpea*. Dans la dernière (et sixième) édition du « Garden Seed Inventory », qui canonise la disponibilité commerciale des cultivars de jardin, se trouvait une liste :

« *Running Conch Cowpea* – 90 jours – De longues tiges non grimpantes, originairement à partir duquel d'autres *cowpeas* ont été développés, plus difficile à écosser que les variétés modernes. Apprécié pour sa capacité de résistance aux insectes et herbes folles. Date de la fin XIXe siècle. »

La semence avait été offerte en 1991 par un gardien de semences, une autre en 1994, une en 1998 et trois en 2004. Ça n'était qu'il y a quatre ans. Il y avait donc un espoir. J'ai feuilleté dans le *Seed Savers Exchange Yearbook* de 2004 et j'ai trouvé que ce Running Conch avait été donné par AL HA C, MO GE J et PA WE W. J'ai écrit les adresses de Charlotte Hagood en Alabama, Jeremiah Gettle dans le Missouri et William Woys Weaver en Pennsylvanie, trois résistants de plus.

Dans la soirée, après un excellent dîner, Lynne Rossetto Kasper, hôtesse de l'émission de radio publique syndiquée, « The Splendid Table », a fait une présentation. Elle est blonde, porte des lunettes et une blouse blanche dans le style d'une veste de cuisinier.

– A chaque microclimat sa micro-culture, dit-elle, et elle commença à illustrer son propos en parlant de ses origines italiennes.

Le vrai fromage Parmigiano-Reggiano vient uniquement de la région d'Emilie-Romagne en Italie, là où le jambon de Parme est façonné, en n'utilisant que trois ingrédients seulement : le sel, l'air et le temps. (De même, si le champagne n'est pas élaboré en Champagne, ce n'est pas du champagne).

Kasper raconta son voyage à Bologne, capitale de l'Emilie Romagne, où tout le monde mange des *tortellini al brodo*, des pâtes dégustées dans un bouillon de poule. Lorsqu'elle s'était rendue ensuite à Parme, 150 kilomètres plus au nord, elle avait demandé des *tortellini al brodo*.

– On ne mange pas de tortellini ici, lui avait murmuré son hôte, c'est un plat étranger.

– Chaque endroit est un ensemble constitué d'histoires du passé, dit Kasper. Là où l'on vit et ce avec quoi l'on vit font ce que nous sommes.

Aux États-Unis, notre histoire avec la nourriture a été abrégée. Les premiers Américains ont en effet déplacé et décimé nos peuples autochtones, récupérant leurs connaissances agricoles tout en leur interdisant toute évolution agricole. L'histoire documentée de la nourriture des Blancs commence au début du XVIe siècle, dans quelques poches géographiques. A l'inverse, l'histoire de la nourriture sur la plupart des continents remonte à des millénaires avec des populations plus ou moins sédentaires, pratiquant une agriculture de subsistance et développant une cuisine tout à fait unique.

Manger local en Italie, expliquait Kasper, est très différent de manger local aux États-Unis. Même le mot local est différent. Pour nous, Américains, local a une signification géographique. Ceci vient d'un endroit en particulier. Sur les marchés italiens, on trouve sur certains produits le mot *nostrono*, qui est un pronom possessif signifiant « à nous », « ça nous appartient à nous ». Pour les Italiens, le local est bien plus personnel, il y a un sentiment de fierté dans cette possession.

Il existe aussi en Italie, selon Kasper, un concept appelé *campanilisimo*, qui peut littéralement être transcrit par « à distance d'un son de cloche » ou esprit de clocher. Dans la plupart des villages italiens il y a un clocher, et tous ceux qui vivent à proximité peuvent entendre sonner ses cloches. Tous ceux qui ne peuvent entendre le son du *campanile* sont des étrangers. En Italie, le concept de local est donc précis et concentré, il signifie tout ce qui est produit sous le son des cloches qui sonnent pour toi.

– La mondialisation se fiche bien de tout ça, dit Kasper.

Et elle était tellement remontée par son explication de ce qui se passe avec la nourriture aux États-Unis qu'elle est allée chercher un grand éventail couleur de jade derrière l'estrade pour s'éventer.

– Quelque part on s'est imaginé que la nourriture était une science. Ce qui se passait dans le monde industriel l'a emporté sur ce qui se passait dans les jardins, une sorte de croyance qu'on va « mieux vivre grâce au chimique ». Nous laissons les industries préparer notre dîner, sans parler du petit-déjeuner et du déjeuner.

La présentation de Kasper nous ramène au *terroir*[117], un mot qui en est venu à signifier la relation entre le sol, ou terrain, et le goût de la plante. Cette idée est basée sur la croyance qu'une même plante poussant en différents endroits aura un goût différent. Prenez les oignons *Vidalia*. Vidalia n'est pas une variété. Un certain nombre de variétés d'oignons doux sont cultivées dans ce territoire du treizième comté du sud de la Géorgie où le sol pauvre en soufre donne aux oignons une saveur si sucrée que les gens disent les manger comme des pommes. Ceci est le *terroir*, le goût de la Géorgie du sud dans un oignon. *Sentir le terroir* c'est goûter le sol, comme dans l'arôme unique d'un vin.

Je vais faire une pause ici, parce que j'ai une autre question pour mon ami Tom Stearns, président de High Mowing Organic seeds. J'aimerais savoir si la génétique d'une variété change avec des sols et des facteurs environnementaux différents.

– Assurément, dit-il. Disons que tu fais pousser une centaine de plants en Géorgie. Tu préserves les semences des dix meilleures. Je fais le même ici dans le Vermont. Pendant dix ans, tous les deux nous mettons de côté 10% des meilleurs. A la fin des dix années, si nous plantons tes semences à côté de mes semences, elles seront sans aucun doute génétiquement différentes.

– Est-ce à cause des mutations ?

– Elles ne mutent pas, me répond-il, si tu fais pousser un plant de moutarde qui supporte le froid et que tu en plantes une centaine, certains vont supporter le gel et

---

[117]Et suivant sont en français dans le texte.

survivre. Tu te débarrasses ainsi d'un grand nombre de gènes qui rendent le plant de moutarde sensible au gel

– C'est donc ça qu'on appelle la pression sélective ?

– Oui, tu encourages certains gènes et tu en décourages d'autres par les sélections que tu fais.

La présentation de Kasper me fait également penser à Gary Nabhan[118], un ami formidable qui est aussi pour moi une source d'inspiration, qui a fédéré les organisations dédiées à la sauvegarde de ce qui reste des richesses biologiques de notre système alimentaire – non pas en les enfermant dans une chambre forte, mais en les ramenant sur les tables. Il nomme cette fédération la RAFT[119] et il a publié un livre intitulé *Renouveler les traditions alimentaires américaines : sauver et savourer les mets les plus en péril du continent.* Nabhan explique que la RAFT « tente de conserver les synergies qui se mettent en place lorsqu'une plante ou un animal particulier s'adapte à un paysage, un sol, un climat et des traditions culinaires particuliers. » Il ajoute que les nourritures traditionnelles sont le résultat d'interactions entre le contenu génétique et les sols et le climat d'un espace donné. Il les appelle nourritures « en lieu-basées »[120]. En travaillant avec la RAFT, le mouvement Slow Food USA a commencé ce qu'ils nomment l'« Arche du goût », soit un catalogue recensant plus de 200 aliments traditionnels et régionaux menacés de disparition par la standardisation industrielle. Le but de l'Arche est de ramener ces aliments en voie de disparition sur les tables américaines en créant des ouvertures économiques qui les aideront à prospérer de nouveau. Les aliments amenés dans l'Arche doivent avoir un très bon goût, être biologiquement ou culinairement en péril, être produits de façon durable, localement et en quantités limitées.

Les gardiens de semences sont *la raison d'être du terroir.*

Bien, je dois avouer que le Seed Savers Exchange n'était peut-être pas la Mecque que j'avais imaginée. Il y a eu un bouleversement dans son administration, un divorce entre Kent et Diane Ott Whealy. En octobre 2007, Kent a été viré de sa position de directeur exécutif, une position qu'il occupait depuis la création de l'organisation en 1975. Dans les années qui suivirent, Kent Whealy a écrit une série de lettres furieuses au conseil d'administration du Seed Savers Exchange, envoyant parfois une copie à chaque membre de l'organisation, déballant le linge sale et dénonçant des échanges entre jardiniers comme étant du même acabit que ceux des entreprises.

Après avoir passé sa carrière à collecter un ensemble de 26 000 variétés uniques de cultivars de potagers anciens, dont 140 variétés natives américaines, Kent Whealy a accusé l'organisation d'être potentiellement en train de donner ce matériel génétique aux grosses entreprises. Quand le Global Seed Vault, cette chambre forte construite pour neuf millions de dollars à Svalbard en Norvège, fut achevée en 2008,

---

[118]Activiste et auteur d'une remarquable biographie de Nikolaï Vavilov traduite en français. Cf Ressources.

[119]RAFT pour *Renewing America's Food Traditions : Saving and Savoring the Continent's Most Endangered Foods.*

[120]*Place-based food.*

l'organisation y a aussitôt expédié des boîtes et des boîtes de semences. Dans un discours prononcé en 2010 au Land Institute, Kent Whealy a dit qu'entreposer ces semences à Svalbard équivalait à « les mettre sous le contrôle d'un traité de la FAO particulièrement élaboré afin d'en faciliter l'utilisation par les entreprises semencières. »[121] Pour lui, cette participation est une spoliation. Le traité international sur les ressources phytogénétiques pour l'alimentation et l'agriculture, qui n'a pas été ratifié par les États-Unis[122], déclare dans l'article 7 « que tout dépositaire accepte de rendre accessible, depuis son propre stock, des échantillons des ressources génétiques des plantes déposées... à toute personne naturelle ou légale[123]. » Kent Whealy continuait en disant que « les échantillons originaux », ceux conservés à la maison mère du Seed Savers Exchange, sont concernés par cet amendement.

En 2010, dans une lettre publique de réfutation, le conseil d'administration du Seed Savers Exchange a affirmé que la logique de Kent Whealy était « erronée d'un bout à l'autre ». Le conseil d'administration admet être un « dépositaire fier » et qu'il continuera « à déposer des doublons des semences de leur collection dans le Seed Vault afin d'en assurer la sauvegarde. » Dans d'autres courriers, ils assurent à leurs membres que les semences du Seed Savers Exchange sont simplement mises en réserve à Svalbard et n'appartiennent qu'au SSE, ne peuvent être brevetées et peuvent être retirées de la chambre forte par le conseil d'administration à n'importe quel moment, précisant qu'elles ne seront accessibles à aucune autre entité.

Mais pourquoi envoyer des semences à Svalbard ? Parce que c'est un coffre-fort ? Parce que c'est une sauvegarde ? Parce que les conditions de conservation à Heritage Farm ne sont pas idéales ? Parce que l'Iowa est sujette aux tornades ? Parce que la Norvège n'est pas aussi loin que nous le pensons ?

J'ai moi-même été assez désorientée par le changement de valeurs du Seed Savers Exchange. Un exemple est celui de la détérioration du système d'échange de la main à la main. Désormais beaucoup plus de semences sont vendues au public par l'intermédiaire d'un catalogue en couleur plutôt qu'échangées directement entre membres. Lorsque le Seeds Savers Exchange a créé ce catalogue, les membres de l'organisation ont vu chuter précipitamment le nombre de requêtes reçues, c'est-à-dire toutes ces lettres qui leur étaient envoyées par des personnes leur demandant des semences. Mais bien que l'organisation ait été fondée sur l'idée d'une société du don, avec échange gratuit des semences entre membres, les ventes ont fini par éclipser le troc. Je n'ai pas été la seule à l'observer. Bien des gens de semences ont témoigné de dérives similaires. Un des anciens m'a dit que le Seed Savers Exchange aura au moins développé un système plus stable pour garder les semences en vie. Si cela doit être un modèle marchand, et bien soit. « Peut-être que le temps de l'échange c'est du passé » avait-il ajouté.

---

[121]LaFood and Agriculture Organization ou Organisation des Nations unies pour l'alimentation et l'agriculture censée résoudre la faim dans le monde depuis 1951. Elle travaille actuellement avec l'OMS à la mise en place du Codex Alimentarius visant à standardiser la production alimentaire.
[122]*International Treaty on Plant Genetic Resources for Food and Agriculture.*
[123]Depuis quelques années, aux États-Unis, une entreprise est considérée comme une "personne légale".

Dans une récente parution du trimestriel inclus dans l'adhésion, le Seed Savers Exchange rabroue les jardiniers qui « volent le germoplasme des laboratoires de l'USDA ». L'USDA demande que les requêtes faites à la banque génétique officielle du pays ne soient limitées qu'aux chercheurs scientifiques. Des gardiens de semences, rapporte le journal, ont obtenu du germoplasme par la banque génétique de l'USDA en se faisant passer pour des chercheurs déposant une requête officielle. Parce que ces gardiens de semences sont des jardiniers et non des scientifiques, le Seed Savers Exchange les a réprimandés pour ces requêtes frauduleuses, et d'avoir donc « volé ». « Les laboratoires », disent-ils, « ne sont pas là pour les jardiniers ayant du mal à trouver certaines semences. »

Cette position ne présage rien de bon. Dans mon esprit, l'accès au germoplasme de l'USDA appartient à tous les Américains. Ce sont nos semences, sélectionnées par nos ancêtres, cultivées par eux, et collectées pour être utilisées par tous les citoyens. Pourquoi un système d'échange populaire ne voudrait-il pas que ses membres aient accès aux semences publiques ? Une banque génétique ne voudrait-elle pas que ses semences prospèrent ?

Le Seed Savers Exchange joue un rôle important dans la préservation des semences, dont nombre d'entre elles étaient quasiment en voie d'extinction. Mais cette controverse permet de voir que lorsque les choses grossissent elles se compliquent – et finissent souvent par nous échapper. Cette controverse est peut-être aussi là pour nous rappeler que nous devons rester tournés vers le petit, le simple, le local. Comme un rappel de l'élégant pouvoir et de l'incontestable intégrité enclos dans une seule et simple graine.

Mecque ou pas Mecque, lorsque le week-end s'est terminé, j'ai refait le voyage dans le sens inverse – location, aéroport, autobus, gare, Chicago, autocar, Atlanta, métro et, pour finir, quatre heures de pick-up sur les routes familières de Géorgie. Tout s'est parfaitement déroulé. L'hôtel avait une chambre libre. Son van a pu me déposer à la gare afin que je puisse rendre la voiture de location plus tôt et économiser. Il me restait une chemise propre. J'ai pris la route en terre qui mène à ma cour. Là c'était local – à nous.

16.

Le pollinisateur

Je me trouve dans un champ de l'Iowa avec Dave Cavagnaro, photographe et gardien de semences. C'est un homme à la peau tannée et au nez aquilin, fin comme un insecte. Il est habillé d'une chemise à carreaux à manches courtes usée et de jeans coupés au genoux, un bout de son portefeuille dépasse d'un trou de sa poche arrière.

Six ou sept jardiniers espèrent apprendre d'un expert comment polliniser manuellement une courge, et l'expert en question est Dave Cavagnaro. Pendant huit ans il a été conservateur de la collection de semences du Seed Savers Exchange. Il est maintenant photographe botanique et écrivain spécialiste des jardins.

– J'ai appris tout seul à polliniser manuellement quand j'avais huit ans, dit-il au groupe, c'est facile.

Pourquoi quelqu'un voudrait-il apprendre un truc pareil ? Parce que la pollinisation manuelle permet au jardinier de faire pousser un grand nombre de cucurbitacées[124] tout en maintenant la fixité de leurs semences et en éliminant (ou du moins en réduisant) les chances de croisement. La pollinisation manuelle permet au jardinier de devenir aussi perspicace qu'un bourdon.

Cavagnaro commence par les bases.

– Ce que nous appelons courges ne sont pas seulement les grosses courges jaunes et les courgettes. Par courges j'entends tout le genre des cucurbitacées.

La famille des cucurbitacées inclut bien d'autres plantes, dont la pastèque, les concombres, la luffa.

Il nous explique que les courges sont divisées en quatre espèces principales et deux autres mineures :

1. *Cucurbita pepo* possède des tiges et des feuilles piquantes, et les tiges ont cinq côtes : *Summers, Crooknecks, Scallops,* courgettes, spaghettis, *Acorns, cocozelles, Delicata, Vegetable Marrows,* petites gourdes, *Jack-o'-lanterns* et beaucoup de courges à pâtisserie.

2. *Cucurbita maxima* possède les tiges les plus longues, spongieuses et duveteuses : bananas, buttercups, *Hubbards*, turbans, *Delicious, Hokkaido, Marrows.*

3. *Cucurbita moschata* est une espèce tropicale, avec des feuilles larges et duveteuses. Le pédoncule a lui aussi cinq côtes, s'élargit ou s'épate à sa jonction avec le fruit : butternuts, les types « cheese », patates douce[125], *Kentucky Field, Tahitian, Trombocini.*

4. *Cucurbita mixta* ou *argyrosperma* possède des feuilles plus ciselées que celles des *moschata* et le pédoncule est moins tronqué.

---

[124]Les courges, *cucurbita so.*, appartiennent à la famille des cucurbitaceae et à la tribu des cucurbitae. Le genre *Cucurbita* comprend 27 espèces connues. Source: *Semences de Kokopelli.* (NdT)

[125]A ne pas confondre avec le tubercule. (NdT)

Une cinquième espèce, *cucurbita ficifolia*, comprend une courge à l'épiderme blanc parcouru de taches et de rayures vertes connue comme gourde de *Malabar* ou chilacayote des montagnes d'Oaxaca[126].

Les semences de la *cucurbita foetidissima*, la sixième espèce, aussi appelée *Buffalo gourd*[127], sont utilisées pour leur huile, et les fruits matures, trop amers ne peuvent être mangés.

Les différentes variétés de courges d'une même espèce risquent fort de se croiser, comme par exemple une *Hubbard* avec une *Banana*. Cela peut-être réjouissant si vous êtes un expérimentateur passionné ou un sélectionneur. Mais afin de préserver la pureté végétale et d'en conserver les graines un jardinier doit choisir entre faire pousser une courge de chaque espèce ou polliniser manuellement.

Le soleil s'accrochait au frontispice du ciel.

– Bien, il faudrait qu'on y aille si on veut attraper les fleurs nous dit Cavagnaro en regardant tout autour. Elles commencent vraiment à se flétrir à cette heure du jour.

Nous le suivons tous à la queue-leu-leu jusqu'à l'endroit où il veut nous montrer comment polliniser manuellement. Il a fallu que je le voie pour comprendre comment faire. Mais vous, vous n'avez pas besoin de le voir. Vous pouvez lire et apprendre.

D'abord, vous plantez les graines d'une courge que vous avez envie de préserver. Puis vous regardez la plante pousser et notez le moment où les fleurs vont commencer à arriver. Les fleurs de courge sont jaunes. Elles sont grandes, comme bien des fleurs – à peu près dix centimètres de long et quinze de diamètre pour la plupart d'entre elles lorsqu'elles sont complètement épanouies, de la taille d'un lys. Il y a deux sortes de fleurs, les femelles et les mâles. Sur l'une de ses extrémités la fleur femelle présente une petite copie de la courge. La fleur mâle est simple.

La première fleur qui pousse sur la plante n'est généralement pas la femelle. Les courges font beaucoup de fleurs mâles avant que les femelles ne s'ouvrent. (Qui savait ça ? Pas moi.)

– Il y aurait bien une exception avec les courges d'été buissonnantes, dit Cavagnaro, qui peuvent faire des fleurs femelles avant que n'apparaisse aucune fleur mâle. Celles-ci ne feront pas de fruit et peuvent être cueillies et dégustées jeunes et tendres.

Sur chaque nœud foliaire se trouve une fleur mâle et une fleur femelle. Une fois que la plante commence à fleurir, la répartition le long de la tige est généralement celle-ci : mâle, mâle, femelle, mâle, mâle, mâle. (Cavagnaro n'est à l'évidence pas seulement un connaisseur livresque des plantes. Il a passé beaucoup de temps dans le jardin à observer.) Vous sortez et vous cherchez la première fleur femelle. Vous attendez jusqu'à ce qu'elle devienne jaune et qu'elle ait l'air prête à s'ouvrir. C'est important. Sur la fleur femelle, le stigmate n'est pas réceptif tant qu'elle n'est pas ouverte. Reconnaître l'imminence de l'ouverture n'est pas facile au début. Après un certain temps vous saurez reconnaître quand une fleur est prête à s'ouvrir la veille au soir. Le soir précédent son ouverture, vous sortez, et vous maintenez la fleur bien close avec du ruban adhésif, comme une ceinture de chasteté, et tenez closes

---

[126]Ou encore courge *de Siam*. Elle ressemble à une pastèque. (NdT)

[127]Mais aussi *Coyote gourd, Calabazilla...* Les Amérindiens faisaient grand usage des racines et des fruits pour laver leur linge et leurs vêtements. En effet, cette plante contient énormément de saponine. Source: *Semences de Kokopelli.* (NdT)

120

également quelques fleurs mâles, pour les empêcher de s'ouvrir. Pour vous assurer une plus grande variété génétique, choisissez des fleurs mâles provenant de différents plants de la même variété. Vous ferez votre pollinisation manuelle le lendemain matin. Le lendemain matin, vous sortez, vous dés-enrubannez vos fleurs et vous les pollinisez en frottant l'anthère sur le stigmate. Allez-y tôt. A midi, l'ouverture des fleurs de courge est terminée. Les pastèques, qui participent également aux réunions familiales avec les cucurbitacées et qui sont pollinisées de la même façon, s'ouvrent plus tard. Les fleurs de concombre, un autre membre de la famille, restent ouvertes toute une journée.

Cavagnaro nous conduit à une *C. maxima*. La variété est une courge *Sweet Meat*[128], un nom peu engageant. Nous nous accroupissons autour des tiges.
– Hier après-midi, vers 17h je suis venu dans ce lopin de courges pour localiser les fleurs mâles et femelles, nous dit Cavagnaro. Je les aies tenues closes avec du ruban de masquage. J'ouvre toujours les mâles en premier, poursuit-il. Les abeilles peuvent y entrer et sortir en un clin d'œil.
Il veut dire par là que si vous ouvrez les femelles, une abeille peut y apporter le pollen d'une autre variété de courge avant que vous n'ayez ouvert la fleur mâle. Il coupa une feuille avec un geste de chirurgien et la déposa sur le sol. Puis il alla cueillir trois fleurs mâles et les posa, toujours fermées par l'adhésif sur la feuille. Pour chaque fleur mâle, il ôta délicatement le ruban adhésif et en déchira les pétales. Il ne restait plus que trois petites tiges jaunes de deux centimètres et demi de long bien rangées sur la feuille de courge.
La fleur femelle est, elle, évidemment laissée sur la tige. Cavagnaro en défait le ruban et écarte tendrement les pétales pour dénuder le stigmate. Alors, avec une grande délicatesse, il frotte chacun des trois anthères sur et autour du stigmate.
– Certaines personnes utilisent un pinceau pour faire ça, dit-il, c'est la chose la plus stupide que j'aie jamais entendue. Ceci est un processus délicat qui demande du tact.
Il utilise trois mâles pour une femelle.
– Ça assure une certaine diversité. Pour peu qu'il y en ait.
Une fois pollinisée, il referme la fleur femelle du haut jusqu'en bas, avec du ruban adhésif.
– Utilisez du vrai ruban de masquage, pas celui en papier crêpe.
Bien sûr, le ruban adhésif abîme les pétales délicats, mais ce n'est pas grave parce que les pétales vont tomber quand le fruit sera prêt.
Enfin, Cavagnaro marque ce qu'il vient de faire. Il fixe un grand morceau de ruban-adhésif autour de la tige de la plante – sans trop serrer pour ne pas que ça la gêne. Le ruban porte le numéro d'identification de la courge et la date, puis 3♂ 1 ♀, pour dire trois fleurs mâles pour une femelle. Le symbole féminin, un cercle sur une croix, semble signifier « enraciné dans la terre ».
– Si vous n'avez pas de ruban de masquage, poursuit Cavagnaro, utilisez une fleur mâle pour couvrir la fleur femelle pollinisée. Tournez les pétales de la fleur femelle vers l'intérieur puis couvrez le tout avec des pétales mâles.
Il nous fait une démonstration du procédé. Tourner les pétales de la fleur femelle vers

---

[128]Viande douce. (NdT)

l'intérieur la fait ressembler à un cône de crème glacée plutôt qu'au pavillon d'une trompette. Pour fabriquer un toit avec un pétale, Cavagnaro cueille une fleur mâle et en retire le calice. Ça ne ressemble plus qu'à un entonnoir fripé. Il fend le pétale et le déploie pour obtenir un rectangle. Il utilise alors ce pétale ouvert pour en couvrir la fleur femelle, un peu comme un diaphragme. Comme cette enveloppe en pétale se fane au soleil, elle va se resserrer plus encore autour de la fleur femelle, barrant tout passage aux insectes.

– Si une fleur se remplit d'eau de pluie, elle est fichue, continue-t-il, essayez de polliniser les premières fleurs de vos plantes avant qu'il ne pleuve.

Cavagnaro se déplace jusqu'à un autre groupe de fleurs closes à l'adhésif et recommence le processus.

– Il n'y a aucune chance que toutes les fleurs que nous avons pollinisées aujourd'hui puissent toutes fructifier. Dès qu'une des pollinisations réussit, elle fructifie. Et les autres tombent.

En effet, les chances de succès par pollinisation manuelle sont accrues si, après avoir pollinisé la première fleur femelle, vous retirez tous les fruits susceptibles de croître sur les fleurs femelles suivantes. Pour certaines variétés de melon, seule une petite fraction des fleurs pollinisées fructifient. Parfois, il faut polliniser une douzaine de fleurs avant qu'une seule fonctionne. Parfois, il est préférable d'isoler plutôt que de polliniser manuellement.

Enfin, le pollinisateur se fait philosophe.

– Les courges sont plus malignes que les hommes, elles ne s'occupent que d'un projet à la fois. La plante se dit « Houlà, j'ai suffisamment à faire ». Si c'est une grosse courge, comme une *Hubbard*, elle peut ne faire qu'un seul fruit par tige. La courge dit, « je m'en vais faire une sacrée belle courge ». Ou bien elle finit une courge et dit, « Et bien voilà, maintenant je vais pouvoir en faire une autre ». Voilà, c'est ça la psychologie d'une courge.

17.

La boîte de Pandore

Un jour, en 1998, le facteur glissa une enveloppe dans la boîte aux lettres de Percy et Louise Schmeiser. Le nom de l'expéditeur était Monsanto.

Les Schmeiser ne s'attendaient pas à recevoir un courrier de Monsanto, la multinationale responsable de la mise en circulation de 90% des semences génétiquement modifiées. Ils n'avaient jamais planté de semences Monsanto et n'avaient jamais rien eu à voir avec cette société.

Percy Schmeiser était agriculteur, oui. Depuis 1947, il avait cultivé du colza sur les plaines du Saskatchewan au Canada. Mais Percy Schmeiser était plus qu'un cultivateur de colza. Lui et son épouse amélioraient les semences, gardant chaque année le meilleur de leur récolte pour la ressemer l'année suivante afin de sélectionner une semence parfaitement adaptée à ces plaines et au microclimat de leurs 400 hectares de terres.

Tout cela a pris fin avec cette lettre inattendue.

La lettre déclarait que, après enquête, Monsanto avait de bonnes raisons de croire que Schmeiser avait planté des semences brevetées par Monsanto, un colza GM, et ce sans licence, sur 100 hectares de terre, ce qui constituait une violation des droits de propriété de Monsanto. Pour éviter toute action légale, Percy et son épouse devraient maintenant payer, au plus gros producteur mondial de cultures GM, pour avoir fait usage de leur produit. A 115$ par acre, Schmeiser devait à Monsanto la somme de 27 850 $[129]. Il y avait trois obligations de plus : Monsanto avait le droit de prélever des échantillons des cultures de Schmeiser pendant les trois années suivantes afin de tester son colza ; Schmeiser n'avait pas le droit de divulguer les termes et conditions de l'accord (si tant est qu'on puisse appeler cela ainsi) à une tierce partie et Monsanto s'il le jugeait nécessaire pouvait, lui, révéler les termes de l'accord à une tierce partie. Il s'agissait sûrement d'une erreur. Schmeiser n'avait jamais planté de colza Monsanto. Il avait conservé et replanté ses propres semences. Mais Monsanto était venu et avait testé des plants de colza qui poussaient au bord de la route, et ce colza contenait de gènes brevetés. Les Schmeiser avaient été frappés par une chose appelée « dérive génétique », une vague de particules de semences emportées par le vent depuis des fermes voisines jusqu'à la leur.

Percy Schmeiser a expliqué cela. Monsanto s'en moquait. Son matériel génétique breveté avait été trouvé sur la propriété des Schmeiser et les Schmeiser devaient payer. Schmeiser a répondu, non, désolé, et l'affaire est allée devant les tribunaux. Pendant ce temps, Schmeiser a contourné Monsanto et il a porté plainte contre la société pour 10 millions de dollars, pour diffamation, violation de propriété privée et contamination de ses champs avec du colza Roundup Ready. Cette plainte n'est pas allée jusqu'à la cour.

---

[129]Soit 20 442 euros (un acre équivaut à 4046,9 m²).

En 2001, la cour fédérale du Canada a jugé en faveur de Monsanto, décidant que la loi du brevet supplante le droit des fermiers à conserver et à ressemer leurs semences. Ce verdict créa donc un précédent légal. Un des facteurs clef dans cette décision était que Schmeiser « savait ou aurait dû savoir » qu'il y avait du colza GM dans son champ[130]. En d'autres termes, une société comme Monsanto qui ne peut pas contrôler la façon dont ses gènes sont répandus n'est pas responsable – ce sont les fermiers qui sont responsables. Si des plantes de Monsanto avaient été trouvées dans la ferme des Schmeiser, alors les Schmeiser étaient coupables et ils devaient payer pour violation de brevet.

A ce moment-là, les coûts en dommages et charges légales s'élevaient à des centaines de milliers de dollars. Percy Schmeiser, fermier malchanceux, avait été victime d'une stratégie de prise de contrôle de nos ressources alimentaires par une multinationale. D'autres fermiers aux États-Unis ont subi des batailles légales semblables, comme Vernon Bowman, cultivateur de soja de l'Indiana, contre lequel Monsanto a gagné avec un jugement similaire.[131]

Schmeiser ne s'est pas avoué vaincu. Son appel à la cour d'appel fédérale a été entendu en mai 2002 dans le Saskatchewan. La cour d'appel a maintenu le verdict précédent, alors Schmeiser a demandé à ce que le procès passe devant la Cour suprême. En 2004, la Cour suprême du Canada a statué que le brevet de Monsanto était valide mais que Schmeiser n'avait pas à payer de pénalités à Monsanto, parce que l'agriculteur n'avait tiré aucun profit du colza GM.

J'ai entendu Percy Schmeiser raconter son histoire en 2005 lorsqu'il est allé dans le Vermont invité par le représentant d'état David Zuckerman – un homme jeune, membre du Parti Progressif, fermier bio, et président du House Agriculture Committee.

Percy Schmeiser était un homme modeste de soixante-quatorze ans, parlant doucement. Il portait des lunettes, ses cheveux étaient clairsemés. Il était debout sur une estrade basse dans la salle polyvalente au sol en béton de la Première Église Congréganiste de Brattleboro. Sur une table basse, ses notes et un verre d'eau. Il a parlé de l'énorme stress que sa famille avait subi, de la dette qu'ils avaient contractée, de l'effilochement du tissu social de sa communauté rurale lorsque tous les voisins qui s'étaient rangés de son côté avaient par la suite reçu une lettre identique de Monsanto.

– Le but de l'affaire pour Monsanto c'est de contaminer, dit Schmeiser. C'est comme

---

[130]En effet, ce sont 98 % des terres de Mr Schmeiser qui étaient contaminées. L'argumentation légale de Monsanto fut de dire que Mr Schmeiser avait tenté de profiter de cette contamination mais la preuve n'en n'a pas été apportée et rien ne permet de dire que l'agriculteur aurait essayé de tirer profit.

[131]Il convient ici de préciser que cette affaire est sensiblement différente car – pour reprendre des précisions apportées à l'éditrice par Me B. Magarinos-Rey : « l'agriculteur Bowman a acheté des semences à un voisin qui multipliait, irrégulièrement, des semences OGM de Monsanto, pour les planter dans son propre champ, en faisant usage de l'invention [et du paquet chimique associé]. Il s'agissait donc de semences de 2e génération. Monsanto a demandé réparation à cet agriculteur. La question [de pur droit] qui s'est posée devant les tribunaux, et jusqu'à la Cour Suprême américaine, était la suivante : la protection conférée par le brevet s'étend-elle à la seconde génération de plantes ou s'éteint-elle avec la fin de cycle de la première génération (dans le contexte particulier des plantes, qui s'auto-reproduisent) ? »

le tabagisme passif.

Il réajusta le pull qu'il portait sur sa chemise.

– Contamine et les gens n'ont plus aucun choix. Le droit des fermiers d'utiliser leurs semences année après année ne devrait jamais être retiré, dit-il avec son accent canadien haché. Certains des meilleurs blés que nous avons au Canada sont développés par des agriculteurs, pas par des sociétés.

L'année 2004, Schmeiser a fait en tout 161 déplacements en avion dans le but d'éveiller l'attention sur les risques liés aux semences GM.

– Nous allons finir par devoir aller nous battre pour les droits des fermiers, dit-il. Nous ne voulons pas laisser en héritage des terres et des aliments bourrés de produits toxiques.[132]

Nous pouvons blâmer le vent. Il vole le pollen des fleurs de Monsanto et l'emporte jusque dans nos champs. Puis Monsanto s'en prend à nous, comme si nous étions des voleurs, parce qu'il a trouvé son matériel génétique breveté parmi nos cultures. Nous n'avons pas demandé au bébé du monstre de grimper sur nos genoux.

La dérive génétique est un levier bien commode pour forcer les agriculteurs à utiliser les semences de ces entreprises. Et quand une de ces entreprises décide de fouetter un fermier jusqu'à ce qu'il cède, jusqu'à ce que lui aussi achète ces semences industrielles, elle commence par les menaces. Puis elle lui fait un procès. Avec un accord à l'amiable. Ou c'est le tribunal.

Avant 2005, Monsanto avait déjà lancé 90 procédures contre des fermiers américains pour violation de brevet, c'est-à-dire pour avoir trouvé des semences GM dans des champs dont les propriétaires n'avaient pas payé pour en faire usage. Monsanto a déjà ainsi gagné 15 millions de dollars. Je vous le dis sans ambages : notre système judiciaire est pourri.[133]

– Ces procès et ces semences ne sont rien d'autre qu'une extorsion industrielle des fermiers américains, dit Andrew Kimbrell, directeur du centre de sécurité alimentaire, dans le *Seed Savers Summer Edition 2005*.

Non seulement le vent est responsable de ces passagers invisibles, le pollen GM, mais les excréments des oiseaux et des animaux, nos habits, nos chaussures dans les plis et craquelures desquels se mettent les graines, et les joues des souris, des écureuils le sont également. Tout ceci propage la pollution génétique. Nous pouvons aussi nous en prendre également à l'aide alimentaire. D'une façon ou d'une autre, Oaxaca, haut-lieu de la diversité du maïs a été contaminé par du maïs GM – malgré l'interdiction formelle du Mexique de planter du maïs GM. De par sa nature même,

---

[132]Il est intéressant de noter que Mr Schmeiser n'était pas installé en bio et que cette épreuve lui a visiblement permis d'envisager l'agriculture sous un autre angle. Les nuisances des entreprises toxiques ne restent pas toujours impunies et, en France, par exemple, sur la question des pesticides, le cas de l'agriculteur Paul François obtenant gain de cause contre Monsanto en 2012 après avoir été gravement intoxiqué par inhalation de l'herbicide Lasso est encourageant.

[133]Notez que Monsanto n'est pas seul à pratiquer ces méthodes. Il y a eu aussi le cas médiatisé des riziculteurs américains contaminés en 2006 par le riz transgénique de Bayer LL601, un riz OGM pourtant interdit à la vente et dont la culture avait été abandonnée depuis 2001. Riceland Foods, Inc. a gagné contre la multinationale ainsi contrainte à payer des millions de dollars de dédommagements.

le pollen voyage et empêcher la dispersion du pollen des semences GM est impossible.

Imaginez le scénario de la combinaison d'une contamination transgénique avec le gène Terminator. Si vous n'avez jamais entendu parler du gène Terminator, je vous explique : pour empêcher les jardiniers et les agriculteurs de replanter les semences transgéniques, les scientifiques ont développé une méthode permettant de rendre ces semences stériles, détruisant plus encore ce qui a été, depuis 12 000 ans, la base de notre approvisionnement alimentaire.

Disons que vous faites pousser une courgette. Elle est génétiquement modifiée pour avoir un goût de barbe-à-papa. Toute mère au monde se réjouit parce que son enfant va adorer ce truc. Ils raffolent de la courgette-barbe-à-papa. Alors Maman Coucou, appelons-la comme ça, garde les graines pour pouvoir en planter des tonnes dans le jardin de la maison. Mais ça ne pousse pas. Elle en plante plus. Ces graines ne germent pas non plus ! Ce qu'elle ne sait pas c'est que les plantes de l'année précédente contenaient un gène qui fait en sorte que la semence qu'elle essaie de planter s'auto-avorte, c'est un gène Terminator. Elle essaie de planter des semences mortes. La seule façon dont Maman Coucou pourra servir encore de cette super-courgette à ses enfants sera a) de l'acheter chez l'épicier ou b) de courir à la jardinerie pour acheter de nouvelles graines industrielles. Que ce soit l'un ou l'autre, il lui faudra payer.

Toutefois, si Maman Coucou faisait pousser une semence à pollinisation ouverte, elle pourrait produire des courgettes qui ressemblent à des courgettes et qui ont le goût de courgettes – des collines et des vallons remplis de courgettes, année après année, gratuitement. Les possibilités qui s'offrent à elle sont la *Black Beauty,* une variété présente dans les catalogues de semences depuis les années 1930, la *Costata Romanesca*, une variété romaine côtelée, la *Mogango liso,* une brésilienne ronde. Elle pourrait aussi faire pousser de la *Grey*, de la *Golden Bush*, de la *White Volunteer.*

L'utilisation d'un gène-suicide entraîne immédiatement une question : si les hybrides ne peuvent de toutes façons pas se reproduire à l'identique, pourquoi ces entreprises ont-elles eu besoin en plus d'un gène Terminator pour nous empêcher de les reproduire ? Cette fois encore je me tourne vers mon ami Tom Stearns de High Mowing Organic Seeds pour avoir une réponse.

– Parce que la plupart des cultivars génétiquement modifiés ne sont pas hybrides, dit-il. Ils sont à pollinisation ouverte. Les sojas, par exemple. Il y en a des millions d'hectares, pour des milliards de dollars. Le gène terminator empêcherait ainsi que les agriculteurs gardent et ressèment leurs semences GM.

Depuis toujours les activistes-alimentaires ont décrié ce gène-suicide. En 1999, la fondation Rockefeller qui avait injecté des dizaines de millions dc dollars dans les recherches biotechnologiques, a même demandé au conseil d'administration de Monsanto d'y renoncer. En 1999, Robert Shapiro, PDG de Monsanto a envoyé une lettre à la fondation Rockefeller pour « donner l'assurance qu'ils ne commercialiseront pas des systèmes de protection génétique qui rendraient la semence stérile. » Alors Terminator c'est terminé, du moins espérons-le. En 2000,

Geri Guidetti de l'Ark Institute, écrivait sur son blog que plus de trente brevets technologiques de type Terminator avaient été accordés et qu'ils sont en possession des méga-compagnies génétiques.

Schmeiser s'est trouvé au Vermont au moment idéal. La loi de Protection des Fermiers, un projet de loi de l'état du Vermont pour les droits de propriété des agriculteurs concernant les semences, venait juste d'être voté au Sénat et allait passer à la chambre des représentants. Il y avait trois principes :
1. Les compagnies semencières ne pourront pas poursuivre les agriculteurs du Vermont en cas de dérive génétique.
2. En cas de poursuites d'un agriculteur du Vermont, le procès prendrait place dans l'état. (Monsanto avait forcé les agriculteurs à se rendre pour les procès, à leur siège central, à Saint Louis dans le Missouri et ceci à grands frais.)
3. Mais le plus important est que le propriétaire de la semence sera responsable de cette semence. Dans le Vermont au moins, Monsanto sera responsable de la dérive génétique.

Le corps législatif du Vermont a voté le Farmer Protection Act, mais l'accord a été par la suite annulé par le droit de veto du gouverneur Républicain de l'époque, Jim Douglas. Toutefois, de nombreux autres états et municipalités ont commencé à porter plainte pour des contaminations par OGM et ont aussi créé des zones libres d'OGM. En 2004, à Mendicino County, en Californie, une interdiction de la propagation des cultures et animaux GM fut initiée. Montville, dans le Maine, a interdit la culture d'OGM en 2008. Le mouvement s'est tellement étendu que Monsanto a commencé à convaincre des états de faire passer des lois interdisant ces interdits.[134]
En 2005, les Schmeiser ont envoyé à Monsanto une facture de 660$ pour le nettoyage d'une autre contamination génétique découverte dans leurs champs. En 2008, Monsanto accepta par un accord à l'amiable de payer le coût de nettoyage du champ contaminé.[135]
L'enjeu est bien plus grand que celui du droit de propriété des agriculteurs. Jouer

---

[134]Au Canada, les OGM sont autorisés et la recherche sur les animaux GM est active, de l'Enviropig, un cochon GM fabriqué pour produire moins de lisier, au saumon GM qui grossit deux fois plus vite autorisé dans l'alimentation humaine depuis novembre 2013. En Europe, seul le maïs MON810 est autorisé mais interdit en France. Des essais ont été faits sans succès avec d'autres OGM. L'Espagne et le Portugal produisent 95% des OGM européens, le reste se trouvant en Pologne, Slovaquie, Roumanie et République Tchèque. « Depuis 2008, la France interdit sur son territoire les cultures de maïs MON810 » (Inf'OGM) mais les arrêtés sont soumis à des attaques régulières. En mai 2014, Bruxelles a ainsi accepté une proposition visant à accélérer l'introduction des OGM, l'approbation finale du texte n'étant pas votée au moment de la finalisation de cette édition. En 2013, Hawaï a inscrit l'interdiction de planter des OGM dans sa Constitution. Les paysans et femmes semencières du Chili ont récemment vu aboutir leur formidable mobilisation contre les OGM (cf. bulletin de GRAIN du 03/04/2014). En Europe, le « Manifeste de Berlin pour des régions sans OGM » regroupe presque 100 régions (dont 11 régions sur 27 en France) déclarées « zone sans OGM ».
[135]L'important dans cette histoire est que le propriétaire du brevet est juridiquement tenu pour responsable et doit réparation à l'agriculteur, même si la somme est dérisoire (environ 484 euros).

avec la génétique c'est jouer à être Dieu, et la technologie de la modification génétique a été imposée à l'Amérique sans prendre le temps d'en comprendre pleinement toutes les ramifications. Pour le moment, dans ce pays, les aliments GM sont parmi nous, gouvernés par des compagnies qui semblent être au-dessus des lois. Souvenez vous de Percy Schmeiser. Il a perdu toute une vie de travail à cause d'un petit pollen flottant dans le vent, cinquante années de son héritage agricole.

– Il ne peut pas y avoir de coexistence, l'ai-je encore entendu dire. Le gène GM est dominant. Si vous introduisez des OGM, il n'y a pas de retour en arrière.

Nous n'avons pas seulement introduit les OGM, nous sommes hélas tombés tête la première dans le piège. Allons-nous réussir à sauvegarder la diversité de nos aliments ? Dans ce combat de David contre Goliath, allons-nous les laisser gagner ?

18.

L'homme-tomate

L'homme-tomate possède un grand jardin dans un meuble-classeur et un petit jardin dans sa cour. Il n'y fait pousser que des tomates. Il en a des jaunes, des rouges, des oranges et des striées. Il en a à farcir et à sécher, des olives et des cerises, rouges-groseille ou violettes, à grappes ou pour la sauce.

Le jardin du meuble-classeur est ordonné dans de petits paquets de papier kraft rangés dans des chemises de classement parfaitement étiquetées. C'est ordonné et bien organisé, certainement parce que l'homme-tomate est le docteur Charles Case, professeur de sociologie à l'Augusta State College. Le professeur a une fesse derrière son bureau et l'autre derrière un motoculteur. D'une salle de cours à l'autre, le Dr Case est un fervent partisan de la taille des gourmands. Il attribue même des notes à ses tomates, et parfois elles sont recalées.

Bien que nous ayons rendez-vous, le Dr Case n'est pas chez lui lorsque Raven et moi arrivons à sa petite maison à pans de lattes entourée d'un lopin de terre, près d'Augusta, en Géorgie, à 185 km de chez nous. Au-delà se trouvent des forêts primaires. Il finit par arriver enfin et se gare. Nous nous tenons près du jardin, nous le regardons. Il nous dit être allé à la boutique chercher de la poudre Sevin, un insecticide chimique.[136] Son assistante, que j'appellerai Jolene, est avec lui. C'est son jour de travail.

– Je suis sûr que vous êtes étonnés de voir comme c'est petit, nous dit le Dr Case. Quand vous m'avez écrit pour me demander de venir voir mes installations, j'ai bien ri. Je n'ai pas d'installations.

Sur son T-shirt bleu était écrit « Augusta State Study Abroad ». Il porte une barbe grisonnante de plusieurs jours et un bonnet.

J'avais découvert le Dr Case dans le *Seed Savers Exchange Yearbook*, où il proposait 312 variétés de tomates anciennes à pollinisation ouverte. Le but de ma visite était de voir comment il cultivait ses tomates et d'obtenir des informations sur chacune de ces variétés. La saison précédente j'avais testé 22 variétés de tomates libres[137] dans mon jardin chaud et humide du sud de la Géorgie. A l'exception de quelques tomates cerises nous n'avions rien récolté, principalement à cause des maladies – mildiou et flétrissure – qui ne nous ont pas permis de récolter un seul de ces fruits chéris.

– Depuis 1985, j'ai fait pousser plus d'un millier de variétés de tomates anciennes, nous dit le Dr Case, plus de 300 d'entre elles ont été un succès. Bien, je peux vous faire visiter ?

Le jardin se trouve sur trois lopins différents – un sur la cour de devant, deux derrière la maison, le plus grand fait 9x18 m. Un des jardins est ombragé. Chaque plan de

---

[136]Une préparation contenant du carbaryl. La plupart des préparations contenant ce produit sont interdites en France. (NdT)

[137]C'est-à-dire non brevetées.

tomate mesure entre 80 et 1,50 m, attaché à un tube en PVC d'1,50 m. Le sol est complètement désherbé, la terre nue grisâtre et sablonneuse.

– J'étais tout en bio, dit le Dr Case.

Il doit voir d'après mon look que je suis anti-chimique.

– J'ai essayé pas mal de trucs. Les insecticides bios Texas Pete bug en spray, en savon. Mais ça ne valait rien du tout. Alors je me suis résolu à utiliser des insecticides chimiques. On n'utilise pas d'herbicides. On contrôle les mauvaises herbes avec le motoculteur et en les arrachant à la main. Et on utilise le fumier des chevaux du voisin.

Pour empêcher les cerfs d'entrer, les lopins sont protégés par des fils maintenus par des tubes en PVC. Sur les fils sont attachés toutes sortes de déchets – de grands sacs plastiques, des rectangles de papier aluminium plié, des assiettes en plastique sur lesquelles des visages ont été dessinés. Jolene – un mètre cinquante à peine, chaussée de sabots en plastique – nous fait remarquer que chaque visage est différent.

– C'est ce qu'on appelle un professeur qui s'ennuie, dit-elle.

Elle doit avoir la cinquantaine. Le Dr Case doit être sur la fin de sa soixantaine.

– Je sais, j'ai tout mon été de libre, répond-il.

Il a du mal à se détendre.

– Vous avez donc plus de 300 variétés de tomates ici ?

– Le secret de nos 312 variétés c'est que nous ne faisons pousser qu'un quart de notre collection, 80 variétés, chaque année. Je me suis rendu compte que les semences de quatre ans poussaient tout aussi bien que les nouvelles, me répond-il. Nous faisons pousser quatre plants de chaque variété tous les quatre ans. Comme elles sont auto-fertiles, nous ne sommes pas trop inquiets pour le capital génétique.

Il fait référence à la nécessité de cultiver un nombre minimum de plants afin de conserver une diversité génétique.

– Les croisements se produisent de toutes façons. On dit que les abeilles peuvent même forcer une fleur à s'ouvrir pour y entrer.

Chaque plante porte un nom ; les étiquettes sont des bouteilles de produits ménager découpées en carrés, les noms sont écrits au marqueur. Une des variétés est déjà mûre. C'est la *Red Alert*.

– C'est une de nos tomates de cinquante-cinq jours, dit le Dr. Case. Pour la première semaine de récoltes elles font ma joie et ma fierté.

Nous marchons le long de rangées verdoyantes en lisant les étiquettes : *Golden Queen, Black Mountain Pink,Cousin Roy's Stuffing Tomato, Jitomate Bulito*.

Jolene ou le Dr Case avaient l'un ou l'autre une histoire pour chacune. *Phyra* donne des centaines de tomates cerises. *Napoli* fait d'abondants fruits à sauce. *Liberty Bell* c'est pour farcir. *Reisentraube*, « un gros tas de grains » en allemand, est une tomate à sécher. *Little Pink* est une superbe tomate mais elle est jaune et non pas rose contrairement à son nom, bien qu'elle rosisse légèrement.

Le professeur nous fait une rapide leçon sur les deux habitudes de croissance des tomates, déterminée et indéterminée.

– Les rameaux déterminés produisent fruits et fleurs. Les fruits mûrissent tous en même temps puis la plante meurt. C'est leur stratégie. Elle se font en vitesse puis elles meurent. C'est en tout cas comme ça qu'elles procèdent ici.

Il regarde autour de lui et s'approche d'une des plantes.

– La *Tip Top Slicer*, voilà une variété typique de déterminée. Et cette *Wayahead*, ici, est un autre parfait exemple de déterminée. Les rameaux indéterminés produisent des petites pousses. Elles se développent et continuent à fructifier jusqu'à ce qu'il gèle.

Loin de moi l'idée de vouloir ajouter plus de confusion mais les tomates sont également définies par le genre de feuilles qu'elles portent. La plupart des tomates, comme la *Eva Purple Ball* et des milliers d'autres, ont ces feuilles que nous reconnaissons tous comme des feuilles de tomate, plates et dentelées. Mais d'autres, comme la *Prudens Purple*, possèdent un feuillage qui ressemble de très près à celui de leurs cousines les pommes de terre, vert sombre, plus épaisses, et plutôt plissées. Le Dr Case me dit que les plantes à feuilles de pomme de terre doivent pousser seules, isolées, sinon elles se mélangeraient aux plantes à feuille de tomate classiques. Il faut bien 3000 mètres entre les deux variétés pour éviter qu'elles ne se croisent. Il fait alors pousser chaque année une variété à feuille de pomme de terre. Sa préférée est la *Brandywine*.

– J'ai essayé plus d'un millier de variétés. Je n'ai gardé que les meilleures, répète le professeur. Je revendique de pouvoir proposer les 312 meilleures. Si une tomate ne donne pas de bons résultats deux ou trois années de suite, on ne l'essaye pas à nouveau. C'est ce qui est arrivé à la *Paul Robeson* par exemple. Elle croissait jusqu'à un certain point, puis elle mourait. On voulait pourtant tellement qu'elle réussisse.

Il dit ça parce que c'est un spécialiste de la notion de race ; il a fait sa thèse sur l'attitude des gens envers l'égalité raciale.

Il fait chaud ici, très chaud. En juillet, la Géorgie est quasiment inhabitable. A la moitié de la visite, le Dr Case s'excuse et retourne dans la maison. Jolene explique qu'ils démarrent des semences de chaque variété dans des pots ronds qu'ils gardent sur le porche et rentrent sur la table du salon au moindre risque de gelée. Elles sont plantées deux par deux dans des pots de cinq centimètres.

– Pour les transplanter dehors on attend d'être vraiment certains qu'il n'y aura plus de gelées, ajoute-t-elle.

Le Dr. Case revient avec un T-shirt propre. Sur celui-ci est écrit « Augusta State Baseball ». Jolene nous parle des voisins qui aimeraient bien profiter de cette abondance de tomates.

– On leur dit qu'on ne peut pas donner nos tomates. On les fait pousser pour la semence. On a commencé à faire pousser des hybrides que le professeur peut donner.

– Des choses insipides, qui font plaisir aux voisins, dit-il. Venez donc voir la collection de semences.

Jolene doit laver des verres pour nous servir de l'eau glacée. Le Dr Case prend une bière d'un demi-litre dans le frigidaire, puis en propose une à Raven qui conduit et décline poliment. C'est encore le matin.

La collection de semences se trouve dans deux meubles-classeurs. Le premier tiroir contient les variétés dont les noms sont des chiffres. Le second tiroir est nommé ABC. Le Dr Case ouvre le second. Les chemises sont ordonnées de l'avant vers l'arrière :
Abe Hall

Abe Lincoln, Original
Ace 55 Steak Tomato
Dans chaque chemise suspendue se trouve une enveloppe contenant des notes ainsi que des petites enveloppes pour pièces de monnaie en papier kraft (« Elles coûtent 2,5 cts chacune », précise le Dr Case) prêtes à être expédiées aux membres du Seed Savers.
Voici donc le jardin sec et nous commençons notre promenade.
– *Adventure*, une rouge, dit-il. Sans exagérer, elle a un goût sublime. *African*, une rose-violacée, elle continue à donner bien après que les autres aient terminé. *Aviuri*, tigrée-rayée rouge/jaune/verte. Notre jury lui a décerné le prix de la plus belle tomate. *Dixie Golden Giant,* des beefsteaks énormes jaune-orange, donne à profusion, un goût un peu sucré, juteuse et rafraîchissante.
Le Dr Case est connu pour ses descriptions.
La meilleur description qu'il ait jamais écrite, d'après lui, était pour la *Bellow*. Elle avait un goût spécial, un peu « funky ». Il avait écrit : « Voilà le genre de tomate pour laquelle on préserve les variétés anciennes. » L'année suivante il la fit pousser à nouveau mais elle n'était pas à la hauteur de sa description. Jolene est dans le couloir.
– Elle était bonne mais c'était plus ça.
Sur la description de la Bellow on peut maintenant lire : « Une des plus résistantes et plus productives du plus négligé de mes jardins. »
– Il y a longtemps que je n'ai pas eu une bonne tomate, dit-il en s'extrayant du meuble. Les gens de semences sont des menteurs. S'ils disent qu'un concombre géant peut faire vingt-deux centimètres, en vérité il en fait à peine vingt.
Chaque enveloppe de tomate porte une note. *Alteca* est notée B+.
– J'essaie d'être généreux mais honnête, dit le Dr. Case.
La description annonce « Un goût bien équilibré. »
Arkansas Traveler, une A+ (« Goût et texture top-classe ») est d'un rose profond. Des gens pensent que c'est la même que la *Traveler*, mais ce n'est pas le cas. Leur goût est très différent. Le Dr Case prend un paquet de semences :
– Tenez, mettez ça dans votre poche, me dit-il.
Du même tiroir, il me donne de la *Black Mountain Pink* (« De grosses tranches charnues avec de toutes petites cavités à graines. ») et de la *Big Italian Plum* (« Une des plus savoureuses tomates olives. »).
– Comment faites-vous les tests de goût ? demande Raven.
C'est Jolene qui répond.
– On se met sur le buffet de la cuisine. Il coupe. On sent. On goûte. On boit de l'eau entre chaque pour se rincer le palais. Si l'odeur est très bonne, tu sais qu'elle va être bonne.
– Nous en avions une, *Giraffe*, créée en 1990 à l'académie d'agriculture Timiryazev, en Russie, qui avait un mauvais goût. Elle prenait plein de place dans le jardin, trois mètres de haut. Mais immangeable.
Dans les autres tiroirs les mêmes rangées de chemises contiennent encore des variétés de semences – chacune avec sa note, chacune avec la meilleure description que le Dr Case puisse élaborer. Il conserve ses paquets de semences originales rangés

par année d'acquisition dans le tiroir du bas. Si une plante ne vient pas bien, qu'elle est différente de ce qu'elle devait être, il va rechercher les semences originales et recommence le processus. Je continue à poser des questions sur ses préférées – je veux savoir quoi planter, celles qui sont résistantes au mildiou – mais l'un comme l'autre ont du mal à me répondre.

– Bien, demande Jolene, c'est pour farcir, couper, faire de la sauce ou manger dans le jardin ?

Ils finissent par tomber d'accord sur la *Black Cherry* qui est leur petit bijou, leur tomate cerise préférée. Sa description dit « Difficile d'en récolter les semences parce que tout le monde les mange ». Dr Case et Jolene tendent aussi vers la *Miss Dorothy* qui a « Un goût super riche, classique et indémodable et qui continue à produire pendant des mois entiers ». L'histoire de cette variété, m'expliquent-ils, c'est que Miss Dorothy Beiswenger du Minnesota a envoyé en 2003 une variété portant la mention « mélange spécial » avec comme instruction de la faire pousser, de la nommer et de l'offrir. Le Dr Case l'a aimée et l'a nommée d'après cette « merveilleuse fan de tomate ».

– MN BE D, c'est elle. C'est une vieille dame maintenant, ça se voit à son écriture.

Jolene retire un paquet de semences du meuble-classeur.

– Il vous faut celles-ci, me dit-elle.

Nous allons nous asseoir autour de la table et nous faisons un peu de place dans le bazar de cendriers, de papiers et de livres. Peut-être que personne d'autre que moi ne trouve que c'est le bazar. Tout cela devient de plus en plus excentrique et ça me plaît. Le Dr Case attrape un cahier à spirales rempli de listes écrites à la main sur des feuilles de papier jaune. Le Dr Case est un fou de listes. Il s'agit de longues listes de variétés avec les dates auxquelles elles ont été repiquées. En 2002, une liste de 149 variétés. En 2003, 156 variétés. En 2006, 150. Il remarque que son écriture s'améliore au fil des ans. Je vois que les plants de cette année ont été repiqués en pleine terre le 6 avril.

Une de ses listes concerne le nombre de variétés de tomates proposées par différentes personnes via le Seed Savers Exchange. Il a été dans le top ten pendant plusieurs années. Neal Lockhart, IL LO N, a plus de 700 variétés. Bill Minkey, WI MI B, en a 661. Il pense qu'il est numéro 5. Nous trouvons sa liste pour les années précédentes et il n'est que numéro 7. TN JO M (Marianne Jones) est numéro 4 avec 565 variétés. IA DR G (Glenn and Linda Drowns) est numéro 5 avec 417 variétés.

– Je suis un peu compétitif au fond, s'amuse le Dr Case.

Il prend sa bière par le col. Ce ne sont pas des petites gorgées. Ce sont de longues lampées. Quand il repose la bouteille, elle a déjà bien diminué.

Feuilletant son carnet de notes, je vois une liste des « meilleures de 2007 ». Voici sûrement ce que je cherchais alors je griffonne à la va-vite :

Arkansas Traveler : « Rose/rouge brillant dedans comme dehors »
German Giant : « Mérite beaucoup plus d'attention »
Olympic Pink : « Des pieds d'un mètre trente qui poussent avec la hargne d'un Bouledogue »

Purple Brandy : « Au moins dix kilos par plante, mais c'est son goût qui fait tout, classique, profond, riche et 'funky' – celle-ci est un croisement entre une *Brandywine* et une *Marizol Purple,* créée par Joe Bratka »

Eva Purple Ball : « Si vous ne devez en essayer qu'une seule, c'est celle-ci »

Jolene se lève et sort. Il est l'heure pour elle de partir. Le Dr Case lui dit quelque chose que je n'entends pas, quelque chose à propos de haricots *Big Mama,* et elle lui répond :

– Okay, Professeur.

Un jour, le Dr Case aimerait créer une petite compagnie de semences, pour vendre ses semences anciennes. Il a fait ses calculs. En moyenne, une tomate produit 250 graines, bien que certaines tomates, en particulier les tomates à sauce, sont connues pour être pingres. Un plant produit entre 4 et 30 tomates, donc une moyenne de 10. Avec 10 tomates par plant cela fait 2 500 graines par plan. Chaque paquet vendu par le Dr Case contient 25 graines. A 2,50$ le paquet, cela revient à 10 cents la graine. A ce taux, s'est-il figuré, cela revient effectivement à 80 000$ de graines dans son jardin.[138]

– Incroyable ! Et combien en vendez-vous chaque année ?

– Oh merde, admet-il, on en vend pour 500 $ par an.

Je veux encore entendre ces calculs. Dans une année il a à peu près 320 plants, 4 plants pour chacune des 80 variétés. A 10 tomates par plant cela fait 3 200 tomates. En estimant à 250 graines par tomate, le Dr Case récolterait 800 000 graines. Et à 10 cents par graine cela égale une valeur de 80 000 $ de graines de tomates.

– Mais l'argent est secondaire, nous dit-il. Préserver ces semences est ma mission première.

Ils écrasent leurs tomates pour en prendre les graines, puis ils font de la sauce. Chaque année ils congèlent 76 litres de sauce qu'ils donnent. Chaque fournée est différente.

Le véhicule de Jolene arrive. Elle rentre à nouveau dans la maison et nous interrompt gentiment pour demander au professeur s'il peut la payer.

– Ce sera 50$, lui dit-elle.

Il la paie, lui dit au revoir et elle l'embrasse sur la bouche avec désinvolture.

Après le départ de Jolene, il nous révèle qu'elle est couverte de tatouages. C'était une bikeuse. Son mari, peut-être ex-mari, est en prison pour avoir tué deux hommes, une revente de drogue qui avait mal tourné. Elle a deux filles, Brandy et Sherry. Il l'a rencontrée quand elle travaillait dans un bar, il était son client.

– Vous avez là une bonne partenaire, lui dis-je.

– C'est sûr.

Je ramène la conversation aux semences. Avec 7000 variétés de tomates dans le monde, comment fait-il ses choix ?

– Cela frôle le bizarre, admet-il. J'ai commencé en ne plantant que des variétés de cinq lettres. J'en ai essayé 120 et près de 50 ont bien fonctionné.

– Pourquoi cinq lettres ?

---

[138] 1,8€/paquet, soit 0,7cents/graine, soit une valeur de 57 911€ (ou 87 900$CAN).

– Et bien, il y a quand même une logique à ça. D'abord, les descriptions sont exagérées. Alors une sélection au hasard est aussi bonne qu'une autre. Trois ou quatre lettres c'est trop peu. Cinq permettent une économie dans l'écriture – vous ne pouvez imaginer combien de fois il faut écrire ce nom : étiquettes, fiches, notes, etc... Que dire d'un nom comme *Norinka Pridnestroviya* ? *Heidi* c'est beaucoup plus simple. Une de mes variétés à cinq lettres préférée c'est la *Peace*. Vous oubliez peut-être qu'à la base je suis un intellectuel, continua-t-il. J'ai déjà exprimé mon cynisme à propos des exagérations. Alors ceci n'est qu'un simple échantillon. J'aurais pu tout simplement choisir une lettre, comme le M. Mais voilà, j'ai commencé par choisir des longueurs de noms. J'ai entre 100 et 150 variétés à cinq lettres.

Dans le catalogue du Seed Savers Exchange, le Dr Case propose l'*Amaze* (« D'un rose rayonnant à l'intérieur »), la *Tiger* (« Personnellement, je l'adore »), la *Black* (« Un acajou brun sombre moucheté vert mousse »), la *Wihub* (« Un fruit en forme de prune »), la *Venus* (« Tout à fait charmante »), l'*Omara* (« Elle sert à tout »), la *Mayan* (« Un plein pot de sauce pour chaque plant »), la *Fakel* (« Essayez là malgré son nom »), la *Dusky* (« D'une beauté époustouflante »). Je suis certaine que j'aurais pu trouver au moins une centaine de variétés à cinq lettres.

– Mais j'ai abandonné ce système, me dit-il. Maintenant je ne choisis que les variétés dont les noms ou les descriptions me plaisent.

Il est presque treize heures, le Dr Case a vidé sa deuxième bière et je n'ai plus rien à lui demander. Je le remercie d'avoir pris ce temps pour nous, d'avoir répondu à toutes nos questions et de m'avoir donné ces belles semences. Je lui dit que ça a été un vrai plaisir de parler avec lui et je suis très impressionnée par toute cette installation et son amour des semences anciennes.

A quoi l'homme-tomate nous répond :

– Vous savez, je ne suis qu'un sociologue miteux.

19.

Comment conserver vos graines de tomates

Choisissez de belles tomates, celles qu'un petit voyou aurait choisies pour les écrabouiller. Si elles sont grosses, coupez-les en deux à l'équateur. Tenez-les au-dessus d'un bocal à conserves. Essayez de ne pas utiliser de plastique, jamais. Le plastique est vraiment un sale truc.[139] Extrayez-en la pulpe, c'est-à-dire cette matrice gélatineuse qui contient les graines, comme des œufs de grenouille, et laissez-la tomber dans le bocal. Si ces tomates sont de type cerises, il vous faudra tenir toute la tomate entre les doigts et l'écraser. Il ne restera que la peau.

Refermez le bocal avec son couvercle, secouez et collez dessus une étiquette sur laquelle vous aurez écrit le nom de la variété de tomate. Si vous n'étiquetez pas le bocal, vous oublierez ce qu'elle contient. Si vous gardez les semences de deux tomates, vous pensez que vous pouvez poser la *Yellow Mortage Lifter* à droite et la *Pruden's Purple* à gauche et vous en souvenir, mais très vite vous allez vous demander si la *Yellow Mortage Lifter* était à droite ou à gauche. Étiquetez.

La chair de la tomate peut toujours être mangée. Dans son état, faire de la sauce avec est généralement une bonne idée.

La fermentation, qui est ce que vous êtes en train de faire avec ce truc visqueux dans le bocal, est le meilleur moyen de conserver les graines de tomates parce que ce procédé permet de dissoudre le gel qui contient des matières chimiques naturelles inhibant la germination. La fermentation va permettre aux semences de germer plus vite quand vous les planterez le printemps suivant. La fermentation casse également l'enveloppe dans laquelle des maladies comme le chancre bactérien, la gale et la moucheture peuvent se tenir à l'affût. Laissez reposer cette mixture pendant deux ou trois jours dans un lieu chaud, ou plus longtemps si la température est inférieure à 21°. Les livres disent de touiller chaque jour mais je ne le fais pas.

Quand une couche de moisi bleu-gris couvre la surface de cette patouille de semences de tomates, le processus est terminé.

Parfois à la saison chaude (sept mois par an en Géorgie), les semences se mettent à germer dans la mixture, ce qui veut dire qu'elle est restée trop longtemps sans surveillance. Elles pensaient avoir été déjà replantées et c'est pourquoi elles se dépêchaient de reconstruire une plante et de se préparer à porter des fruits. Ne faites pas comme moi.

---

[139]Un désaccord important oppose actuellement la FDA et une partie de la communauté scientifique au sujet du plastique, cette dernière affirmant que tout plastique (avec ou sans BPA) est toxique notamment en raison d'une présence d'estrogènes synthétiques (cf dossiers – en anglais – du journal *Mother Jones* et l'enquête *Nanotoxiques* de R. Lenglet, Actes Sud, 2014).

Regardez le bocal par-dessous. Les semences viables auront coulé au fond. Retirez la partie crasseuse, puis remplissez le bocal d'eau chaude et commencez à vider la substance visqueuse qui n'est pas moisie en veillant à ce que les graines restent dans le bocal. Il vous faudra peut-être rajouter encore de l'eau et rincer les semences à l'intérieur du bocal puis vider l'eau visqueuse doucement. Les semences viables continuent à descendre au fond du bocal. Continuez l'opération jusqu'à ce qu'il ne reste dans le bocal que des graines et de l'eau.

Maintenant versez les semences dans une grande passoire en métal dont les trous sont plus petits que les graines, rincez et laissez égoutter quelques minutes, puis étalez-les sur un grillage à séchoir ou sur une assiette couverte de papier-glacé ou d'un torchon propre (n'achetez pas d'essuie-tout). Laissez-les semences jusqu'à ce qu'elles soient sèches.

Étiquetez – c'est très important – et rangez.

20.

La reine de la patate douce

Quand je pense patate douce, je pense à Yanna Fishman. Et je pense souvent à Yanna.

Yanna est le genre de femme que tout le monde veut rencontrer quand on se passionne pour un sujet et qu'on désire rencontrer la personne qui connaît vraiment ce sujet à fond. Et ça c'est passé comme ça entre nous. Comme le chien aveugle qui parfois trouve un os, j'ai pu rencontrer une experte.

Le mari de Yanna est Doug Elliott, un troubadour, musicien et auteur folklorique que j'ai rencontré à une conférence sur la terre et l'eau en Pennsylvanie où nous étions tous deux au programme. Il m'a dit alors que son épouse était une gardienne de semences et que sa spécialité c'étaient les patates douces.

En vérité, conserver les patates douces d'une année sur l'autre ne nécessite pas d'en garder les semences. Le tubercule sert de semence. D'une année sur l'autre le jardinier doit mettre de côté quelques patates douces. Quand vient le printemps, la patate se met à germer et les germes appelés « rejets » sont plantés.

Jusqu'au jour où j'ai rencontré Yanna, j'ai acheté mes rejets de patate douce à la jardinerie locale. Je suspectais, toutefois, que les patates douces étaient comme les autres choses dont on se nourrit aux États-Unis et que les variétés anciennes avaient besoin d'être sauvegardées. Je lui ai écrit pour lui demander si elle pouvait me recommander une variété et cela a déclenché une salve de questions. Je pensais n'avoir fait qu'une simple demande, mais j'ai bien vite réalisé combien je savais peu de choses sur les patates douces.

– De quelle couleur la voulez-vous ?
– Quelles couleurs y a-t-il ?

Je pensais que toutes les patates douces étaient d'un orange profond.

– Et bien, il y en a beaucoup. Rouge, jaune, blanche, dorée, violette.
– Il y en a des violettes ?
– Oui, répondit-elle avec délice.
– N'importe quelle couleur qui ait bon goût, répondis-je.
– Quelle sorte de goût aimez-vous ?
– Sucré.
– Sucré comment ?
– Les différentes patates ont différentes sortes de sucré ?
– Oui, de grandes différences.
– Alors le plus sucré, le mieux.
– Et pour la texture ?

Je n'avais jamais songé à la texture et je le lui dis.

– Certaines sont sèches, d'autres aqueuses, d'autres encore comme du pain, ou bien crémeuses.

– Crémeuse et humide.

– Et vous voulez une patate qui peut se garder longtemps en réserve ?

– Je pense que oui, ai-je répondu.

J'étais très loin de mon élément naturel. Mais je voulais en apprendre plus de cette incroyable érudite en plantes.

Dans la chaleur de juillet 2009, j'ai visité Yanna dans son jardin sauvage. J'étais surprise de trouver une femme de petite taille, elle m'arrivait à la poitrine, avec de longs cheveux gris et de doux yeux bruns, vêtue de jeans et d'une chemise à carreaux bleue. Yanna vit dans une des régions où se trouve la plus grande agro-diversité du pays, les hautes terres de l'ouest de la Caroline du Nord. Quand elle est arrivée là, il y a près de vingt ans, elle s'intéressait au jardinage qui « change le monde » et elle s'est rendue à différents dîners-rencontres de sa communauté pour parler des variétés anciennes et pour demander à ses voisins les histoires qu'ils avaient sur leurs propres variétés. La patate douce pousse particulièrement bien dans l'ouest de la Caroline du Nord et Yanna a vite appris que cette plante avait toujours été d'une importance vitale dans l'économie de la région. Elle a appris à poser deux questions aux fermiers qu'elle rencontrait : Quelle patate cultivez-vous pour la vente ? Quelle patate cultivez-vous pour manger ? Elle a commencé à conserver ces deux types de patates chaque fois qu'elle pouvait les collecter alentour puis elle a commandé des variétés uniques chez des jardiniers de tout le comté.

– A peu près 80% des patates cultivées commercialement sont des variétés communes – *Beauregard, O'Henry, Porto Rico*. Mais il y a des centaines et des centaines de variétés anciennes, m'explique-t-elle.

Sur deux lopins de taille moyenne situés dans les Carolina Hills, Yanna cultive plus de quarante variétés de patates douces. Parfois elle invite des amis à venir chez elle pour faire des « goûteries de patates ». Elle choisit vingt variétés, grave le nom de la variété sur la patate même, puis elle les cuit. Lorsqu'elle les découpe et les sert elle indique le nom de la variété sur l'assiette. Comme critères de jugement, le sucré est noté de 1 à 5 et les invités doivent aussi décrire la texture et le goût (« aqueux », « sec », « farineux », « au goût de châtaigne »). Yanna est la reine de la patate douce.

Chaque histoire recèle sa petite histoire, parfois plusieurs, et une de ces petites histoires est la générosité de Yanna. Au cours de mes recherches, j'ai découvert que la générosité était un des traits de caractère les plus répandus chez les gardiens de semences, nombre d'entre eux ayant réalisé que pour préserver la diversité génétique, il fallait alors qu'elle soit partagée. Ils ont aussi, semble-t-il, réalisé qu'il fallait que les gens commencent par se passionner pour le jardinage pour l'être ensuite par le partage des semences, et que parfois un cadeau déclenche une passion. En fait, peut-être que la générosité c'est la grande histoire et les semences la petite histoire.

Avec Yanna, la générosité est présente dans presque tout ce qu'elle fait. Pendant les goûteries de patates, par exemple, elle note les préférences de ses amis, et quand vient le printemps, elle offre une poignée de rejets à chacun. Des voisins à elle avaient eu une variété nommée *Nancy Hall* mais l'avaient perdue.

– Je l'ai retrouvée pour eux, dit Yanna. Ce n'est pas la meilleure des patates douces, mais ils sont heureux de faire pousser la variété que leurs parents faisaient pousser.

– Combien je vous dois pour ça ? lui a demandé un de ses voisins en recevant pareil cadeau.

Yanna a répondu :

– Et moi, combien je vous dois pour tout ce que vous m'avez appris ?

Avec Yanna, je me demande si d'avoir choisi la patate douce comme plante à protéger n'a pas une signification particulière. La patate douce se rapproche de l'aliment parfait : elle se conserve longtemps, elle est très nutritive, facile à cultiver et, plus important, elle est sucrée. C'est une plante généreuse.

– Mais pourquoi les patates douces ? lui ai-je demandé.

– Mon fils adore ça ! Pour le rassasier j'en cuisine une grande poêlée. C'est son aliment de base.

Cela me semble un peu trop simple comme explication, mais Yanna est déjà passée à autre chose. Elle insiste sur le fait qu'elle ne fait pousser que ce que sa famille aime manger.

– Je suis une jardinière-cuisinière. Je cuisine ce que je fais pousser et je fais pousser ce que nous mangeons. C'est pour ça que je ne fais pas pousser de gombos et que je n'ai que deux plants de courge.

Au début, elle ne se souciait pas du capital génétique et faisait pousser vingt-cinq plants de chacune des variétés de patate douce qu'elle avait collectées.

– Maintenant j'en fais pousser bien plus de celles qui produisent bien et ont bon goût et je fais de cinq à dix plants de toutes les autres.

Pendant plus de dix ans, Yanna a correspondu avec Ken Pecota, un sélectionneur de patates douces de Caroline du Nord. Parfois il lui envoie des rejets de ses nouvelles variétés.

– En ce moment il travaille sur des variétés violettes, pour leurs anthocyanes.[140]

En retour, Yanna envoie à Pecota ses registres de jardinage (elle en tient depuis 1988).

– Nous comparons ses rejets avec les miens.

Pendant des années elle a pris note des rendements sans compter les rejets.

– Puis j'ai été frappée par cette évidence : qu'est-ce que tu peux espérer savoir sur les rendements si tu ne comptes pas les rejets ?

Dans le jardin de Yanna les tiges feuillues se répandent abondamment et lorsque je regarde de près je remarque que toutes les feuilles de patates douces ne sont pas semblables. Certaines sont plus lobées, d'autres ciselées comme des fougères, d'autres encore sont pleines. Chaque plant de patate douce demande près d'un mètre carré d'espace. *La Hernandes,* une patate douce juteuse dont Yanna m'apprend qu'elle est cultivée dans l'industrie de l'alimentation pour bébés, pousse près de la *Hayman.*

En 2010 Yanna a suggéré la variété *Nancy Hall* pour l'Arche du Goût.

– Même si ce n'est pas la plus productive de mes variétés, avait-elle écrit, elle possède une riche couleur dorée, une texture ferme et une saveur délicieuse.

---

[140]Pigment bleu sombre. (NdT)

Dans une publication du *Texas Agricultural Experiment Station*, elle a trouvé une référence à la *Nancy Hall* datant de 1895. Bien que, comme pour la plupart des légumes anciens son origine soit incertaine, une lettre de 1895 écrite par A.J. Aldrich d'Orlando en Floride, prétend que cette variété vient d'une plantation accidentelle faite par Miss Nancy Hall. La graine avait été mélangée à un autre paquet de semences. Entre 1930 et 1940 c'était devenu une des variétés les plus populaires du Sud. Aujourd'hui Miss Nancy Hall est montée à bord de l'Arche.

Yanna Fishman ne badine pas avec les semences. Elle n'est pas là pour musarder. Pour comprendre l'effort que nécessite son projet autour de la patate douce, laissez-moi vous dire ce que cela implique. A l'automne, Yanna récolte sa bonne quarantaine de variétés de patates. Elle sépare chaque variété en deux seaux, les plus petites des meilleures plantes sont mises de côté pour son stock à ressemer et les autres sont pour la cuisine. En fait elle utilise trois seaux, le troisième étant pour les visiteurs de passage – à qui elle offre les patates qui ont poussé sur les tiges trop éloignées de leur lit et dont il est difficile de déterminer l'origine. Au moment de la récolte elle prend note de la meilleure butte à patates, des variétés les moins endommagées par les insectes, celles qui supportent le plus la chaleur et ainsi de suite. Une constante dans tous ses efforts sont les notes qu'elle prend méticuleusement. Un bâton sur lequel est inscrit au marqueur le nom de la variété va dans chaque seau. Les patates sont alors étalées dans des corbeilles à pain et elles reposent, disséminées dans toute la cour, pendant deux heures pour y sécher et être nettoyées.

Les patates douces sont ensuite transférées dans des sacs en papier – des sacs pour celles qui seront mangées et des sacs pour celles qui seront ressemées – sur lesquels est écrit l'année et la variété. Yanna pèse les sacs pour voir quelle a été la productivité des plants. « Certaines vont donner un kilo et demi par rejet », dit-elle.

– J'ai en moyenne 500 à 750g par rejet.

– Combien de patates conserves-tu pour la réserve ?

– Ça dépend de la variété, dit-elle. Certaines font plus de rejets que d'autres. Généralement je garde tout ce qui me semble bon.

Les patates poursuivent leur maturation dans les sacs, dans la serre.

– Elles aiment que ce soit chaud et humide. 30° et 90% d'humidité. Autrefois, les gens amenaient leurs patates douces dans des mûrissoirs pour que le processus du maturation et de bonification soit accéléré[141]. Le propriétaire de l'entrepôt prélevait une part des patates. C'était une culture importante.

Après cette phase de maturation, elle entrepose les sacs de patates dans le garde-manger. A l'équinoxe de printemps, ou vers cette époque là, pour préparer les plantations de printemps, Yanna couche les patates. Elle va à la scierie locale pour récupérer de la sciure humide dont elle remplit un grand nombre de seaux. Les tubercules restent dans la serre jusqu'à ce qu'ils ne soient plus menacés par le gel.

---

[141]C'est au cours de ce processus que la patate douce va développer sa saveur maximale et sa douceur. (NdT)

– C'est là que commence le conflit patates-cactus, dit Yanna. Les cactées qui ont vécu bien à leur aise dans la serre jusqu'à présent commencent à être déplacés partout dans la maison.

Quand les patates germent, lançant leurs tiges vertes depuis le tubercule, et quand Yanna est prête à planter, elle coupe les rejets cinq centimètres au-dessus de la patate, elle les place dans des pots de yaourt sur lesquels elle a écrit le nom et l'année puis elle remplit les pots avec de l'eau. Les rejets (qui ont fait leurs racines) sont alors replantés dans la terre et sont généreusement arrosés pendant plusieurs jours. Pendant la saison de croissance elle va mulcher, désherber, arroser et prendre soin des plantes jusqu'à ce que vienne le moment de la récolte et le processus recommence à nouveau. Tel est le cycle de vie d'une semence de patate.

En plus de sa bonne quarantaine de variétés de patates, Yanna cultive d'autres légumes en voie de disparition – le cowpea *Hercules*, le cowpea *Purple Knucklehull*, le haricot *Greasy* et un piment épicé venu à elle avec son déjeuner un jour à St. Croix. Elle plante des herbes pour préparer des toniques. Une de ses amies déclare que c'est grâce à ses tisanes qu'elle a pu, finalement, tomber enceinte, m'a dit Yanna joyeusement.

Entre les lits bien ordonnés, quelques plantes poussent spontanément ici et là. L'une d'elle est l'amarante *Hopi*, qui teindra l'eau du vase d'un très joli violet. D'autres sont des cosmos *Bright Light,* semblables à des étoiles flamboyantes dans le jardin ou encore des soleils miniatures, que Yanna utilise pour teindre la laine qu'elle file et tricote en bonnets. Les *Bright Light* sont venues vivre dans ma maison. Il y a aussi un chénopode magenta qui vient de la maison voisine. Il y a du shiso, avec lequel un visiteur japonais a montré à Yanna comment rouler ses sushis.

Tout a une histoire. Yanna me dit avoir perdu le tithonia (un tournesol du Mexique). Pendant deux ans aucun spontané n'a surgi et elle n'avait pas conservé de graines. Mais comme elle avait donné du tithonia à ses voisins, les Webster, elle a pu en récupérer chez eux.

Todd, le fils de Yanna, nous a rejoint. C'est un adolescent lumineux et en bonne santé, plein d'énergie, impatient de participer.

– Il s'est passé la même chose avec une œnothère, me dit-il avec un grand sourire. Jimmy Cooley l'a donné à Russell Cutts qui l'a donné à Denise McClellan. Le présent continue à se déplacer mais pas dans la direction d'où il est venu.

Todd appelle cette réciprocité « donner vers l'avant ».

Malgré sa grande générosité, Yanna ne propose pas ses semences dans le Seed Savers Exchange, bien qu'elle en soit membre. Elle ne partage qu'en direct.

– A toute personne qui vient et qui aime une plante, je donne des semences, dit-elle. Et j'aime avoir des nouvelles.

Parfois Yanna participe au troc de graines du Southern Seeds Legacy et une fois elle fut nommée gardienne de semences de l'année.

Par bonheur Yanna m'a proposé de passer la nuit chez elle. J'ai alors pu voir ses bocaux de semences, ses sacs de patates, un tableau rotatif pour les tomates écrit à la main au crayon. Nous avons parlé toute la soirée jusqu'à ce qu'elle m'amène dans une chambre fort bien agencée, au dessus de la grange.

Le lendemain matin Doug a préparé le petit-déjeuner dehors, sur un grand feu de bois. Le matin était magnifique, sublimé par la rosée et la douceur d'une brume légère. Peu après nous étions assis autour d'une table de pique-nique entre la serre et la treille, à déguster des assiettes fumantes de gibier, d'œufs brouillés et de brocoli, de pain et de miel et de patates douces. Tout était fait maison ou local.

Au printemps suivant, j'avais déterminé un de mes propres critères pour une bonne patate douce – il fallait qu'elle soit crémeuse, pas trop farineuse et, qu'à la cuisson, elle laisse couler dans toute la poêle un sirop sucré, que nous appelions le goudron quand nous étions petits. Voilà ce qui me semble indiquer une patate vraiment douce. Je me souviens que les patates douces de mon enfance étaient pleines de ce goudron et je trouve rarement cette particularité dans les nouvelles variétés.

Quant à toutes les autres caractéristiques que j'avais demandées, Yanna en a sélectionné deux qui, selon elle, pourraient me satisfaire. Bien vite un colis express est arrivé contenant un paquet de rejets très humides de *Ginseng Red* et un autre de *Red Gold.* Yanna avait rajouté un autre paquet de rejets, un mélange de diverses variétés que je pouvais planter afin de voir si certaines sauraient me plaire. Les rejets poussèrent superbement et remplirent quatre lits du potager, puis débordèrent des lits et s'en allèrent voyager dans tout le jardin. A la fin de l'été, j'ai déterré deux *Ginseng Red* sans abîmer ma butte et je les ai cuites.

Elles ont laissé couler leur goudron dans toute la poêle en fonte. Elles étaient d'un rouge profond, crémeuses et si sucrées qu'elles en auraient fait chanter les rouges-gorges.

Je me souviens de ce jour de fin d'automne lorsque j'ai récolté toutes les patates. Le soleil était doux et il donnait au ciel une lumière dorée quand j'ai commencé à fouiller la terre. J'utilisais une fourche-bêche, la maniant délicatement pour ne pas endommager les tubercules. La première patate que j'ai déterrée était petite, quinze centimètres de long. J'ai brossé la couche de terre et j'ai découvert une patate à peau orange, un orange vif comme une carotte. La suivante était plus grosse et blanche, d'un ivoire crémeux. Puis il y eut une patate longue et mince, violette. Et encore et encore, chaque patate était différente de la précédente jusqu'à ce que je me retrouve avec une palette de patates-douces colorées, un éventail de tons de terre, tels de magnifiques morceaux d'argile. Une fois ma récolte terminée j'ai fait un tas avec toutes les tiges flétries et je l'ai apporté dans la chèvrerie. J'ai fait un autre tas que j'ai donné aux cochons.

21.

Le maïs Keener

J'avais entendu parler d'un homme habitant près de Rabun Gap en Géorgie, qui cultivait un maïs ancien. Son nom était Bill Keener et il demeurait à Betty's Creek Road sans plus d'indication que ça. Par un jour d'automne où je me trouvais à Rabun Gap, dans les collines, au pied des Appalaches, avec une matinée de libre, j'ai décidé de chercher Betty's Creek Road et je me suis mise en route. Dans un garage, la réceptionniste connaissait Bill Keener et m'a indiqué où le trouver.

La grande diversité de plantes anciennes cultivées dans les Appalaches a été montrée par Jim Veteo dans son doctorat à l'université de Géorgie. Il attribue aux diverses tribus des Cherokee de l'est l'origine de cette diversité.

Quand je suis arrivée dans sa cour, Mr Keener était en train de laver un petit camion.

– Avez-vous besoin d'un coup de main ? demandais-je, moi, l'étrangère, en sortant de ma voiture.

– Je pense que j'ai réussi à tout avoir, me répondit-il.

– Je cherche un dénommé Bill Keener.

– Vous l'avez trouvé.

Mr. Keener semblait content de s'arrêter de travailler pour me parler des variétés anciennes.

Je l'interrompis pour aller chercher de quoi écrire.

Il a fermé le robinet et m'a dit :

– Je ne veux pas être dans le journal.

– Et que dites-vous d'un livre ?

– Ça peut aller.

J'y suis allée doucement, posant quelques questions conviviales, sur le temps et si c'était lui qui avait fabriqué ces abris pour les oiseaux accrochés aux arbres tout autour.

– Oui.

– Et là, c'est un poirier ?

– C'en est un.

Mr Keener et moi nous sommes installés sur des chaises de jardin dans la cour.

– C'est Woody Malot et Cary Albright qui m'ont envoyée vers vous. Je cherche des variétés de légumes anciens. Ils m'ont dit que vous aviez un maïs ancien et j'aimerai en savoir un peu plus.

– Que voulez-vous savoir ?

– Est-ce lui qui pousse là-bas ?

– Oui, c'est lui.

– C'est un grand maïs. Trois mètres, trois mètres cinquante.

– Et seulement un épi par pied.

Avant même de me rendre à Betty's Creek Road ce jour là, j'avais caressé l'idée de collecter ce maïs, car je savais que Mr Keener était âgé et quelqu'un a besoin qu'on continue à faire vivre cet héritage familial. Toutefois, lorsque j'ai entendu que le maïs ne donnait qu'un épi par plant de trois mètres cinquante, mon intérêt s'est évanoui. Je me disais que s'il ne tenait qu'à moi, cette variété pouvait bien s'éteindre. Une partie de moi veut tout sauver. Une autre partie se demande à quoi bon garder un maïs qui ne donne qu'un épi par pied.

– Un seul épi ? m'exclamai-je.

– Avant il en faisait plus, dit-il.

– Qu'est-il arrivé ?

– Je ne sais pas.

– Est-ce qu'il a toujours poussé si haut ?

– Non, il est plus grand qu'avant.

– Où l'avez-vous eu ?

– Oh, et bien mon papa le faisait pousser. Son papa avant lui. Et peut-être son papa aussi. Je l'ai fait pousser toute ma vie.

– A-t-il un nom ?

– Nous l'avons toujours appelé le maïs Keener.

– On peut aller le voir ?

– Oui, bien sûr.

Mr Keener est un homme de grande taille. Il se déplia de sa chaise et traversa d'un pas nonchalant l'herbe tondue de son petit jardin. La plus grande partie de la terre avait été retournée à l'exception de quelques rangées de maïs et de haricots. Le maïs avait mûri et séché sur les pieds.

– Pourquoi ne l'avez-vous pas récolté ?

– Je ne le ramasse jamais avant novembre. Je veux qu'il soit bien sec.

Dans le lopin de maïs nous avons marché entre des géants se dressant haut au-dessus de nos têtes, les barbes tels les doigts bruns de maigres squelettes.

– Je vais vous en donner deux épis, me dit alors Mr Keener.

– Ce n'est pas la peine, lui dis-je, hésitante. Gardez-le donc pour en faire de la farine. Vous n'en avez pas beaucoup.

– Oh, j'en ai plein. J'en ai tout un autre jardin rempli.

– Bon, alors je veux bien un épi. Mais un seul.

– Oh oui, vous allez voir, aucun maïs ne fait une meilleure semoule que celui-là.

Mr. Keener s'est avancé vers un pied. Je n'y ai vu aucun épi jusqu'à ce que je lève les yeux et en découvre un au-dessus de ma tête. Ce maïs là n'avait pas besoin d'épouvantails. Il était tellement inquiétant qu'il suffisait à faire fuir les oiseaux. Mr Keener étendit son bras et essaya de détacher le plus gros épi que j'aie vu jusqu'alors. Des soies séchées jusqu'à son point d'attache il devait bien faire quarante-huit ou cinquante centimètres de long. On aurait dit une massue. Et il n'était pas facile à détacher. Mr. Keener l'a plié vers le bas et l'a tordu et tiré vers lui. Enfin, il m'a tendu l'épi comme il m'aurait confié un bébé et il s'est dirigé vers un autre épi.

– Un seul suffira, lui ai-je dit.

J'avais un peu honte de prendre du maïs dont il ne poussait qu'un épi par pied. Secrètement j'espérais qu'il m'en donnerait trois ou quatre, suffisamment pour avoir une bonne diversité, parce que j'avais changé d'avis, oui, aussi rapidement.

– Si vous voulez en faire pousser, il vous faudra au moins deux épis, me répondit-il comme s'il lisait dans mes pensées.

– Vous êtes très gentil.

Ce jour là, quatre plants de maïs me sacrifièrent une année entière de labeur et j'en étais très excitée.

– Chaque fois que j'entends que des voisins vont planter du maïs, je deviens très nerveux, dit alors Mr Keener.

J'étais intriguée qu'il se soit lancé sur ce sujet.

– Pourquoi ? lui demandais-je.

– Parce que ça va contaminer mon maïs. Je suis vraiment inquiet que du maïs GM arrive par ici. Et la plupart des gens ne plantent que ça.

L'homme avait près de quatre-vingt ans et comprenait ce qu'était le génie génétique.

– Une fois, j'ai planté un de ces maïs modernes juste à côté du maïs Keener, dit-il.

– Qu'est-il arrivé ?

– Il m'a fallu au moins dix ans pour m'en débarrasser.

– Comment avez-vous fait ?

– En sélectionnant, dit-il. Le maïs Pioneer avait un tout autre aspect.

On a déposé mon maïs ancien dans la voiture et je savais qu'il fallait que je fasse quelque chose rapidement ou bien ma rencontre avec cet homme bien intéressant et ouvert s'achèverait trop vite.

– J'aimerai vraiment voir votre installation pour moudre le maïs.

– D'accord, allons-y.

Dans une petite grange poussiéreuse, Mr Keener m'a montré les deux égreneuses à maïs, l'une à manivelle et l'autre électrique. Le sol de la grange était couvert de longues rafles[142], certaines rouges, d'autres blanches.

– Pourquoi cette différence ?

– Il y a quelques années j'ai introduit un *Tennessee Red* dans mon maïs, dit-il.

– Était-il GM ?

– Non, c'était lui aussi un maïs à pollinisation ouverte.

– Pourquoi vous avez fait ça ?

– Je pensais que mon maïs en avait besoin.

Pas plus. Vraiment, quelle différence cela aurait-il fait ? Les Keener avaient conservé ce maïs des générations durant. Il pouvait reproduire son maïs comme il le voulait, ça resterait du maïs Keener.

– On ne voit pas grand trace du *Tenessee Red* sauf sur ces quelques rafles rouges, dit-il. Ce maïs fait un excellent pain. Il y a des gens qui viennent en chercher tous les ans.

– Parce qu'ils aiment son goût ?

– Vous l'aimerez aussi. Et puis je le mords.

– Vous le mordez ?

– Je retire ces petits grains tout durs qui sont au bout de l'épi avant de le moudre. Mon père m'avait montré comment faire. Mais j'ai inventé une meilleure façon.

– Je peux voir comment vous faites ?

Il se pencha pour attraper un cylindre de métal légèrement plus court qu'un épi séché

---

[142]Le cœur de l'épi. (NdT)

entier.

– Ça, faut le mettre par terre, dit-il.

Dans le cylindre des petites cales avec des dents incisées dessus avaient été soudées. Les cales épousaient la forme conique de la pointe de l'épi. Les dents coupaient ces grains du haut auxquels on devrait donner un nom s'ils n'en n'ont pas déjà un.

– J'appelle ça un mordoir, me dit-il.

– Et c'est vous qui avez fait ça ?

– Oui, c'est moi.

– C'est génial.

Je l'avoue, ici et maintenant, j'ai convoité tout ce que cet homme m'a montré : le lopin de maïs, la grange, l'égreneuse, le râtelier couvert d'un matériau anti-souris, le mordoir. J'ai même convoité les rafles éparpillées sur le sol.

Avant de repartir, Mr Keener a prit une poignée de haricots *Greasy black*, un ancien cultigène des Appalaches, qui porte ce nom parce que les gousses ont une apparence graisseuse, bons frais comme écossés, qui séchaient sur leurs tiges. Mr Keener m'a également donné quelques tomates à moitié pourries d'une variété ancienne appelée *Box Car Willie*, des beefsteack rouge-orangé au rendement moyen. Et je m'en suis retournée avec trois nouveaux trésors, ouaip.

22.

A la recherche du *cowpea Conch* (suite)

A mon retour de la convention du Seed Savers Exchange, j'ai appelé Jeremiah Gettle de Baker Creek Heirloom Seeds, une des personnes qui pourraient bien être encore en possession de cowpea *Running Conch*. Gettle étant occupé, j'ai discuté avec le conservateur, celui qui s'occupait directement des semences.

– Je cherche le cowpea *Running Conch*, lui dis-je, et je ne le vois pas dans le catalogue.

– Nous en avons fait pousser, c'est sûr, me répondit le conservateur. Laissez-moi voir si je peux vous trouver quelques semences.

Il me rappela quelques jours plus tard avec de mauvaises nouvelles :

– Je ne sais pas ce qui s'est passé mais nous n'en avons plus. Ce n'est pas notre habitude. J'ai fait une note afin qu'on en retrouve et qu'on en fasse repousser.

J'avais le cœur serré. Il me restait toutefois deux autres chances de rédemption.

J'ai trouvé le numéro de téléphone de Charlotte Hagood à Albertsville dans l'Alabama.

– Je sais que vous n'avez pas proposé de *Running Conch* depuis quelques années. D'ailleurs personne n'en propose plus mais j'aimerais tellement remettre la main sur quelques semences. Je vous appelle pour savoir si vous en avez toujours en réserve ?

– Je suis sûre d'en avoir, me répondit-elle. Les semences sont au congélateur. La prochaine fois que je l'ouvre, je prendrai les *Running Conch.*

– Très bien, dans ce cas je vais vous envoyer une requête en bonne et due forme.

Le Seed Savers Exchange demande que chaque commande de semences soit accompagnée de quelques dollars, ainsi que d'une enveloppe timbrée et libellée au nom du demandeur.

– Comme ça tout sera prêt quand vous trouverez les semences.

– Très bien, me dit-elle. Ça pourra prendre un mois ou deux. Mais de toute façon vous ne les utiliserez pas avant un bout de temps.

Le printemps ne serait effectivement pas de retour avant plusieurs mois.

– Je vous en suis très reconnaissante.

En janvier les semences n'étaient toujours pas arrivées et j'ai rappelé Charlotte. Elle était occupée – caractéristique, notez, chez les révolutionnaires – mais elle me fit savoir qu'elle n'avait pas oublié les semences et qu'elle les enverrait d'ici peu.

Elle ignorait tout de mon désespoir. Elle ne savait pas que j'avais fait pousser ces semences et que je les avais perdues. Elle ne savait pas que je craignais qu'en cherchant dans ses réserves elle ne se rende compte qu'elle s'était trompée, et qu'elle aussi les avait perdues. Je craignais qu'elles aient disparu pour de bon, marquant mon karma d'une grande croix rouge.

Pour couvrir mes arrières j'ai alors téléphoné à William Woys Weaver. Il me dit qu'il en avait certainement. Je n'avais qu'à passer ma commande et il y répondrait. C'est ce que je fis et c'est ce qu'il fit, et ses *cowpeas* sont arrivés quasiment au même moment que ceux de Charlotte. J'étais drôlement excitée d'avoir les *cowpeas*. J'ai aussitôt ouvert un des colis pour voir de nouveau, après tant de temps, ces petites graines qui m'avaient donné tant d'angoisses. Les pois étaient petits, comme je me les rappelai, opalescents, un peu comme les lunes de Jupiter. C'était comme des cousins perdus de vue depuis longtemps. Jamais je ne m'étais jamais sentie aussi riche, j'avais l'impression d'avoir un plein paquet de billets de cent dollars.

Et j'avais là deux sources de diversité génétique. Utiliser la même variété de sources différentes, au moins au départ, ne pouvait que renforcer la race.

Mais je n'étais pas encore sauve. Il me fallait faire pousser le *Running Conch* et le préserver. Il fallait que je le fasse de façon constante et rigoureuse, une année après l'autre. Il fallait m'engager vis-à-vis de lui. Lui être fidèle. Je le veux.

23.

La gagnante du Mustaprovince

Le temps que j'aille jusqu'aux courges, le crépuscule avait déjà sombré dans la nuit. Normalement, je serais retournée à la maison, je me serais lavée et j'aurais dîné – il est neuf heures passées – sauf que ce soir, je dois rester sur le pont. Une fleur s'ouvrirait au matin et je ne pouvais pas laisser une abeille l'avoir avant moi.

Munie d'une lampe torche et de mon rouleau d'adhésif, je vais jusqu'au jardin en cherchant les fleurs sur ces longues tiges qui s'étalent sans retenue. Il y a sur la tige plusieurs fleurs à différents stades de maturation. J'en cherche une bien précise. C'est une fleur femelle qui, d'ici dix heures, sera sur le point de s'ouvrir. Entre la fleur et la tige se trouve le fruit immature, une mini courge-en-devenir. Tout le long de la tige, sous les larges feuilles drues tachetées de blanc, les fleurs mâles se préparent à s'ouvrir au matin. Je repère alors la femelle.

Je m'agenouille près d'elle et l'éclaire de ma lampe-torche. Les moustiques m'encerclent, grondent et geignent, l'un après l'autre ils me foncent dessus et me piquent. Ils sont légion à cause des pluies et m'assaillent sans relâche, et je me demande comment font les animaux sauvages pour les supporter quand la nuit tombe. Je les claque tout en déchirant le ruban adhésif pour l'enrouler autour des fleurs, les refermant le plus étanche possible. Je noue ensuite une bande de tissu bleu pour marquer la fleur. Ensacher la fleur serait plus simple, mais je n'ai pas de sac à pollinisation. Je me déplace entre les tiges et les feuilles, je trouve une fleur mâle et je recommence le processus. Et une autre fois encore.

Cette courge a une très chouette histoire. Je l'ai découverte au cours d'un modeste festival dans le tout petit village de Wardsboro, dans le Vermont. Le Festival du Navet Gilfeather célèbre donc le navet *Gilfeather* – développé semble-t-il par hybridation, par John Gilfeather dans sa ferme située sur la colline de Wardsboro au début des années 1900. Le festival est sponsorisé par les amis de la bibliothèque de Wardsboro qui vendent des paquets de semences, des T-Shirts créés localement et des livres faits main de recettes à base de *Gilfeather*. Des artisans vendent leurs créations pendant que les musiciens locaux jouent tout en se promenant. Pendant l'heure des dégustations, l'année où je me trouvais là, j'ai pu goûter des navets caramélisés, du gâteau de navet, du pudding de navet, de la soupe de navet, des navets au cheddar.

A côté de la caisse, se trouvait un grand bocal rempli de chocolats enveloppés. Une pancarte disait que celui qui arrivait à deviner au plus près combien de chocolats se trouvaient dans le bocal gagnerait une courge.

– Quelle courge ? demandais-je à la bibliothécaire bénévole qui tenait ce stand.

– Celle-ci, répondit-elle en désignant une courge posée sur une pile de courges.

La courge en question était superbe, aussi grosse qu'une meule de fromage. Sa peau était lisse, marquée de côtes profondes et d'une couleur abricot. Elle pourrait bien faire une douzaine de gâteaux. Je décidais alors de la remporter.

– Ai-je le droit de compter les chocolats que je vois ? lui demandais-je.

– Si vous arrivez à les voir à travers le verre je ne peux pas m'y opposer, dit-elle. On a le droit de compter.

Sans toucher le bocal, j'ai compté tous les chocolats qui se trouvaient à la surface. Puis j'ai compté le nombre approximatif de couches de haut en bas. J'ai fait un petit calcul. Le bocal n'était pas tout à fait cylindrique. Les couches les plus larges devaient contenir au moins douze chocolats de plus, et neuf couches, plus ou moins, étaient plus larges. J'ai rajouté 108 chocolats pour les plus grandes couches. J'ai refait mes calculs.

J'avais déjà remarqué que quand on se lance dans ce genre d'estimation, les résultats proposés sont généralement trop bas. Je me retiens de penser que ça dit quelque chose des humains, de notre tendance chronique à sous-estimer. Sachant cela j'ai ajouté une centaine de chocolats à mon total, j'écrivis sur le bulletin le résultat de mon calcul : 901. Je le glissais dans la boîte en carton et mis en marche ma machine à espoir.

– Tu as vu la courge que je vais gagner ? ai-je dit à mon mari qui vendait ses poteries dans la bibliothèque à l'étage.

Quand je parle comme ça, il me croit. Il pense que je suis magique.

– Non, allons la voir.

Je lui ai montré le bocal de chocolats et la courge. Il a pris un des bulletins lui aussi.

– Combien à ton avis ? a-t-il demandé.

– Je ne te dis pas ! Et ce n'est pas la peine d'essayer de deviner. J'ai déjà gagné.

Il griffonna sur le papier, le plia, et le glissa dans la fente de la boîte.

– Je veux cette courge, je lui dis. Je veux en garder les semences. As-tu jamais rien vu de pareil ?

– En effet.

A la fin de la journée, quand les volontaires ont compté les chocolats, il y en avait 891 dans le bocal.

– Génial, ai-je pensé. Je suis tout près du compte.

Les bénévoles ont épluché les bulletins et je les regardais plus nerveuse que je ne me l'admettais. Le chiffre gagnant était 875. Ils envoyèrent quelqu'un chercher le vainqueur.

Ce n'était pas moi qui avait deviné 875. La courge ne viendrait pas vivre chez moi. Alors j'ai refait un calcul.

– Excusez moi, ai-je lancé, mais je pense qu'un des bulletins est plus proche. Le 901.

J'étais choquée par ma propre avidité. Mais c'était vraiment une courge inhabituelle et fascinante. Je me demande si George Washington Carver était lui aussi comme ça.

– Non, dit un des volontaires. 875 était le plus proche.

J'ai toujours pensé que mon accent était un handicap dans une situation semblable. Les gens du sud sont souvent perçus comme un peu lents parce qu'ils ne parlent pas bien vite. (Un jour que je demandais mon chemin à un homme dans une rue de Sitka, en Alaska, il me demanda : « Et quoi, vous venez de tomber d'un camion de navets ? »).

– J'avais deviné 901, leur dis-je.

J'ai pu voir la lumière finalement s'allumer dans les yeux des retraités. Les volontaires n'avaient pas pris en compte les nombres dépassant le résultat correct.

– La règle dit que c'est le nombre le plus proche, exact ? ai-je demandé, et donc pas forcément le plus proche en-dessous ?

– C'est exact.

Les bibliothécaires ont revu les bulletins et ont trouvé le 901. Elles ont tenu conciliabule. Pendant ce temps quelqu'un avait trouvé le prétendu gagnant parmi les étals d'artisanat du second étage et l'avait fait venir.

– Hum, dit une des femmes, il semble que nous avons fait une erreur. Attendez une seconde. Est-ce vous ? me demanda-t-elle. Aviez-vous deviné 901 ?

– Tout à fait, ai-je répondu, c'est pour ça que je savais que c'était dans la boîte.

– C'est en effet plus proche, dit-elle.

– Oui M'dame.

Elle se tourna vers le non-gagnant, pour lequel je n'éprouvais aucune sympathie.

– Nous sommes désolées, dit-elle à l'homme, nous nous sommes trompées.

L'homme qui semblait fraîchement retraité fut bien aimable.

– Ce n'est pas grave, dit-il.

Il avait un visage sympathique et c'est ce qui fit signe à l'ange en moi de s'éveiller.

– Vous pouvez avoir le prix, lui dis-je, si vous le voulez vraiment.

– Jeune dame, que voulez-vous que je fasse avec une telle courge ?

– Oh merci.

Mais pourquoi le remercier ? C'est moi qui avait gagné.

– Je la voulais tellement.

Je savais exactement ce que j'allais faire avec. Je prévoyais de la poser sur le plan de travail en bois de la cuisine pour la photographier en rêvant de l'avoir fait pousser moi-même. Je prévoyais de raconter cette histoire du festival du navet une bonne centaine de fois. Je prévoyais d'attendre le plus longtemps possible au printemps prochain avant de la faire cuire, peut-être même d'attendre qu'une tache de pourriture apparaisse sur la peau. Je prévoyais d'en faire des gâteaux et des tartes.

J'étais frappée par le côté saugrenu de la scène, moi, gagnant cette incroyable courge en devinant le nombre de 901 chocolats dans un bocal.

– C'est quelle variété ? demandais-je aux bénévoles.

– Oh, la cultivatrice de courges nous l'a dit. On a écrit le nom quelque part, m'a répondu l'une d'elles.

– Une cultivatrice de courges ?

– Elle ne fait pousser que ça.

– Voilà le nom, dit un autre bénévole. Mustaprovince.

Le nom ne m'était pas familier et, après avoir ramené la courge à la maison, je l'avais déjà oublié. Quelques semaines plus tard, j'ai déplacé la courge jusqu'à notre cave, plus fraîche, où elle est restée un an sans s'abîmer avant que je ne la transforme en somptueux gâteaux. J'ai gardé les graines, mais comme celle qui l'avait fait pousser ne cultivait que des courges, je doutais que les semences soient pures, c'est-à-dire fixées ou typées.

Qu'est-ce que j'aimerais faire pousser des courges aussi impressionnantes, se conservant aussi longtemps, et tellement délicieuses ! Il me fallait trois choses. Il me fallait le nom de la courge. Il me fallait savoir si c'était une variété non-brevetée. Et si c'était le cas, il m'en fallait les semences.

Je participais justement, l'automne suivant, au Common Ground Fair, une grande foire d'agriculture écologique dans le Maine. Par chance j'ai remarqué dans le hall d'exposition une courge de la même variété. Elle était étiquetée *Musquée de Provence*. C'était elle ! En rentrant à la maison j'ai commandé des graines.

Désormais les semences ont poussé en d'insouciantes tiges et je suis déterminée à produire des semences pures. J'achève de sceller la dernière fleur mâle, pour éviter que tout insecte baladeur ne vienne contaminer le pollen de la *Musquée de Provence* avec un autre pollen.

Cette nuit, juste avant de m'endormir, je me suis rappelée de polliniser la fleur de la courge avant toute autre chose demain matin.

Je dors et je rêve que je prends soin d'une petite fille. Je trouve un œuf d'oie et le lui montre. Mais elle le fait tomber et l'œuf se brise, laissant couler un liquide épais et jaune qui ne sent pas le pourri. Alors une petite maman oiseau tombe de la coquille, les plumes encore toutes humides et pas prête à affronter le monde, suivie d'un bébé oiseau, vraiment tout petit, emmêlé dans des petits bouts de paille. Les deux oiseaux pataugent sur le sol. Je murmure doucement, oh non, non, en tentant de rattraper les oiseaux, pour pouvoir les sauver, bien que tous deux soient nés prématurément. La maman oiseau tente désespérément de m'échapper, et alors que j'essaie de la retenir contre le mur, elle se transforme en papillon lune. Quelque part au cours du rêve, ma respiration irrégulière réveille mon mari. Il me dit que je retenais ma respiration pendant des pauses de dix à quinze secondes.

Le lendemain matin, je retire délicatement les rubans adhésifs qui maintiennent les fleurs fermées et je frotte les anthènes mâles pleines de pollen sur le stigmate de la fleur femelle. Puis je referme la femelle et j'attends. D'ici quelques jours, je verrai si la pollinisation a fonctionné.

La fleur flétrit puis tombe, alors le fruit commence à grossir. Les semaines et les mois qui suivent je reste vigilante, observant la courge, la retournant. Je la pose sur une planche pour éviter que les fourmis et les scarabées ne viennent la grignoter. Quand elle sera complètement mûre, je prendrai ses semences et les ferai sécher. J'en donnerai aux amis. J'en ferai pousser d'autres. Peut-être deviendrai-je moi-même cultivatrice de courges ?

24.

Ce qu'il faut savoir pour garder des semences

Pour garder vos propres graines et faire pousser des plantes qui seront la photocopie de leurs parents, il faut faire pousser des semences à variété ouverte. Si vous croyez à la magie des cycles lunaires, semez soit entre le dernier quartier et la nouvelle lune dans les signes des Gémeaux pour la multiplication ou dans les signes du Cancer, du Scorpion ou des Poissons qui sont considérées comme les constellations les plus productives pour les plantes-feuilles et les plantes-fleurs.[143] Dans de nombreuses cultures, les semences collectées à la pleine lune sont considérées comme ayant le plus grand potentiel germinatif.

Sélectionnez les plantes qui ont bien donné dans votre jardin et qui sont bien adaptées à votre tempérament, au sol, au climat et à vos goûts. Si vous voulez des melons précoces, sélectionnez vos semences parmi les plus précoces. Si vous cherchez une bonne résistance au froid, choisissez la plante qui a résisté à la nuit la plus froide. Vos critères de choix peuvent aussi être la résistance à la maladie, une maturation tardive, la tolérance à la sécheresse ou encore la productivité. Prenez des notes si nécessaire. Marquez vos plantes avec des rubans de tissu noués sur la tige. Puis choisissez sur cette plante le fruit dont les caractéristiques vous plaisent le plus.

Récolter les semences au bon moment est important. Pour les fruits charnus, la semence est prête lorsque le fruit est complètement mûr. Les inflorescences sont plus délicates parce qu'il vous faut saisir la semence après maturité mais avant que le vent ou qu'un animal ne l'emporte.

Si la conservation des semences vous taraude au point d'en faire une passion, le meilleur avis que je puisse vous donner c'est de lire l'incroyable livre de Suzanne Ashworth, *Seed to Seed*, à propos duquel j'ai un jour entendu quelqu'un dire qu'« il a l'air bien petit pour contenir toutes les réponses. » Ashworth connaît (presque) tout ce qu'il y a à savoir sur la préservation des semences (et je n'ajoute le presque qu'au cas où une petite parcelle d'information n'ait pas encore été découverte). Le guide pratique du Seed Savers Exchange pour garder les graines est également une ressource inestimable. Il est régulièrement ré-imprimé et j'ai celui qui est paru dans le *Seed Savers Summer Edition* de 1988, une publication du Seed Savers Exchange qui leur servait alors de journal.

Préserver la pureté de la semence est une science. Il vous faut savoir combien planter pour chaque variété, à quelle distance les variétés doivent être plantées les unes des autres. Si une variété est une annuelle ou une bisannuelle. Combien de temps les semences restent viables et bien d'autres choses. Ce n'est pas moi qui, ici, vais vous donner tous les détails. Mon seul but c'est de planter une graine. En vous.

---

[143]Il existe également des plantes-racines. Cette conception en lien avec le mouvement des planètes a été particulièrement développée dans l'agriculture bio-dynamique (label Demeter) suivant les principes de Rudolf Steiner. Maria Thun a écrit des livres limpides sur le sujet.

Plantes annuelles
Les auto-fertiles :
Certains légumes produisent leur semence en une saison et, du fait de leur structure botanique, ne se croisent généralement pas avec les autres plantes de leur variété. Ce type de reproduction, dite auto-fertile, est la plus facile pour les gardiens de semences, étant donné que les semences restent génétiquement relativement pures sans avoir à recourir à des protections comme l'ensachage ou l'éloignement des plantes à de grandes distances. Laitues, tomates, pois, haricots et aubergines contiennent toutes les parties mâles et femelles sur une même fleur (on parle de fleur parfaite). Leurs ovules sont fertilisés par leur propre pollen.

Les pois et haricots :
Pour les pois et les haricots la fertilisation se fait avant que la fleur ne s'ouvre. Les anthères sont blotties contre le stigmate, assurant la pollinisation au moment où le pollen s'en échappe. Ces légumes peuvent être plantés librement dans le potager, bien que les puristes recommandent de séparer les plants de pois de plus de trente mètres ou d'intercaler une autre culture qui fleurit en même temps.
Pour récolter les graines : laissez les gousses sécher sur la plante jusqu'à ce qu'elles brunissent. Vous pouvez alors les cueillir et les écosser. Si le froid arrive, vous pouvez arracher toute la plante et la pendre tête en bas dans un endroit sec. Étiquetez et rangez.

La laitue :
Les fleurs de laitue surviennent comme des feux d'artifice, en une masse de petits jets qui s'ouvrent sur trois-quatre semaines. Chaque petite fleur génère une graine de laitue. Pour ne pas tenter le sort et conserver la pureté, vous feriez mieux de séparer d'au moins six mètres les variétés de laitues qui fleurissent en même temps.
Pour récolter les graines : les têtes contenant les semences vont mûrir en parallèle avec la floraison, soit durant les onze à treize premiers jours après l'apparition de la première fleur. Avec les laitues, la règle veut qu'on les récolte à peu près quand la moitié des fleurs de chaque plante est montée en graine. Coupez les tiges des fleurs et faites-en un bouquet que vous fourrez tête en bas dans un sac et que vous attacherez en hauteur jusqu'à ce qu'il soit complètement sec. Les semences peuvent alors être secouées ou séparées de la balle. Étiquetez et rangez.

Les tomates :
Les choses se compliquent un peu avec cette « pomme d'or » comme elle est appelée en Italie, ou « pomme d'amour » comme elle est parfois surnommée aux États-Unis. La plupart des variétés de tomates modernes sont auto-fertiles. Elles sont sélectionnées pour avoir un style court avec des anthères qui fusionnent ensemble jusqu'à ce que le pollen ait atteint le stigmate. Le pollen glisse alors le long du style et fertilise les ovules. D'autres variétés possèdent de long styles dépassant les anthères. Ce type se trouve généralement dans les variétés anciennes et a plus de propension à se croiser. Ces tomates là devraient être séparées de 300 mètres –

idéalement mieux vaut séparer chaque variété d'au moins 30 mètres – car les abeilles solitaires sont connues pour transférer le pollen d'une fleur à l'autre. Une culture à fleur poussant entre chaque variété peut toujours servir de barrière naturelle.

Pour en récolter les graines : reportez-vous au chapitre 19.

Les aubergines :

Les aubergines sont généralement auto-fertiles. Pour en assurer la pureté, les variétés doivent être séparées de 150 mètres ou être encagées – en recouvrant toute la plante d'un tissu à mailles très serrées ou d'un grillage extrêmement fin afin d'éviter la visite des insectes.

Pour récolter les graines les aubergines doivent mûrir complètement, prêtes à tomber de la tige. Laissez le fruit sur son plant au-delà même du moment où il vous semble comestible. (C'est un peu vague, n'est-ce pas ? J'ai vu des gars plonger dans des poubelles pour ramasser des tas de choses qui ne semblaient plus comestibles depuis belle lurette.) La couleur s'affadit et l'aubergine a un air maladif. Je récolte les semences en plaçant de gros morceaux quasi pourris dans le mixer, avec de l'eau. Puis je verse la mixture dans un bol et, comme pour les tomates, les semences viables se déposent au fond du récipient. Comme celles des tomates, les semences d'aubergines peuvent être fermentées afin d'accroître leur capacité germinative et tuer les maladies qui pourraient s'y développer, même si ce n'est pas vraiment nécessaire. Passez, séchez, étiquetez et rangez.

Pollinisation croisée
Les poivrons et gombos :

Bien qu'ils aient des fleurs parfaites, ces beautés sont exposées à un risque de pollinisation croisée par les insectes. Il faut séparer les différentes variétés de 150 mètres (1,5 km pour les gombos) ou les encager avec une variété par cage. Les fleurs de gombos sont plus faciles à ensacher.

Pour récolter les graines : les poivrons deviennent rouges quand ils sont mûrs. Grattez les graines à l'intérieur et laissez-les sécher au soleil. Elles sont sèches lorsqu'elles cassent entre vos doigts quand vous tentez de les plier. Pour les gombos, cueillez des gousses complètement mûres et laissez-les sécher jusqu'à ce qu'elles s'ouvrent comme une peau de banane. Tapez dessus pour faire sortir les graines. Étiquetez et rangez.

Des annuelles plus difficiles

Les courges, concombres, potirons, melons et pastèques

Ces plantes possèdent des fleurs mâles et des fleurs femelles séparées et se pollinisent vers l'extérieur, c'est-à-dire qu'elles sont conçues pour la pollinisation croisée. Pour conserver leurs semences et garder les variétés intactes voici ce qu'il faut faire :

- Apprendre à polliniser manuellement. Reportez-vous au chapitre 16.
- Séparer vos plants d'une soixantaine de mètres (400 mètres pour être sûr de la pureté).
- Ne planter qu'une variété de chaque espèce.

Pour récolter les graines : attendez que les fruits soient complètement mûrs pour les prendre. Les concombres doivent être jaunes. Ouvrez le fruit, prenez la semence, étalez-la sur une assiette et laissez sécher. Étiquetez et rangez.

Les radis :
Les radis sont des êtres sauvages qui se croisent très librement. En effet, ils doivent se croiser car ils ne peuvent pas fertiliser les ovules avec le pollen d'une même plante. Ainsi, plus vous avez de plants de la même variété, meilleure sera votre pollinisation. Ne mangez pas la plante choisie pour en récolter les semences parce qu'elle doit pourrir afin de produire sa semence. Laissez le radis tranquille.
Pour récolter les graines : regardez-le monter en graines. Il se forme alors des espèces de petites torpilles (comestibles) qui sèchent lentement. Récoltez, étiquetez et rangez.

Les épinards :
Il y aurait tant à dire sur les épinards ! Souvenez-vous que cette culture est pollinisée par le vent : elle a des plants mâles et des plants femelles. Il est difficile de déterminer le sexe de la plante jusqu'au moment où elle monte en graine. Le meilleur avis que je puisse vous donner est de ne faire pousser qu'une variété d'épinard dont vous garderez des plants pour avoir les graines. Gardez deux fois plus de plantes femelles que de plantes mâles, et recueillez les semences en les tirant à la main, sur la tige, directement dans le potager. C'est du moins ce que dit le livre. Mais je dois avouer que je n'ai jamais gardé de semences d'épinard donc ne me croyez pas sur parole. J'ai déjà bien du mal à en faire pousser ici, dans le sud de la Géorgie. Le livre dit aussi qu'un tissu fin est suffisant pour encager les plants d'épinards. Étiquetez et rangez.

Le maïs :
Le pollen des barbes de maïs se promène sur de longues distances, porté par le vent. Les différents cultivars doivent être séparés par le temps (du maïs précoce et du maïs tardif peuvent ainsi être plantés côte à côte) ou sur une distance de 400 mètres. Vous pouvez polliniser manuellement en secouant les barbes au-dessus des jeunes soies et en ensachant les plants ainsi pollinisés.
Pour récolter les graines : les épis de maïs doivent durcir sur le pied. Vous pouvez alors les rentrer, les pendre jusqu'à ce qu'ils sèchent complètement et les égrainer. Étiquetez et rangez.

Plantes bisannuelles
Ces plantes, qui produisent des semences au cours de la seconde année de culture, incluent carottes, navets, betteraves, choux, oignons, panais et salsifis. La première année elles produisent le légume ou la racine. Ignorez-les (comprendre : ne les mangez pas) car la plante doit être laissée en place pour une deuxième année de pousse. Dans les climats nordiques, les bisannuelles sont déterrées et conservées tout l'hiver en silo ou en réserve pour être replantées au printemps suivant. Les types fermes, comme le chou-rave, sont les plus simples à conserver ; les types à feuille

comme les choux fourragers ont tendance à pourrir. Si les hivers sont doux, comme chez nous dans les régions subtropicales du sud de la Géorgie, les bisannuelles passent généralement l'hiver dans le potager. Pour les gardiens de semences, la plupart de ces cultures sont auto-stériles, nécessitant l'intervention des insectes pour être pollinisées, et elles se croisent facilement.

Toute la famille des *brassica* (chou, brocoli, kale, chou fourrager, chou-fleur, chou de Bruxelles) se croisent entre eux. Si vous êtes voués à en préserver les semences, et je souhaite que vous le soyez, il vous faut choisir un seul cultivar dans toute la famille ou bien l'isoler des autres par distance ou par encagement.

Pour récolter les graines : les têtes fleuries sont difficiles à collecter parce que vous devez récolter les semences après maturité mais avant que le vent ou les animaux ne les éparpillent.

Sécher et conserver

Les semences doivent être totalement sèches avant d'être rangées. Elles doivent casser et ne pas plier. La vie se déclenche dans la moisissure. La moindre gouttelette d'humidité dans les graines réduira leur durée de vie en laissant s'écouler ces subtiles forces vitales. Une bonne règle à suivre est que, lorsque vous êtes vraiment sûrs que les semences sont sèches, laissez-les sécher encore un jour. Des températures supérieures à 43°C endommageront les semences, donc, dans les régions chaudes il faut éviter de les laisser sécher en plein soleil. Dans des conditions humides, laissez-les près d'une source de chaleur douce – comme un séchoir solaire, une ampoule ou une veilleuse – laissés à 32°C. Les semences sujettes à l'attaque des charançons et autres infestations d'insectes devront en plus être congelées afin de tuer les œufs qui y auront déjà été pondus. Conservez les semences dans un lieu sec et frais, étant donné que l'humidité et la chaleur déclenchent la germination et sont les ennemis de la viabilité de la semence.

En général, les semences doivent être conservées dans des containers à l'abri de l'air, comme des enveloppes (scellées), des boîtes à café à couvercle hermétique. Les petits sachets de silicium sont souvent utilisés pour éviter la moisissure.[144] Si elles sont complètement sèches, les semences se conservent plus longtemps au congélateur. Si ce n'est pas au congélateur, gardez-les si possible au réfrigérateur.

Je n'ai mentionné ici qu'un tout petit échantillon de la grande variété de plantes comestibles de la planète que nous voulons continuer à faire pousser pour notre survie, pour la diversité et le plaisir qu'on prend à s'en occuper, pour ce jour où les biotechnologies vont s'effondrer, quand la société civile deviendra suffisamment forte pour écrabouiller les multinationales – quoiqu'il advienne avant. Pour les autres cultures, je vous suggère vraiment de vous procurer le livre d'Ashworth ou de trouver les informations sur internet.

Cela vous semble compliqué ? Détrompez-vous.

Pour devenir gardien de semences, tout ce qu'il faut c'est de l'amour.

---

[144]Lorsque vous achetez des objets ou des vêtements, vous retrouvez parfois dans l'emballage ou dans les poches ces petits sachets fermés. Ne les jetez plus, conservez-les pour vos armoires et boîtes de semences !(NdT)

25.

Et tu voleras des semences...

Non loin de la basilique du Sacré-Cœur à Paris, tout près de la tombe d'Émile Zola, légères dans leurs corolles roses et blanches les roses trémières du cimetière de Montmartre me suppliaient de prendre leurs semences. Les graines étaient déjà emballées, dans une sorte de beignet de flocons noirs comme de l'onyx, arrangées en anneau dans ce petit bout restant du calice. Ces fleurs dans mon jardin seraient un souvenir de Paris et de la beauté de ses défunts dont la mémoire est inscrite dans le marbre et le travertin. (Grâce au ciel j'ai pu voir Paris avant d'arrêter de prendre l'avion.)

C'était plus fort que moi. Ces semences étaient une vraie tentation, ployant vers moi depuis cette tige immense et penchée, elle-même garnie de plus de fleurs encore s'élevant vers le ciel comme des soucoupes roses. Les roses trémières fleurissent sur une longue période, et les premières sont déjà en graines quand les plus récentes ne sont encore que des boutons. Il n'y avait personne, aucun promeneur, aucun gardien et le petit paquet de semences a glissé facilement dans ma main.

Quelques heures plus tard, Paris était déjà loin, et Raven et moi conduisions tranquillement vers le sud de la France sous une pluie fine. Je fus émerveillée par cette campagne du sud de la France, ces magnifiques villages anciens où les maisons de pierre ont été construites il y a plusieurs siècles. Un désir s'éveilla en moi, celui de vivre dans un paysage semblable à celui que nous traversions. Je convoitai ces jardinières accrochées aux pas des fenêtres, ces marchés où de vieilles dames vendent leur confiture de melon maison et leurs œufs de caille, cet esprit révolutionnaire. Je me souviens des prunes jaunes et violettes cueillies sur les branches débordant du muret d'un jardin, près d'un vignoble, à Nitry : elles étaient sucrées à la perfection. En découvrant ces prunes – il y en avait tant, que personne n'avait cueillies, perlées de pluie fraîche – j'ai pensé que j'étais en train de tomber amoureuse de la France. Avant, j'étais sous le charme. Désormais, j'étais vertigineusement, inutilement, irrévocablement amoureuse.

Dans un des vignobles, Raven et moi nous sommes baladés en habits de pluie dans un jardin ouvert au public. Cela aurait pu être le nôtre sauf que les étiquettes étaient en français et nous n'avions encore jamais vu pousser certaines plantes, comme l'artichaut.

Une allée divisait le jardin en deux, et des lignes partaient en angle droit de chaque côté. Chaque ligne, impeccable et désherbée était assignée à une seule sorte de plante : pivoines, betteraves, oignons, carottes, fraises, cosmos. Une grande herbe parfumée était montée en graines, son ombelle à hauteur de regard et enceinte, je ne pus m'empêcher d'en récolter quelques semences. Un fenouil aussi, qui pousse toujours dans mon jardin d'aromates.

Le long des barrières, les roses étaient incroyables, radieuses et délicates, parfumées, parfaites, tendres, ornées de gouttelettes de pluie, charmantes. Il y avait des roses de toutes les couleurs. Je n'ai jamais vu des roses aussi envoûtantes qu'en France, et je compris enfin pourquoi les roses avaient tant inspiré la poésie depuis l'époque Elisabéthaine jusqu'à nos jours. Si les roses pouvaient pousser facilement en plantant simplement leurs graines j'en aurais aussi volées.

J'ai fait sécher mes modestes petits paquets de semences, les ai enveloppés dans des serviettes en papier, dans des cartes routières et dans des photocopies de pages de guides de voyage. Il fallait que je prenne soin des noyaux de prunes que j'avais noués dans un bandana. Je les gardais bien au chaud et bien au sec comme des petits caniches nains. Nuit après nuit, chacune passée dans une ville différente, depuis un hôtel de Semur-en-Auxois à une tente dans les Alpes jusqu'à une chèvrerie dans le Jura, j'ai conservé les semences que j'avais récoltées, petits paquets dans mes bagages, les aérant à chaque étape pour les laisser sécher, les refermant pour reprendre le voyage.

Je vole les semences dans l'espoir de m'entourer d'un univers déroutant et formidable de vie végétale. Mais est-ce vraiment du vol ? La plante donne librement. Si la plante appartient à quelqu'un, dans un jardin privé, ce que la plante produit appartient-elle également à cette personne ? Comme le plaide Vandana Shiva, les semences n'appartiennent-elles pas à toute la collectivité ? « Ce que la vie a d'unique est qu'elle se reproduit, et voilà tout le problème pour les capitalistes », l'ai-je entendue dire au cours d'une conférence donnée au Keene State College. « Comme si les semences pouvaient pousser sur leurs têtes. »

Bien sûr, je sors ici les propos de Vandana Shiva de leur contexte. Elle parlait du zèle de l'industrie de la biotechnologie à breveter le vivant, dont ces semences, que j'ai l'impression de voler. Mais je ne vole ni Dieu, ni la plante. Peut-être suis-je en train de voler celui qui a planté la plante ? Ou le propriétaire du lieu où pousse cette plante ? Mais la plante veut que ses semences se disséminent, et si elles atterrissent de l'autre coté du globe, tant mieux, du point de vue de la plante. Me voilà donc une émissaire de Dieu.

26.

Présents

Douze femmes sages furent envoyées par la vieille matriarche avec des sacs de graines afin de réensemencer le monde. Lorsqu'elles arrivèrent chez moi, en marchant, six devant six derrière, le rideau de la nuit s'était déjà refermé et elles allèrent sans un mot sur le sol nu de mes champs. Elles tinrent les semences pendant un petit moment entre leurs paumes fermées, leurs lèvres remuant en silence, les paupières légèrement closes. Puis, elles déposèrent leurs présents.

Mon jardin, paisible et reposant comme sont les jardins, est devenu une pépinière d'activistes, et parfois même une unité de triage. Vouloir tout sauver est dans ma nature, même si mon époux ne comprend pas pourquoi nous ne pouvons pas manger tout ce que nous faisons pousser.

– Mais pourquoi gardons-nous ces tomates ? demande-t-il.

Après de nombreuses difficultés – incluant de nombreux déménagements puis, après notre installation, les insectes, les maladies, la sécheresse et les inondations – j'ai fini par réaliser que je ne pouvais jouer qu'un tout petit rôle dans la grande tragédie du Théâtre Mondial. Je ne peux sauver qu'un très petit nombre de choses. Ma vie est courte et le temps est précieux.

Mon jardin n'est pas classique. Des pastèques *Moon and Stars*, du gombo *Five Creek Cowhorn,* des cowpea *Running Conch*, du radis noir, du chou rave *Green Glaze* y poussent. Mon jardin contient des plantes à toutes les étapes de croissance, certaines prêtes à germer, d'autres déjà en graines. Dans la grange plusieurs sacs remplis de têtes de fleurs en graines sont accrochés, rendant les souris folles de désespoir : panais *Hollow Crown,* roses trémières *Outhouse*, betteraves *Long Keeper*. La cuisine empeste l'odeur des semences qui fermentent dans leur jus et attendent d'être séchées. Les semences prolifèrent dans le congélateur, dans mon bureau, dans ma banque de semences, dans l'abri de jardin – en bocaux, dans des enveloppes, des boîtes à café, des bouteilles de sirop, des paquets de semence recyclés. Notre maison ressemble à une étrange clinique de fertilité, dédiée à la reproduction, où j'oeuvre, telle une déesse de la fertilité, à la protection de ce que l'industrialisation a tenté de s'approprier et ce faisant a rendu rare.

Ce que nous déposons sur la table est parfois si beau et si riche d'histoires. Un plat préparé avec des gombos *Hill Country Red* et un autre avec des gombos *Long County Longhorn*. On fait parfois mariner les pickles dans un bon vieil aneth *Marketmore*, parfois dans du *Lemon*. Les haricots verts cuits à la vapeur sont des *Dragon Tongue* ou des *Pencil Pod Yellow* ou des *Black Valentine*. Des blettes *Five Color Silverbeet* sont sautées avec des oignons. Les laitues sont de la *Rouge d'Hiver* et de la *Freckles* et la salade est agrémentée d'une julienne de chou rave *Purple Vienna* ou de blettes *Chioggia* aux formidables anneaux concentriques. La soupe de courge *Coconut* se cuisinait avant avec une *Gold-striped Cushaw*.

Au marché fermier nous disposons les semences sur l'avant de notre étal. Nous sommes début avril, le moment de mettre nos jardins en route ici dans le sud, bien que le climat ait changé et que les températures soient déjà trop élevées pour la normale. Raven a construit un présentoir à graines de la taille d'une vieille caisse à bouteilles de Coca en bois, divisé en quinze compartiments. Dedans, j'ai fourré mes enveloppes en papier kraft grandes comme la main étiquetées avec mon adresse. Chaque étiquette est décorée d'une fleur ou d'un signe de paix. Dans chaque enveloppe se trouve une surprise et là il ne s'agit pas de semences.

Une de mes surprises c'est de faire découvrir aux gens l'épinard Malabar[145]. Ce n'est pas de l'épinard mais ça y ressemble et cette plante grimpante pousse bien dans nos étés du Sud. Il contient à peu près autant de mucilage que le gombo, mais sa texture gluante disparaît à la cuisson. Les feuilles ont le goût d'épinard et se cuisent de la même façon. Chaque paquet contient une cuillerée à thé de graines.

Un autre lot contient des graines de chia, un autre des haricots *Jack*. Les *Belles de Nuit* prennent un grand espace près des *Queues-de-Lion*, quant aux liserons de *Grandpa Ott*, ils se trouvent à côté des têtes d'ail.

Le marché est en effervescence et notre étal de Terre Rouge est coincé entre celui d'un producteur de fraises et celui de l'université de Géorgie où les étudiants infirmiers prennent la tension des passants. La mienne est de 102/66.

– Parfait, me dit la jeune femme.

Pourquoi ma tension ne devrait-elle pas être parfaite ? Je vis à la ferme, je fais pousser des semences, je participe à mon économie locale, je suis entourée d'amis. En face de moi, Arianne et Elliot, de jeunes fermiers de la Ferme des Espoirs Croissants, proposent leurs œufs et leur volaille élevée en liberté. Je suis assise derrière une table couverte de notre production de chou kale et de blettes, les premières de la saison. J'ai rempli des sachets de semences contenues dans les bocaux de mon panier. Devant moi, une femme frêle comme un oiseau tient des paquets de semences.

– Est-ce que celles-là vont pousser dans un jardin en carré ?, me demande-t-elle. Elle me montre un paquet de cosmos *Bright Light*.

Je visualise un carré de terre. Les cosmos s'élèvent à un mètre trente, luxuriantes, indisciplinées.

– Elles sont un peu difficiles à contrôler, lui dis-je.

– Ça ne me gêne pas si elles deviennent grosses, répond-elle.

– Peut-être qu'il vaudrait mieux ne planter qu'une graine au milieu d'un carré.

Je me penche sur mon panier pour y prendre un bocal à moitié plein de semences.

– Voici des semences de cosmos, je lui dis.

J'ouvre le bocal et verse dans la paume de ma main quelques unes de ces graines effilées, à l'extrémité pointue, piquante.

– La semence c'est cette petite navette noire. Le reste c'est l'enveloppe. Je n'ai pas la machine pour séparer l'une de l'autre. Maintenant vous savez quelle partie planter.

Le deuxième paquet qu'elle avait choisi était du chénopode blanc, une plante sauvage comestible cultivée par de nombreuses personnes, dont un seul plant

---

[145]*Basella alba.* (NdT)

couvrirait tout un carré. Ça pousse encore plus abondamment que les cosmos et ça produit des feuilles au goût d'épinard. Mais contrairement aux épinards, le chénopode aime énormément la chaleur que nous avons ici en grande quantité. La femme me remercie et me tend deux dollars.

Un octogénaire fort aimable s'intéresse aux cowpeas. Il aimerait des *Purple Hull Pinkeye.*

– J'en ai mais ils sont abîmés par les charançons et je ne peux pas les vendre. Par contre je veux bien vous en donner si vous triez les bons des mauvais.

J'en remplis une enveloppe de papier kraft, y glisse une surprise et j'écris le nom sur le paquet. Je donne également au monsieur deux autres sortes de *cowpeas* invendus de l'année précédente. Je les avais gardés au frigidaire, ils devraient être encore viables.

Une femme en jodhpur et bottes de cavalier s'arrête et me demande si « semences anciennes » signifie la même chose que « semences traditionnelles ».

– Oui, c'est la même chose.

Je lui parle des semences anciennes. Elle repart avec un paquet de panais *Hollow Crown* et un autre de coriandre.

Un jeune couple me dit qu'ils sont en train de faire leur premier potager.

– Nous l'avons mis en route hier, dit l'homme, de petite taille, les cheveux bruns tondus.

– On voudrait acheter des semences, dit la jeune femme aux cheveux teints en rouge néon.

– Mais on a déjà planté sur tout notre espace.

A la place, ils achètent un des gâteaux de Raven et un pot de confiture de fraises bio.

– Gardez votre jardin bien humide, surtout jusqu'au moment de la germination des semences. Le goutte à goutte c'est mieux que l'arrosage.

Toute la matinée, pendant le marché, ma conversation consiste en des phrases comme « Faites-le pousser sur une barrière » ou « Plantez-les à un centimètre de profondeur » ou encore « Oui, ce serait très bon en feuilletés ». Bien sûr, les mécréants passent devant les semences sans s'arrêter, mais beaucoup de gens s'arrêtent. De plus en plus de gens s'arrêtent. Ils veulent en savoir le plus possible sur les semences et le potager. Quand la matinée s'achève et que les comptes sont faits, il y a une chose dont je suis sûre : les semences recommencent à circuler.

27.

La chambre forte

En 2008, la Norvège a achevé la construction d'une étrange structure baptisée « Doomsday Vault » par la presse, soit la chambre forte de l'Apocalypse. Les Norvégiens ont creusé un tunnel dans une montagne de grès du pergélisol sur une île à quelques 1200 kilomètres du pôle nord puis l'ont tapissée d'un mètre d'épaisseur de béton armé. Ils ont en quelque sorte construit une structure censée durer pour toujours. Ils l'ont construite pour qu'elle résiste à n'importe quoi.

Pourquoi la Norvège et ses partenaires internationaux ont-ils construit un tel lieu ?[146] Pour répondre à cette question il faut imaginer les *scenari* qui pourraient accélérer la nécessité de renflouer les denrées alimentaires à l'échelle du globe. Imaginez que le génie génétique s'emballe. Imaginez qu'une comète se fracasse sur la terre. Imaginez que le changement climatique transforme totalement l'agriculture telle que nous la pratiquons aujourd'hui. Imaginez que le niveau de la mer monte.

Le Global Seed Vault, ou banque mondiale de semences, a également été construit pour résister au changement climatique. Le tunnel est positionné en hauteur dans le flanc de la montagne, à 131 m au-dessus du niveau de la mer, soit 40 m plus haut que la montée du niveau de la mer estimée dans le pire des *scenari*, c'est-à-dire même en cas de fonte des glaces polaires. En cas de tsunami, l'eau ne pourra pas l'atteindre. A l'intérieur de cette montagne reculée et invincible, les Norvégiens empilent les semences du monde entier, quatre millions de sortes différentes. Ici, à Svalbard, dans le Vault, la température est toujours glaciale, autour de -5°C. Des unités de réfrigération assurent une température plus basse encore, à peu près -20°C. A cette température, les semences rangées dans des boîtes d'aluminium imperméables et hermétiques peuvent dormir entre cinquante et deux mille ans selon la variété.

---

[146]Cette banque, qui se veut la banque de toutes les banques de semences locales, a été largement financée par plusieurs gouvernements et fonds privés dont la fondation Rockfeller, la fondation du semencier Syngenta et la fondation Bill et Melinda Gates pour une part importante. Cette dernière participe à la mise en place de l'*Alliance for a Green Revolution in Africa* (Agra) visant à introduire l'agro-chimie et les OGM en Afrique. Dans ce but « La fondation Gates s'est, par ailleurs, assuré les bonnes grâces des ministres des Finances des États-Unis, du Canada, de l'Espagne et de la Corée du Sud, lesquels ont mis sur la table 880 millions de dollars pour un "Programme mondial d'agriculture et de sécurité alimentaire" (*Global agriculture and food security program*). » (article d'Yves Paccalet du 05/12/2010, sur son blog). Rob Horsch, ancien vice-président de Monsanto pour le Développement International, étant actuellement directeur du programme de développement agricole de la fondation Gates qui a investi à hauteur de 23 millions US$ pour 500 000 actions du groupe Monsanto en 2010, il n'est pas interdit de penser que, sous couvert d'action humanitaire, la fondation du n°1 de l'informatique ouvre des marchés africains au n°1 des semenciers. (source: http://www.organicconsumers.org/articles/article_3167.cfm).

Peu importe ce qu'il adviendra demain – que ce soit un désastre naturel ou des troubles civils, une guerre, un accident industriel, une bombe atomique ou bien même un bricolage génétique qui aura mal tourné – les Norvégiens espèrent que leur arche sera impénétrable.

– Les semences ne sont pas seulement des semences, ce sont les éléments fondamentaux de la civilisation humaine, a dit Jens Strotenberg, Premier ministre norvégien, en parlant de la chambre forte et se fendant ainsi d'une allusion à la préservation des semences.

La chambre forte de l'Apocalypse est une banque de gènes, ce qui, comme l'a fait remarquer Cary Fowler (à l'époque membre du conseil d'administration du Seed Savers Exchange et directeur executif du Glob Crop Diversity Trust, organisation qui a fait beaucoup pour la promotion de cette chambre forte), est une appellation bien pompeuse pour un congélateur.[147] Face à une diminution de la diversité des variétés agricoles et de leur parenté sauvage, les banques génétiques sont en quelque sorte les abris anti-atomiques de l'agriculture.

Mais l'idée d'une chambre forte glacée en Scandinavie a fait glousser un jeune fermier lorsqu'il a lu un article sur le sujet.

Daniel Botkin est le co-fondateur d'une activité familiale de 12 000 mètres carrés appelée la Ferme du Chien qui Rigole à Gill dans le Massachussets. Dans un article de son blog il a qualifié la chambre-forte de « sexy » :

– La plus grande tâche, avait-il écrit de façon fort éloquente, est de décentraliser totalement les semences, la production et la sécurité alimentaire dans la relation de la société à l'agriculture.

Les banquiers génétiques veulent, tout autant que les gardiens de semences locaux, que les semences continuent à vivre. Les semences, cependant, ne peuvent être conservées pour toujours comme des piles de lingots d'or. Les semences doivent être conservées *in situ*, dans les fermes et les jardins. Sinon, elles meurent. Une chambre forte à toute épreuve dans le cercle arctique, contenant une copie d'une multitude de semences pourrait nous permettre de survivre à une catastrophe, mais elle n'est pas fiable pour une conservation génétique sur le long terme. Les scientifiques estiment que la moitié des semences contenues dans les 1400 banques génétiques du globe ont désespérément besoin d'être cultivées.

Un jardin est une banque génétique vivante.

Les banquiers génétiques ont tendance à se méfier des jardins. Quand les semences poussent elles risquent de s'exposer à des pressions environnementales, une saison plus froide ou plus chaude ou plus humide ou plus sèche, ce qui obligerait la plante à s'adapter. Les plantes qui poussent risquent une pollinisation croisée. Et, bien sûr, il peut y avoir un désastre, une tornade par

---

[147]La chambre forte est gérée par le gouvernement norvégien, l'organisation internationale Global Crop Diversity Trust et une coopération des états scandinaves (Norvège, Suède, Finlande, Danemark, Islande). Le Global Crop Diversity Trust est financée par différents états et fonds privés dont les fondations citées ci-dessus plus celle de DuPont/Pioneer Hi-Bred, autre grand semencier.

exemple, et toutes les semences seraient perdues.

Les banques génétiques s'intéressent surtout à la conservation du matériel génétique. Comme l'a expliqué Gary Nabhan dans une interview réalisée en 2005 par Arty Mangan de Bioneers :

– Les banques de gènes sont des projets de conservation génétique.

Les banques génétiques ne font rien pour disséminer les ressources qui, comme le dit Nabhan, ont été de tous temps partagées dans des systèmes économiques basés sur la réciprocité. Les sociétés traditionnelles s'échangeaient les graines pour que les variétés continuent à prospérer. Pour la nation Cherokee, par exemple, Novembre était le mois de la Lune des Échanges (*nu da de qua*), un temps de troc entre tribus, ce qui laisse imaginer que les Cherokee, comprenant l'importance des échanges afin d'accroître et d'améliorer les ressources génétiques, troquaient leurs graines au cours de la Lune des Échanges.

Les jardiniers, et tout spécialement les gardiens de semences, préservent les noms, les histoires, l'héritage, les lieux, la cuisine. Leur but est de conserver la notion de « culture » implicitement contenue dans « l'agriculture », plutôt que de l'en dépouiller pour ne la réduire qu'à un simple germoplasme. Les jardiniers veulent régénérer les semences aussi souvent que possible, parce que les semences font notre nourriture et que les jardiniers accueillent volontiers les adaptations.

L'école de la banque génétique sécuritaire plaît à ceux qui pensent que nous serons plus en sécurité avec une plus grosse armée, plus de verrous à nos portes et un fusil sous l'oreiller. L'école de pensée de Nabhan, à l'inverse, pense que nous sommes plus en sécurité au grand air, interagissant ensemble, tentant de comprendre ce monde et de nous comprendre les uns les autres.

Au niveau national, l'USDA maintient les banques génétiques comme partie intégrante d'un programme baptisé Organisme National de Germoplasme Végétal (ONGV)[148], qui a pour mission d'acquérir, préserver, évaluer, documenter et distribuer le germoplasme cultivable. Toutefois, comme il l'admet ouvertement, cet organisme est un réseau d'entités fédérales, étatiques et *privées* : « Les industries privées soutiennent plus particulièrement certains projets » est-il écrit sur le site Internet. En lisant très attentivement la déclaration de mission on voit que les petits fermiers ne sont pas cités. L'ONGV développe de « nouvelles connaissances et de nouvelles technologies », ce qui signifie qu'ils considèrent que les technologies simples, traditionnelles, locales et avérées ne sont pas suffisantes. L'ONGV croit en une « économie compétitive de l'alimentation. » L'ONGV ne se soucie guère des cultivateurs à trois sous comme moi. Il collabore avec des entreprises semencières et des scientifiques universitaires qui ont besoin de stocks de semences pour sélectionner leurs variétés.

---

[148]*National Plant Germplasm System (NPGS).*

Récemment, une banque locale de semences m'a permis de récupérer une variété perdue à laquelle je tiens beaucoup. Vous souvenez vous du haricot *Jack* – ce haricot de deux centimètres et demi qui ressemble à un œil sous stéroïdes – que ma grand-mère m'avait donné quand j'étais petite fille ? Impossible de le retrouver. John Swenson m'a dit que le haricot était conservé dans l'unité de conservation des ressources phytogénétiques du Sud à Griffin en Géorgie. « J'aimerais avoir quelques spécimens du *Canavalia ensiformis*, communément appelé haricot *Jack* » leur ai-je écrit. « J'ai vu que vous aviez cette variété dans votre liste taxinomique. Comment puis-je faire pour l'obtenir ? » Brad Morris a répondu qu'il lui faudrait savoir quel type de recherche j'étais en train d'effectuer et quel était le nom de ma société.

Ma ruse était prête :

« J'aimerais faire des recherches sur les possibilités d'utiliser le haricot comme mulch, ou bien comme mulch vivant, ou bien en fragmentant la plante dans un système agricole sans labour. Peut-être le haricot pourrait-il être fauché une fois à maturité, afin qu'il fixe le nitrogène et devienne lui même le mulch qui reste dans le sol.

Je veux l'expérimenter sur une surface de jardinage biologique plus importante, comme mille mètres carrés, pour tenter de déterminer sa valeur dans le Sud comme couvre-sol autant pour les nutriments que pour sa capacité de rétention d'eau. Étant donné que ce haricot est natif de l'Inde, je suis intéressée par son potentiel dans la partie sud des États-Unis. Nous constatons des changements climatiques très importants dus au réchauffement et à l'instabilité climatique, et nous sommes à la recherche de possibilités pour l'avenir.

Je ne suis intéressée que par la forme à haricot blanc du *Canavalia ensiformis,* aussi appelé *Overlook*, haricot cheval et parfois haricot épée. J'expérimenterai en mangeant les jeunes cosses de la plante, étant donné que les plantes mûres mangées en grandes quantités sont réputées toxiques. Je veux également voir comment les animaux de la ferme réagissent à leur consommation. »

Mais je n'ai rien écrit de tout ça. Ai-je jamais eu l'intention d'expérimenter quoi que ce soit sur nos chèvres ? Ou sur ma famille ? A la place, j'ai écrit cette simple demande. « Je suis écrivain de nature et je travaille à un projet sur les semences anciennes. Le haricot *Jack* a été le premier haricot que ma grand-mère m'a donné quand j'étais enfant. J'aimerais les faire pousser à nouveau et on m'a donné votre contact car il semble que vous en avez. Dois-je préciser un objet d'étude ou bien suffit-il que je sois écrivain et que j'aie envie de faire pousser ces haricots de nouveau ? »

Quand les haricots sont arrivés, une petite carte précisait que ces spécimens venaient du Costa Rica.

J'ai fait pousser les haricots *Jack* chaque année depuis ce jour. Leur histoire a de l'importance dans mon histoire. Cela m'aide à me définir. J'exulte à l'idée qu'une banque génétique les ait conservés vivants pendant mes propres tempêtes climatiques, quand le niveau de l'océan est monté dans ma vie, et je suis heureuse qu'ils me soient revenus lorsque j'étais prête à m'en occuper de nouveau.

28.

La résistance s'organise

Nous, êtres de la terre, nous trouvons à la croisée des chemins, avec nos grandes ambitions, repoussant toujours les limites de notre environnement. Et ces limites sont si proches que le fermier Gene Logsdon nous prédit qu'à l'avenir nos lieux de villégiature favoris seront les jardinets de nos maisons. Le moment est donc idéal pour devenir partie prenante de ce magnifique mouvement de conscience qui considère comme essentielle la préservation de toutes les formes de production alimentaire.

Chaque jour je reçois de nouvelles informations d'actions de résistance : pas seulement de ces révolutionnaires silencieux que sont les milliers et milliers de jardiniers, mais de la part d'activistes. Déjà, les banques de semences locales jaillissent dans tout le pays comme dans le monde entier. La plupart de ces banques fonctionnent avec des membres qui font pousser une plante, préservent les semences et renflouent la banque avec.

Charlotte Hagood et son amie Dove Stackhouse ont démarré la banque de semences de Sand Mountain dans l'Alabama. Leur banque est une collection de semences qui sont originaires ou naturalisées dans cette région du Sand Mountain située au nord-est de l'état, à la pointe nord-ouest de la Géorgie. Par exemple, la tomate *Bonnie's Best* arrive de Union Springs, Alabama. La banque de semences de Sand Mountain, comme la plupart des autres banques, n'est pas seulement un lieu de dépôt et de préservation des semences de jardiniers vieillissants : c'est un lieu de ressource où les jardiniers peuvent trouver des spécimens de variétés légendaires, bio-régionales, à pollinisation ouverte. La carte de membre ne coûte pas cher, dix dollars par an, parce que le fonctionnement est local. C'est un travail d'amour.

Récemment Charlotte Hagood me parlait de l'Alabama en riant :

– Nous sommes tellement en retard, mais quand tout va s'écrouler, nous serons en avance. Une certaine culture perdure toujours ici.

Elle s'est efforcée de retrouver ce qui reste de cette culture culinaire et de la maintenir en vie aussi longtemps que possible. L'espoir de Charlotte et Dove, qui organisent des stages pour enseigner comment préserver les semences, est que les haricots grimpants *White Half* et les patates douces *Choctaw* retrouvent le chemin de l'assiette des habitants de l'Alabama et que ces derniers se sentent de nouveau fiers de leur héritage gastronomique. Une banque de semences crée un endroit « où l'héritage de nos ancêtres peut réellement continuer à vivre » dit Charlotte.

Sur une plus grande échelle, la Carolina Farm Stewardship Association a commencé un projet appelé Une Graine à la Fois, une banque de semences biologiques consacrée à la biodiversité des régions du Sud-Est des États-Unis. Le Southern Seed Legacy dont les locaux se situent actuellement à l'université du North Texas à Denton, fait office de banque de semences pour toute la région. Le Southern Seed

Legacy est le fils spirituel de deux professeurs de l'université de Georgie, l'anthropologiste Virginia Nazarea et feu son époux Robert Rhoades. Cette organisation est, elle aussi, dirigée par ses membres : un tiers des semences récoltées par les membres est apporté à la banque et un autre tiers est donné à quelqu'un d'autre.

Pendant des années le Southern Seed Legacy a été géré depuis l'université de Géorgie par ses étudiants diplômés. Chaque année, ils organisaient un troc de semences. Un samedi d'automne, Raven et moi sommes allés à l'un de ces trocs sous une pluie battante. Nous allions au nord, à presque quatre heures de route jusqu'à Athens et nous continuions à espérer que la pluie s'arrêterait avant Crawford, en Géorgie où se tenait le troc, sur la ferme Nazarea-Rhodes, appelée aussi Agrarian Connections. Là, avant sa mort, Robert Rhoades avait collecté d'anciens bâtiments de ferme qui se trouvent encore à différents stades de restauration.

Mais il pleuvait toujours et sous ce déluge le troc de semences était fichu. Plusieurs personnes avaient tout de même installé des auvents colorés et détrempés et ont proposé quelques poignées de graines à échanger ou à vendre. J'ai fait le tour une première fois, abritée sous mon parapluie. Puis j'ai refait le tour. J'ai examiné la collection du Southern Seed Legacy et j'ai regardé un vieux couple arriver dans un petit camion branlant et déposer sur l'étal de l'ail germé. J'ai acheté six plants de tomates cerises et nous sommes retournés dans notre voiture pour refaire les quatre heures de voyage retour.

Sur plusieurs points, toutefois, ce troc de graines était un immense succès. Près d'une centaine de personnes, la plupart des jeunes, sont venus voir ce qui se passait là. Malgré le mauvais temps, les plus fervents avaient préparé un barbecue pour le déjeuner. Un groupe appelé le Roughbark Candyroaster Band était prévu. Tous les gens présents étaient des enthousiastes de la préservation génétique. Ils avaient bravé les pluies hivernales pour être présents ce jour-là.

Dans tout le pays, état après état, bio-région après bio-région, la même chose est en train de se passer. Les gens se lèvent pour conserver leurs semences.

Dans certains endroits du pays, les banques de semences deviennent des grainothèques. Les groupes de gardiens de semences locaux déposent des paquets de semences sur des présentoirs ou dans des tiroirs à classement des bibliothèques publiques. Les usagers de la grainothèque ont la permission d'« emprunter » les semences, de la même manière qu'ils feraient l'emprunt d'un livre, d'un DVD ou d'un magazine. Le temps imparti pour l'emprunt est celui d'une saison cultivable, à la fin de la saison, l'emprunteur « restitue » la semence à la grainothèque.[149]

Dans certains cas il existe des grainothèques annexes dans des fermes et dans des centres communautaires. Les volontaires remplissent les étagères à semences et collectent de l'argent pour acheter de nouvelles variétés. Ils proposent des pistes pour ceux qui voudraient créer de nouvelles bibliothèques de semences et bien entendu ils organisent des stages de formation à la conservation des semences et font des travaux à la ferme.

---

[149]Une carte des grainothèques en France est disponible sur le site de Graines de Troc.

Certains d'entre eux font partie du mouvement des villes en transition[150] et certains ont bien compris que les systèmes sur lesquels sont fondés notre économie sont en train de s'effondrer. Certains font des réserves, d'autres tentent d'identifier quelles sont les variétés particulièrement bien adaptées à leur localité.

A San Francisco, on trouve la grainothèque de la Bay Area[151]. Un autre exemple de grainothèque très impressionnante et très bien organisée est celle de Richmond, en Virginie[152]. Pour n'en citer que deux.

Quand les scientifiques de l'université d'état du Nouveau Mexique ont annoncé leur projet de modifier génétiquement le piment chili afin d'augmenter les rendements de la production industrielle, les étudiants ont créé un groupe appelé Occupy Green/Red Chile. Les étudiants sont intelligents et savent s'exprimer. Ils sont déterminés. Ils organisent des pétitions et des marches de protestations.

– Tout le monde se sent concerné, parce qu'au Nouveau Mexique le chili n'est pas seulement un aliment, c'est notre culture. Si l'on veut assurer la protection des fermiers sur le long terme et la protection des consommateurs à un niveau culturel, il ne faut laisser aucune place aux semences génétiquement modifiées, avait dit l'étudiante Jessica Farrell à un reporter en 2011.

Depuis mars 2011, les habitants de cinq petites villes du Maine[153] ont voté la déclaration de « Souveraineté alimentaire » dans leurs villages en passant « Les décrets d'auto-gestion de la communauté et de l'alimentation locale ». Les réglementations d'état sont en faveur de l'agriculture industrielle et elles ont de ce fait interdit la vente de certains aliments, comme le lait frais ou la viande provenant d'animaux abattus localement. Un décret propose que : « Les citoyens de Sedgwick ont le droit de produire, transformer, vendre, acheter et consommer les produits locaux de leur choix. »

– Quand ma ville a voté l'adoption de ce décret, j'ai pleuré de joie, a confié Mia Strong à un reporter. Je suis vraiment fière de ma communauté. Ils se mobilisent pour notre alimentation locale et nos droits fondamentaux de citoyens pour choisir notre alimentation.

La résistance prend moult formes et la résistance grandit. Il y a maintenant longtemps, en 1996, des activistes de Greenpeace ont aspergé de la peinture à base de lait sur les champs de soja près d'Atlantic, dans l'Iowa, où se faisaient des expérimentations de Monsanto.

Hors des États-Unis, dans de nombreux endroits dont l'Europe, l'étiquetage est requis. Si les aliments GM sont étiquetés, on saura si les gens qui en ont consommé sont tombés malades. Des états comme la Californie et le Vermont s'activent pour faire passer ces lois obligeant l'étiquetage. Dans cette attente, des activistes créent des labels et les apposent illégalement sur les aliments GM.

En 2006, le Prince Charles à mis sur pied la Bhumi Vardaan Foundation, un

---

[150]La première ville a amorcer sa transition vers l'ère post-pétrole en s'inspirant des écrits de Rob Hopkins fut Totnes en Angleterre, en 2006. Depuis, près de 500 villes s'inscrivent dans ce mouvement.

[151]*Bay Area Seed Interchange Library (BASIL).*

[152]*Richmond Grows Seed Lending Library.*

[153]Sedgwick, Blue Hill, Penobscot, Trenton et Hope.

organisme caritatif qui travaille à mettre fin au suicide des fermiers en Inde. Dans la province du Chiapas, au Mexique, les Mères-Semences en Résistance protègent le maïs indigène de la contamination par les semences GM. La fondation Clif Bar Family a aloué 375 000 US$[154] de bourses à trois doctorants pour mener des recherches sur la reproduction végétale biologique.

Pendant la nuit, les guérilleros-jardiniers transforment en jardins des quartiers abandonnés de villes. D'autres font des bombes à graines : de petites boulettes de semences de fleurs sauvages prises dans la glaise et le compost qu'ils jettent sur les bas-côtés des autoroutes, dans les recoins urbains, sur les trottoirs et les terrains vagues pour embellir le paysage.[155]

Des millions de personnes sont entièrement d'accord avec la notion soutenue par Patricia Klindienst que « nous mangeons chaque jour notre histoire et notre système politique », et ces personnes là ont fait le choix de se nourrir d'aliments biologiques, locaux et durables.

La liste s'allonge de jour en jour. Tout cela se passe lorsque nous prenons en main la responsabilité de notre production alimentaire.

L'extinction n'est pas un événement mais un processus. L'extinction n'arrive pas lorsque le dernier germe de certaines semences perd sa vitalité. Non, l'extinction arrive quand une espèce ne peut plus évoluer, qu'elle se trouve dans ce qui s'appelle un goulot génétique. La perte de ressources génétiques, ou érosion génétique, appauvrit et menace la civilisation humaine. Nous sommes en train de perdre les plantes dont nous avons toujours été dépendants, celles qui ont permis de construire les civilisations telles que nous les connaissons. Nos réserves alimentaires sont en crise et pour se protéger de la catastrophe, quelle soit rapide ou à retardement, il nous faut une bonne police d'assurance. Il nous faut un compte en banque. Il nous faut une carte de membre de la bibliothèque. Et il faut agir vite.

---

[154]412 000$CAN ou 270 000€.

[155]On parle de végétalisation urbaine. A Los Angeles, Ron Finley est un chantre de cette mouvance. Au Québec, l'université de Laval et celle de Québec à Montréal sont très impliquées dans le mouvement d'agriculture urbaine. Le livre *Génération végétale*, Les Arènes, 2014, recense nombre d'actions en France.

29.

Quand le public paie, le privé s'enrichit

La plupart des sélections des variétés modernes sont pratiquées dans des sites expérimentaux financés par le gouvernement comme celui où Randy Gardner a travaillé pendant plus de trente ans. Le nom du bonhomme m'a bien fait rire. J'ai connu jadis un ichtyologiste appelé Bass, et un chef cuisinier nommé Baker[156]. Je me suis demandée si leur nom ne les avait pas quelque peu influencés ou si ce n'était qu'un hasard. Quand je suis allée voir Gardner, il venait tout juste de prendre sa retraite de sélectionneur de tomates à la Mountain Horticultural Crops Research Station, à quinze kilomètres au sud d'Asheville, en Caroline du Nord, un immense conglomérat de serres, de bureaux et de champs. Cela ne pose aucun problème à Gardner de me rencontrer sur le site d'expérimentation en cette fin d'après-midi de dimanche. Il continue à aller travailler comme s'il n'avait pas pris sa retraite.

– Je n'ai jamais eu d'aspiration à faire quoique ce soit d'important dans ma vie, me dit-il. Ayant grandi dans une petite ferme de Virginie, j'avais pensé travailler dans l'agriculture.

C'est ainsi qu'il s'était retrouvé à l'université de Cornell à étudier la pomologie, ou culture des fruits et après son diplôme, en 1976, Gardner avait trouvé un travail en Caroline du Nord à quatre heures de chez lui. Au milieu des années cinquante, les fermiers de l'état de Caroline avaient souffert d'un déclin du tabac Burley qui était une de leurs cultures phares et ils en cherchaient une nouvelle pour la remplacer. Les fermiers de la région essayèrent la production de tomates mûries sur pied, pour se distinguer des tomates récoltées encore vertes. Les efforts des sélectionneurs pour des variétés adaptées à la récolte de tomates immatures étaient concentrés sur la Floride et la Californie. La Caroline du Nord avait, elle, besoin de variétés spécialement adaptées à son climat, c'est-à-dire à des journées avec des températures allant jusqu'à 29,5°C et des nuits entre 10 et 15,5 °C.

Six ans après son arrivé à Asheville, en 1982, Gardner avait conçu sa première tomate hybride F1, une variété qu'il nomma, avec le même soin qu'il aurait pris pour choisir le nom de son enfant, Mountain Pride, La Fierté des Montagnes.

– Je me mets en tête ce que je veux pour cet hybride et je crée alors les lignées parentales que je croise ensuite ensemble. Le premier fruit résistant au mildiou a été développé en 1950. J'ai repris des variétés de Floride et de Californie résistantes au mildiou et j'ai commencé par là.

La culture se faisait dans de grandes serres stériles et des champs immaculés de la vallée de la French Broad River.

– La tomate *Mountain Pride*, me dit Gardner, était librement proposée à toute compagnie semencière désirant en produire les semences.

---

[156]L'ichtyologiste étudie les poissons. *Gardner* jardinier, *bass* perche, *baker* boulanger – le jeu de mots est intraduisible en français. (NdT)

C'est la Castle Seed Company qui l'a choisie. Cette variété est aujourd'hui toujours produite en quantités limitées.

Après la *Mountain Pride,* les fonds destinés à des programmes de sélection variétale à usage pratique ont été tailladés et les programmes de recherche publique ont dû se débrouiller pour trouver des financements.

– Les chercheurs comme nous reçoivent peu d'aides financières, dit Gardner, il n'y a donc plus de création d'hybrides pour le bien commun. Nos hybrides vont exclusivement aux entreprises, avec des royalties de 10%.

La parenté exacte d'un hybride est généralement un secret de fabrication. Créer une nouvelle variété de plante devient alors un peu comme écrire un livre dont l'auteur reçoit ses droits. Mais qu'est-ce que tout cela implique pour le futur de notre alimentation ? Je dirai que cela révèle que les institutions publiques devraient vraiment pouvoir développer des variétés nouvelles en pensant à ceux qui les font pousser et à ceux qui vont les consommer, et non aux grosses entreprises.

Je n'arrivais pas à comprendre comment une variété développée dans un site de recherche financée par des fonds publics et grâce au travail de sélectionneurs payés par l'Etat, pouvait ensuite être vendue à une société privée ?

Ce qui est payé par le public dans des universités publiques est donc ensuite breveté et vendu pour en tirer profit. Qu'est-ce que cela implique quant à l'état de notre démocratie et l'intégrité de la recherche scientifique ?

Nous savons ce que cela implique.

Au cours de sa carrière Gardner a développé vingt variétés principales. « Ce qui fait beaucoup de lignées de reproduction » dit-il. Les deux cultigènes les plus populaires sont *Mountain Fresh,* pour la saison principale, et *Mountain Spring*, pour les précoces. En 2003, Gardner a remis à la Harris Moran Seed Company, la tomate en grappes *Smarty* qui est aussitôt devenue très populaire. Il a développé la *Sun Leaper,* qui fructifie même sous de hautes températures, nommée ainsi en hommage à feu Paul W. Leeper, un sélectionneur végétal du Texas. Gardner a également créé une série de tomates cerises, dont la *Plum Dandy,* la *Plum Regal* et la *Plum Crimsom.*

Bien qu'à la retraite, Gardner continue à sélectionner et c'est la raison pour laquelle il préfère venir au travail plutôt qu'aller à la pêche. Son nouveau projet est une tomate qui possède les qualités d'une tomate ancienne, plus nutritive et d'une saveur plus prononcée, mais aussi résistante aux mildious précoces et tardifs.

– Cela permettra à ces tomates de rester plus longtemps en magasin, ce qui permettra de les vendre à une échelle plus grande que l'épicerie locale ou la production familiale.

Il m'accompagne à travers une des serres pour me montrer son travail.

La serre est vaste et contient des plants de tomates en pots, toutes ont près d'un mois. Chaque plante est étiquetée. C'est un autre code et je ne le comprends pas : X 056x 66 et 0 81 12 x 195.

– Je suis curieuse, lui dis-je, de comprendre votre méthode de pollinisation des tomates étant donné qu'elles se pollinisent généralement avant que la fleur ne s'ouvre.

– Nous attrapons la fleur avant qu'elle ne soit mature et qu'elle ne relâche son pollen, m'explique Gardner. Nous utilisons un outil de technologie de pointe pour émasculer la fleur.

Avec un sourire de savant fou il saisit une paire de pince à épiler. Émasculer signifie ici retirer les anthères.

– Puis on sort un autre outil high-tech.

Il sourit à nouveau et attrape une brosse à dents électrique qui se trouvait à portée de main.

– C'est ce qu'on utilise pour saupoudrer le pollen d'une autre plante sur le stigmate.

Nous prenons encore un peu de temps et la nuit est presque tombée lorsque nous sortons dans les champs. Gardner marche le long de rangées de plants couverts de tomates. Il explique que les variétés anciennes sont plus savoureuses parce qu'elles ont plus de feuillage ce qui permet de nourrir le fruit en sucre, et c'est la raison pour laquelle il utilise du germoplasme de variétés anciennes pour développer ses nouveaux hybrides. Plus de sucre cela signifie plus d'hydrates de carbones.

– Ce que nous recherchons c'est un rapport sucre/acidité élevé, dit-il, et beaucoup de matériel volatile pour l'arôme. Nous voulons une tomate avec du goût et du parfum en même temps.

Le parfum accroît la saveur grâce aux flavonoïdes, qui sont des composés phytochimiques qui, chez les plantes, servent de mécanismes de défense et sont reconnus comme très bénéfiques pour la santé humaine.

Je suis Gardner le long des allées. Il cueille une tomate, en coupe une tranche, me la fait goûter, jette le reste sur le sol.

– Quand je crée une nouvelle variété, à ma façon, ce n'est pas dans le but de sélectionner des caractéristiques individuelles dans les plantes, dit-il. Je vois la plante comme un tout, l'ensemble de la plante. Voici qui nous emmène dans l'art de la reproduction. Mais bien sûr, une majeure partie de cet art est basé sur la science.

Pour avoir une autre perspective sur la sélection variétale, je m'arrête voir les jardins expérimentaux de Johnny's Selected Seeds, nommés ainsi en hommage à Johnny Appleseed[157]. Le fondateur, Rob Johnston Jr, est un sélectionneur qui a remporté six récompenses à l'All-American Selections. En 1993, il fut récompensé pour le potiron *Baby Bear Pie*, en 1998 pour les blettes *Bright Lights Swiss* (sensationnelles dans mon jardin) et en 2002 pour le concombre *Diva* (très gratifiant à faire pousser). Depuis il a reçu presque chaque année une reconnaissance de l'All-American Selection pour son travail, et récemment pour les courges *Bonbon Buttercup* et *Sunshine Kabocha*. Il se spécialise sur les cultures maraîchères et les grands potagers familiaux, et la plupart des créations qu'il propose sont des hybrides. Le jour où j'ai visité les jardins de la société, Johnston était dans son champ, occupé avec des plants de tomates. Je n'avais pas pris rendez-vous, mais comme je me trouvais dans le coin j'avais tout simplement décidé d'aller faire un tour, sans prévenir. Ne voulant pas embêter Johnston, j'ai parlé avec une de ses assistantes, une jeune femme à bicyclette. C'était une journée fraîche et nuageuse, un dimanche d'août dans le nord du Maine. L'orage semblait imminent. Dans les jardins expérimentaux se trouvaient deux bâtiments et des ares et des ares de rangées de

---

[157]John Chapman (1774-1845) était un botaniste américain surnommé Johnny Pépin de Pomme pour avoir introduit et planté de nombreux pommiers dans l'Ohio, l'Indiana et l'Illinois. (NdT)

cultures, saines et vigoureuses, verdissant les collines ondulées.[158] Les serres s'alignaient les unes derrière les autres.

Ici, Johnston et ses ouvriers cultivent des variétés commerciales les unes à côté des autres pour les comparer. Ils sélectionnent des spécimens pour en conserver les semences. Ils séparent les populations. Ils font de gros efforts pour croiser les variétés. Parfois, ils pollinisent manuellement. Ils laissent mûrir les semences. Ils sont abattus par une défaite et excités par une nouvelle création prometteuse.

Lorsqu'ils créent une nouvelle variété libre en plus des sept années requises pour la produire, Johnny's Selected Seeds poursuit pendant une huitième année pour stabiliser la nouvelle variété. La neuvième, ils font pousser les plantes qui leur donneront les semences pour leurs réserves et la dixième, ils les confient à leurs producteurs de semences. Alors, seulement, la semence peut être vendue.

– Avez-vous déjà investi beaucoup d'efforts dans un projet avant de vous rendre compte ensuite que c'était inutile ? demandais-je à la jeune femme.

– Pas vraiment, répond-elle. Généralement quelque chose de bien en ressort toujours. Je lui demande si je peux me promener dans les jardins. Elle accepte gentiment et me dit de faire comme chez moi.

Que les humains aient besoin de nouvelles variétés de plantes cultivables est indiscutable. Changements environnementaux et conditions diverses, nos cultures doivent répondre à tous ces bouleversements. Toutefois, une question tourne dans ma tête : comment ces nouvelles variétés doivent-elles être sélectionnés, dans des institutions publiques ou privées ? Normalement j'aurais tendance à soutenir qu'un travail effectué au nom de la civilisation doive être réalisé dans des établissements publics, financé par l'argent de l'Etat, par des scientifiques disposés à travailler pour le bien commun. Mais lorsque nos institutions sont contrôlées par des forces extérieures au gouvernement élu et que le produit de cette recherche est récupéré pour des intérêts corporatistes avant de nous être revendu, soutenir ces institutions me semble difficile.

Normalement, je ne soutiendrais pas le développement de nouveaux produits par l'industrie, étant donné que leur seul intérêt est le profit. Mais dans ce cas il me semble que certaines entreprises privées font un meilleur travail que les institutions publiques. Johnny's Selected Seeds, pour n'en citer qu'une, produit des variétés intéressantes et utiles. Johnny's pratique un capitalisme en minuscules. Les employés de Johnny's possèdent 66% de l'entreprise, et ils auront 100% en 2015.

Qui doit donc s'occuper de nos sélections ? Je n'ai pas la réponse complète, mais j'ai déjà quelques éléments : les personnes qui se soucient en premier lieu de la vie sur terre. Appartiendront-elles au secteur publique ou privé ? Je ne sais pas. Pendant un certain temps, portés par la passion des plantes, des gens vont continuer à se réveiller et à vouloir agir comme on l'a fait pendant des siècles en s'auto-instruisant ou par un apprentissage professionnel. Ils seront tout entiers dévoués au service de la communauté. Certains d'entre eux, comme Johnston ou Tom Stearns mettront sur pieds leur propre compagnie. Centimètre par centimètre, rangée par rangée, ils travailleront en direction d'une vraie agriculture. Ils feront progresser la qualité de

---

[158]Un are est un carré de 10x10m.

notre alimentation, amélioration après amélioration.

Durant mes ateliers d'écriture, je parle souvent de la passion de notre pays pour la célébrité, cette façon dont un petit nombre d'individus, méritants ou non, sont mis sur un piédestal dans notre imaginaire collectif. Je parle des Marilyn Monroe et des Leonardo DiCaprio. Le prix de ce culte de la célébrité se fait aux frais de toute une culture, parce que ce qui fait avancer une civilisation c'est un grand nombre de personnes extra-ordinaires. Un très grand nombre d'« étoiles ». Quand une histoire unique masque l'ensemble des autres histoires, toute la culture en souffre.

Il en est de même dans le travail avec les plantes, à mon avis. Il faut beaucoup de jardiniers, beaucoup de gardiens et de gardiennes de semences, beaucoup de sélectionneurs, dans des jardins petits et grands, travaillant à rendre notre relation aux plantes bénéfique pour tous.

30.

Créez vos propres variétés

La première fois que je me suis perçue comme étant moi-même une sélectionneuse variétale fut le jour de ma visite au quartier général de l'Association des Fermiers et Jardiniers Bio du Maine, en 2008.[159] Je suis parfois invitée par cette association pour parler d'écriture et de l'environnement et j'étais justement à Unity, dans le Maine, le jour où était prévu un débat sur la sélection variétale dans les fermes.

Cette association se déploie sur un vaste espace. Une grande bâtisse en bois sert de bureau et de salle de réunions. On y trouve également des jardins que l'on peut visiter ainsi que toute une ferme où de chanceux apprentis peuvent vivre une année entière. Chaque année, en septembre, l'association organise le Common Ground Fair, une conférence où l'on échange, montre et raconte, avec une fête des récoltes. C'est une vraie foire agricole. Les gens apportent leurs légumes pour les concours. Deux juges considérant qu'une courge n'était pas fidèle à son phénotype (ce à quoi elle devrait ressembler), recommandèrent au jardinier de vérifier ses réserves de semences. Bref, voilà des gens qui connaissent leur boulot.

Près de 30 000 personnes viennent écouter les conférences, visiter les stands, découvrir les projets d'énergie alternative, apprendre comment faire toutes ces choses et, ce qui n'est pas rien, manger de la bonne nourriture. Aucun aliment de « junk food » ne peut être vendu sur les étals. Pas de barres chocolatées à Common Ground.

Ne pas être à la pointe serait difficile pour un groupe de personnes aussi actives et organisées que les fermiers bio du Maine. Et l'année où je m'y trouvais, ils avaient organisé un stage sur la sélection variétale des légumes.

Jim Garristen, de l'Organic Seed Alliance, qui travaille avec des fermiers pour leur permettre de réaliser des semences de haute qualité, prend la parole. « Nous devons être indépendants pour nos ressources de semences », dit-il. « Nous devons sélectionner des variétés adaptées à nos conditions écologiques locales. Ce que nous voulons ce sont des variétés adaptées localement et appropriées aux besoins des fermiers biologiques. »

De nouveau le mot *local*. Locavore, économie locale et maintenant semences localement adaptées. Cela signifie donc que si tu es un gardien de semences tu es également un sélectionneur de semences, et donc un sélectionneur variétal, végétal, car tu fais pousser des semences adaptées à ta localité. Cela me rappelle ce que j'avais un jour entendu dire par un jardinier de l'institut Rodale : « Tout comme la semence s'adapte au sol, le sol s'adapte à la plante. »

Gerristen ne parle que quelques minutes avant de présenter Bill Tracy, un sélectionneur végétal de l'université du Wisconsin.

– L'incroyable diversité de la vie sur terre est directement reliée à la sélection

---

[159]Maine Organic Farmers and Gardeners Association (MOFGA).

naturelle, commence le conférencier. Ce qui donne toutes les variations que nous voyons autour de nous.

Un des axiomes fondamentaux de la nature est qu'elle crée la diversité, et si le cultivateur sélectionne ou crée des semences, il contribue lui aussi à cette diversité. Les gardiens de semences sont des petits dieux. Tracy parle du pouvoir créatif de la sélection et de la manière d'appliquer cette pression sélective.

– C'est très différent de la modification génétique, dit-il.

Pour Tracy la sélection est un processus extrêmement efficace, généralement observable et prévisible. Et c'est précis : sept cycles de sélections peuvent facilement changer une population de façon significative. Pour en faire la démonstration il a pris un épi de maïs à partir duquel il avait créé un maïs fourrager puis il créa un maïs extra-tendre à partir de ce même premier type de maïs.

– Les biochimistes disent que ce n'est pas possible, dit-il. Heureusement, je ne suis pas biochimiste. Toute cette diversité que nous voyons autour de nous est le résultat d'une sélection qui donne des formes inattendues.

La différence entre la manipulation génétique et la pression sélective est la même différence qu'entre obliger un enfant à lire ou bien créer un environnement dans lequel l'enfant aura envie de lire.

C'est la différence entre ajouter un peu de sirop d'érable pour sucrer un gâteau au potiron fait maison ou choisir d'utiliser un mélange tout-prêt pour « gâteau au potiron » acheté au super marché.

C'est la différence entre deux paysans discutant à la lisière de leurs prés ou deux voisins communiquant par textos via satellite. Quand on parle de « pression sélective » il s'agit, pour le sélectionneur, de faciliter une variété à aller vers une forme désirée alors que la manipulation génétique force ce résultat. La sélection est une technologie à échelle humaine et non à échelle industrielle.

Tracy montre des images de travaux réalisés sur un maïs fourrager qu'il développe avec Martin Diffley, un fermier bio des Jardins d'Eagan, dans le Minnesota. Diffley recherche trois caractéristiques particulières : une vigueur précoce, une plus grande compétitivité avec les indésirables et une bonne saveur.

– Le plus grand souci dans la création d'une variété est de parvenir à sélectionner toutes ces différentes caractéristiques, explique Tracy.

Je suis sidérée par le nombre de personnes qui dans ce pays sélectionnent leurs variétés de plantes. On dirait un passe temps national. Nous, habitants de la terre sommes vraiment des amoureux des plantes et ce n'est pas étonnant. Diffley en est un. Franck Morton du Wild Garden seeds dans l'Oregon, qui travaille lui aussi avec Tracy, en est un autre. Il dit des semences qu'elles sont : « la meilleure affaire qu'on puisse trouver dans la nature : une matière nutritionnelle concentrée avec un programme d'auto-organisation et de déploiement énergétique. Et ça ne coûte pas cher. » Il a développé et introduit sur le marché le cresson *Wrinkled Crinkled Crumpled* en croisant les cressons frisés[160] et le cresson *Persian* et en faisant des sélections à partir de ce capital génétique. Morton a également développé un maïs doux à pollinisation ouverte, à maturation rapide et vigoureux qui germe bien dans les sols froids des printemps de l'Oregon.

---

[160]*Lepidium sativum.*

Tous ces discours de jardiniers travaillant à la sélection variétale éclairent soudain différemment ma perception du monde agricole. Bien des gens ne seront pas d'accord avec moi sur ce point et je sais qu'ils ont en grande partie raison. Mais ce que j'ai réalisé, c'est que ce qui motive mon choix pour cultiver telle plante n'est pas la spécificité de son patrimoine génétique. Ce que je fais pousser doit produire et prospérer. Cela peu sembler un peu dur, mais certaines semences disparaissent ainsi à tout jamais et d'autres sont retrouvées ou créées.

Bien sûr, Will Bonsal avait raison, je ne peux pas jouer à être Dieu, mais mon boulot à moi c'est de bien jardiner, de nourrir ma famille et ma communauté, et de gagner un peu ma vie en faisant tout ça. Quelqu'un d'autre pourra sauver les cultivars génétiquement uniques mais sans grand intérêt pratique. Et si une variété ancienne ne fonctionne pas bien, je pense qu'on peut toujours l'améliorer pour en faire une variété intéressante.

Je crois que Glenn Drowns de l'Iowa est l'un des gardiens de semences et sélectionneur végétal les plus connu de notre époque. Et si ce n'est pas le plus connu, c'est sans aucun doute le plus actif. Je pensais être moi-même quelqu'un qui travaille beaucoup jusqu'à ce que j'ai eu vent de l'emploi du temps de Glenn. Il a trois activités à temps plein : professeur de science au collège et au lycée, professeur de chimie et biologie à Calamus, dans l'Iowa et responsable d'un catalogue d'une centaine de pages de vente par correspondance de volailles et semences anciennes. Sa troisième activité consistant à prendre soin de ces variétés et espèces à Sand-Hill Preservation Center à la périphérie de Calamus.

Je voulais aller visiter Glenn, mais je ne supportais pas l'idée de devoir utiliser toute cette énergie fossile pour me rendre jusqu'à lui, alors je me suis arrangée pour contacter par téléphone cet homme fort occupé, un dimanche soir où le ciel était clair, alors qu'il pleuvait dans l'Iowa et qu'il faisait froid chez nous en Géorgie. Pendant notre longue et agréable conversation, Glenn m'a expliqué son emploi du temps. Chaque matin il se lève à quatre heures trente pour s'occuper de la volaille. Mordu de météo, il note les informations sur les conditions du jour. Vers sept heures il prend son petit-déjeuner et part enseigner vers sept heures et demi. A quatre heures de l'après-midi, de retour chez lui, il se concentre sur les travaux de la ferme jusqu'à l'heure du dîner à dix-huit heures trente. Il passe ses soirées à répondre aux bons de commande, corriger les copies et travailler à ses divers projets.

Il faut savoir tout ça pour comprendre à quel point Glenn est motivé par la diversité alimentaire. A lui seul, il a sauvé certaines races de poules de l'extinction, et non seulement il en préserve 235 espèces à ce jour mais il les élève aussi pour vendre adultes et poussins. Depuis des années, il a pris soin de plus de 2000 variétés de plantes et en gère actuellement quelques centaines, dont 185 variétés de patates douces, 200 de maïs, 150-200 de courges, 700 de tomates, etc. Les chiffres sont époustouflants.

Pendant la saison de floraison, Glenn peut passer deux à trois heures par jour à polliniser manuellement des courges – plantes qui le passionnent.

– Ce n'est du travail que quand ça n'est pas un plaisir, dit-il. Je n'ai jamais pu tenir en place.

L'amour des plantes semble inné chez Glenn. Sa mère l'avait ainsi trouvé en train de planter des graines dans ses pots de fleurs quand il avait deux ans. Des plantes poussaient partout, lui a-t-elle raconté plus tard. Quand il avait cinq ans, il fallait qu'elle lui interdise de ramener à la maison les divers plants de citrus qu'il avait plantés dans toutes sortes de pots et de boîtes de conserve sur le porche à Salmon dans l'Idaho. Si Madame Drowns perdait Glenn de vue au supermarché, elle savait qu'elle le retrouverait devant le rayon des semis en train d'étudier tous les petits paquets du présentoir.

« Je jardine depuis que je suis petit », m'a dit Glenn – d'abord avec son voisin puis sur son propre lopin. A neuf ans, il avait déjà un petit business de plantes et il exposait ses légumes à la foire du comté. Au lycée, Glenn a travaillé à son premier projet de sélection variétale, une pastèque qui pouvait pousser sur une courte saison chaude, une variété qui est toujours sur le marché : la pastèque *Blacktail Mountain* (vous pouvez vous la procurer chez Glenn en personne, elle pousse en 70 jours). Pendant sa dernière année de lycée, Glenn a trouvé une publicité pour le Seed Savers Exchange et il leur a écrit pour recevoir des informations. « C'était un nouveau monde » dit-il. « Désormais je pouvais passer du temps avec des spécialistes de niveau universitaire, ce que je ne pouvais faire avant, et je trouvais des réponses à mes questions. » Glenn a poursuivi ses études à l'université d'état Lewis-Clark à Lewiston dans l'Idaho, où il a pu continuer à nourrir son amour des plantes.

L'été où il reçu son diplôme de biologie et son certificat d'enseignant, Kent Whealy l'invita à Decorah dans l'Iowa, berceau du Seed Savers Exchange.

– Vous allez adorer cet endroit, lui avait dit Whealy.

Et ce fut le cas.

– Je tombai amoureux de ce lieu avec ces kilomètres et ces kilomètres de terre arable.

Peu de temps après, il accepta un poste d'enseignant et, en 1988, il acheta une terre à trois heures de Decorah, plus de 16 hectares de colline sablonneuse extrêmement friable dont le prix était accessible parce que tous ceux qui avaient tenté jusque là d'y faire pousser quelque chose avaient fait faillite.

– Ce n'étaient que des graminées, des herbes sauvages et du sable gris, dit-il.

Vingt-cinq ans plus tard, avec de larges amendements de fumier, de compost et d'engrais verts « c'est le jour et la nuit ».

Glenn a réduit le nombre de semences qu'il préserve.

– Quand j'ai emménagé dans l'Iowa en 1984 les variétés disparaissaient à une vitesse incroyable. Maintenant beaucoup de semences formidables sont à nouveau cultivées et protégées par des gardiens de semences et des sociétés semencières, et ces variétés anciennes ont désormais un bon filet de sécurité. Mais il y a encore quelques trucs que j'aimerais bien faire dans ma vie.

– Comme quoi ?

– Plus de création variétale. J'ai toujours eu envie de créer de nouvelles variétés.

– Pourquoi ?

La réponse à cette question renvoie à l'enfance de Glenn et à sa folle passion pour le jardinage.

– Mon rêve de gamin était de faire pousser une courge butternut, dit-il. Mais dans l'Idaho la saison de culture est trop courte pour ça. Il y avait bien des variétés

adaptées mais je ne les connaissais pas et je n'aurais pas su où les trouver .
C'était le temps d'avant Internet.

– Comment trouvez vous l'idée d'un cultigène que vous voudriez créer ? lui demandais-je.

– Je me pose la question suivante : comment avec deux bonnes choses, en faire une nouvelle encore meilleure ? Ou plus adaptée.

– Vous pourriez me donner un exemple ?

– Je continue à travailler sur un maïs doux à pollinisation ouverte adapté aux climats froids. J'en ai développé un qui est productible en quarante-six jours et dont nous avons fait des essais jusqu'en Alaska. Un jardinier de Fairbanks a pu y faire pousser du maïs doux.

– Comment avez-vous nommé celui-là ?

– *Yukon Supreme*, dit-il. Je ne suis pas très fort pour les noms.

– Ça me semble être un très bon nom. Et quoi d'autre à part ce maïs ?

– Je continue à tenter d'améliorer la précocité dans la production de tomates. Aussi, je travaille sur une version à peau lisse du poivron *Jimmy Nardello*, qui est doux et productif mais qui accroche la terre quand on le récolte.

Les poivrons *Jimmy Nardello Sweet Italian* ont rejoint l'Arche du Goût du Slow Food américain. Ils ont été apportés en 1887 de la région de la Basilicate, en Italie, jusqu'au Connecticut par Jimmy Nardello.

– J'ai la manie de commencer plus de projets que je ne peux en porter, dit Glenn.

– Est-ce que vous vendez les variétés que vous mettez au point ?

– Non. Et je ne les les mettrai jamais en vente. Si je peux créer quelque chose qui rende le monde un peu plus facile, alors je suis content. Mon but est de mettre entre les mains des gens le plus possible de choses uniques dont ils pourront profiter.

La plus grande joie de Glenn est de recevoir des lettres de gens absolument ravis d'avoir ses semences. Une femme lui a un jour commandé trente paquets d'une variété de poivron et Glenn l'a appelée pour savoir s'il pouvait lui envoyer les semences en un seul gros paquet.

– Oh non, avait-elle répondu, j'en veux trente paquets parce que je vais les distribuer pendant une réunion de famille. Ce poivron est une vieille variété cultivée par notre famille et je suis tellement heureuse qu'on puisse encore en trouver.

Les gens sont enchantés de retrouver les variétés qu'ils faisaient pousser chez eux. Un homme a commandé cinq paquets d'une variété de tomates que son arrière-grand-père, aujourd'hui en maison de retraite, avait créé au Texas.

Une heure et demie étaient vite passée. Glenn s'inquiétait que je paie pour une communication longue distance et je le rassurais en lui disant que j'avais un forfait illimité. Je n'avais plus qu'une ou deux questions. Je lui demandais s'il avait de l'espoir, s'il pensait que les choses allaient s'améliorant, si les jeunes rejoignaient les rangs pour garder l'alimentation en vie.

– Je pense qu'en effet c'est le cas. Sinon, à quoi bon m'assommer avec cet emploi du temps exténuant.

Dans le sud de l'Iowa, Glenn est cerné par les immenses fermes expérimentales de Monsanto. Il est le seul fermier du comté à être certifié biologique. L'autre jour, dans la salle des profs au collège, Glenn a sorti le déjeuner qu'il s'était préparé et dans lequel se trouvait du brocoli. Monsanto venait tout juste d'annoncer qu'il avait mis au point un brocoli contenant bien plus de nutriments que le brocoli standard cultivé dans des conditions similaires.

– Est-ce que c'est le nouveau brocoli ? lui a demandé un de ses collègues.

– Non, avait répondu Glenn, ceci n'est certainement pas du super-brocoli.

– J'essaie d'influencer le plus de monde possible, me dit-il pour finir. Je leur dis que l'agriculture n'a pas à être ce qu'elle est devenue. Il y a une façon de cultiver et d'élever les animaux qui n'est pas destructrice. C'est peut-être pour ça que je suis ici.

31.

Anarchistes du blé

Peut-être que c'est à cause des cendres. Mais quelque chose avait transformé Stephen Jones en sélectionneur de blé militant.

Les cendres étaient celles de William Jasper Spillman (1863-1931), le cinquième sélectionneur de variétés de blé de l'université d'état de Washington. Après son incinération, ses cendres furent répandues sur les champs où il avait travaillé. Au cours de sa vie, Spillman avait averti des dangers qui venaient et viendraient de l'industrialisation de l'agriculture. En 1915 déjà, il écrivait que les tracteurs étaient bien trop gros. Il fut, en 1924, le co-auteur de *The Law of Diminishing Returns*, qui dit que si une valeur augmente et que les autres restent statiques, le résultat global décroîtra au fil du temps. Les fertilisants sont une valeur. Appliquée aux fertilisants, la loi de Spillman dit que les récoltes ne vont pas continuer à augmenter en multipliant l'usage d'intrants.

Stephen Jones, sélectionneur de variétés de blé, a passé une partie de sa vie dans le blé qui a poussé sur les cendres de William Jasper Spillman. Spillman est le héros de Jones.

Mais l'histoire est plus étrange et plus compliquée encore.

Spillman est né le même mois, la même année et peut-être le même jour que celui où Cyrus Guernsey Pringle, qu'un autre sélectionneur de blé célèbre avait refusé de se battre pendant la guerre civile. Pringle avait été appelé pour servir en juillet 1863 et à l'automne il était torturé pour avoir refusé de porter une arme.

Pringle était né à East Charlotte dans le Vermont en 1838. Jeune homme, il se passionna pour les plantes comme pour la doctrine de non-violence des Quakers. C'est en 1863 qu'il dut subir cette terrible épreuve. Après avoir été appelé comme conscrit pour combattre la guerre civile, Pringle refusa d'exécuter toute action militaire. Il fut alors emprisonné et torturé, immobilisé et attaché au sol, bras et jambes étendus en X. Après une journée de douleurs il écrivit dans son journal : « Ce jour a été le plus beau de ma vie, j'ai eu le privilège de me battre pour la paix universelle. » Alors qu'il entrait dans l'état de Virginie contraint de porter une arme dont il ne ferait pas usage, Pringle écrivit également dans son journal : « A voir pour la première fois un pays ravagé par le mildiou de la guerre, une terre autrefois ornée de bosquets et de vertes prairies, de prés et de champs dans lesquels ondulait le blé et heureux d'un millier de maisons maintenant écrasées au sol, on ne peut que réaliser comme de nulle autre manière, la ruine et la désolation que laisse le sillage d'une guerre. » Le président Lincoln a personnellement requis de son ministre de la guerre Edwin M. Stanton qu'il accorde à Pringle la liberté conditionnelle. Une fois libéré Pringle retourna à ses travaux de collectionneur de plantes, pépiniériste, expert en botanique et sélectionneur variétal. Il nomma la première variété de blé qu'il mis au point *Résistance*.

La première fois que j'ai entendu parler de Stephen Jones j'étais au MOFGA en train d'écouter un panel d'experts débattre sur « la sélection variétale des légumes dans les potagers ». A la minute à laquelle cet homme s'est levé je me suis redressée sur ma chaise. Jones est grand avec des yeux très bleus et un sourire large à lui ficher des crampes sur la figure. Il se lève avec un grand sourire joyeux et balance une petite bombe dans la salle pleine de cultivateurs venant juste de partager le plus grand potluck de l'histoire des temps hippies, repus et confortablement assis dans leurs fauteuils.[161]

– En ce moment même l'agriculture est centralisée, globalisée et complètement foutue, dit Jones.

Ce n'est pas que les fermiers du Maine ne soient pas au courant de cet état de fait mais ils ne s'attendaient pas à ce qu'un professeur d'université leur tienne un tel langage.

Il démarra sa présentation.

– Pendant plus de 10 000 ans, sur cette planète, nous avons eu le droit de garder nos semences pour les ressemer mais aujourd'hui les industries biotechnologiques travaillent jour et nuit pour nous enlever ce droit. C'est aussi criminel qu'ahurissant. Le but de la biotechnologie c'est l'appropriation. Ce n'est que ça. Posséder la semence.

Jones est un sélectionneur de blé en champs non irrigués, auparavant installé dans le Palouse, ce coin du pays où des milliers d'hectares sont à cheval entre les états de Washington, de l'Idaho et de l'Oregon, autrefois prairie naturelle où se trouve aujourd'hui un océan de champs de blé. Jones a été formé à l'université d'état de Washington, une université spécialisée sur le territoire qui, comme la plupart des spécialisations territoriales, est typiquement et historiquement tournée vers l'agriculture productiviste.

Jones, toutefois, qui dirige aujourd'hui le Centre de Recherches et Extention agricole de Washington Nord-Ouest, dans la magnifique vallée de Skagit au nord de Seattle, croit dans le Petit Blé, un blé assez petit pour être coupé à la faucille et battu manuellement. Il croit également dans le local, le durable et le biologique. (Il a reçu une certification en bio pour 4,5 hectares sur le campus de l'université de Washington). Il sélectionne du blé pour une agriculture à faible impact, biologique et efficace dans son usage de l'azote.

Jones, qui fait partie du conseil d'administration du Land Institute, travaille également à faire du blé une culture vivace.

Il ne fait pas partie de ces sélectionneurs qui créent une variété pour la vendre à une entreprise qui la propose ensuite aux fermiers et renvoie les royalties à l'institution pour laquelle travaille le sélectionneur. Non, pour Jones les idées d'Université Publique et de Programme de recherches de sélections variétales sont très sérieuses. Pour lui, un fermier est un sélectionneur pratiquant ce qu'il appelle la sélection

---

[161]Le *potluck* est une rencontre où l'on échange et partage les mets que chacun apporte. Cela vient en partie d'une tradition Quaker et pourrait se traduire « à la fortune du pot ». Fait également référence au Potlatch des Natifs Américains qui est elle aussi une cérémonie d'échange de cadeaux. (NdT)

végétale évolutive ou participative. *Résistance* est son surnom.

La Commission Blé à Washington était furieuse que Jones et ses collègues soient allés directement voir les fermiers pour leur demander quelles étaient les caractéristiques qu'ils désiraient avoir pour leur blé. La Commission était tellement agacée qu'en 2003 elle a attaché Jones au sol pieds et poings liés, métaphoriquement parlant. La Commission menaça en effet de lui retirer les aides de 1,66 million de dollars permettant de financer ses projets, dont en particulier le développement d'un blé d'hiver. Cette pression était en majeure partie due à son refus de proposer un blé résistant aux herbicides. La caractéristique de résistance aux herbicides, appelée Clearfield était une propriété de la société BASF, qui se vante sur son site internet d'être la première compagnie chimique au monde.

– Non, je ne veux aucun contrat avec ces grosses sociétés qui n'ont d'autre intérêt que leur profit, dit le chevalier solitaire. J'ai un problème avec les programmes de sélections variétales qui ne sont pas des programmes publics.

L'histoire de la culture du blé aux États-Unis est l'histoire de l'industrialisation sauvagement triomphante. J'ai appris, par exemple, qu'en 1880, dans le Maine, 16 000 hectares de blé produisaient chacun 560 boisseaux. Malgré cela au cours des décennies suivantes la culture du blé devint chimiquement intensive, concentrée et mécanisée. En 1946, cette culture centralisée dans les états du centre-ouest et dans le Maine n'était quasiment plus représentée sur les graphiques du Département Agricole car sa production avait chuté à moins de 400 hectares. Le Vermont avait quant à lui déjà disparu du graphique en 1931.

L'état de Washington donne la seconde grande récolte de blé des États-Unis. Dans les années 1920 et 1930, le Palouse de Washington produisait un blé à haut rendement, 40,5 boisseaux à l'hectare, sans irrigation et sans produits chimiques. Aujourd'hui une ferme de taille moyenne du Kansas produit 14,5 boisseaux à l'hectare.

– Nous allons mourir de faim si nous continuons à cultiver du blé dans le Kansas, dit Jones.

Selon lui, faire pousser du blé est facile (le récolter l'est moins). Actuellement les champs expérimentaux produisent des variétés de blé biologique à haut rendement. A Madsen, par exemple, on a pu récolter 36,8 boisseaux à l'hectare dans un champ bio, alors que dans le champ témoin, cultivé de manière chimique, le rendement n'a été que de 34,8 boisseaux à l'hectare. Les champs d'Eltan ont donné 46 boisseaux de biologique et 42 de chimique.

– Que personne ne vienne me dire qu'on ne peut pas nourrir le monde entier avec l'agriculture biologique, dit Jones.[162]

Voici son credo :

1. L'agriculture biologique a besoin d'un programme de sélection variétale séparé de celui de l'autre agriculture (dans les champs expérimentaux il a constaté que le pire des blés cultivés en bio pouvait être le meilleur cultivé chimiquement, et vice-versa).
2. Les fermiers peuvent cultiver leurs propres variétés un point c'est tout.

---

[162]Mr De Schutter rapporteur de l'ONU, a déclaré en 2010 que : « Pour nourrir le monde, l'agro-écologie surpasse l'agriculture industrielle à grande échelle » et dans un autre rapport de mars 2011 que : « L'agroécologie peut doubler la production alimentaire en 10 ans. »

3. Il nous faut diversifier nos champs et nos domaines de recherche scientifique.

– La sélection prend du temps, dit Jones, mais fondamentalement le blé se sélectionne lui-même. Voici quelles en sont les étapes :
1. Faites une évaluation des variétés traditionnelles. Toutes ne font pas du bon pain ou de bonnes pâtes.
2. Créez de la variété. Sélectionnez dans ce but ou laissez l'environnement faire sa propre sélection. Le plus important est d'utiliser les connaissances agraires et d'encourager les agriculteurs à participer au processus de sélection. Je travaille avec des anarcho-généticiens du blé.
C'est comme ça qu'il appelle les agriculteurs avec lesquels il collabore.
3. Récoltez, replantez, sélectionnez.

Une des réussites de Jones dans l'évolution-sélective et participative variétale est celle de la jeune Lexi Roach, petite fille de Jim Moore, un cultivateur de blé bio de Kahlotus, dans l'état de Washington, dont la ferme ne reçoit que 200 mm de pluie par an. Lexi a commencé à s'intéresser à la sélection variétale du blé lorsque, encore collégienne, elle entendit Jones et son grand-père en parler. Quelques années plus tard, son grand-père l'emmena à l'université de Western Washington, où ils croisèrent deux variétés de blé qui donnaient de bons rendements sur la propriété de Moore, créant ainsi une nouvelle variété. Au cours des six années suivantes ils plantèrent et stabilisèrent la population. Lexi et son grand-père marchaient ensemble entre les rangs de blé, arrachant les plantes les plus faibles et celles dont les caractéristiques ne leur convenaient pas. En 2007, la variété *Lexi* 2 donnait 3,2 boisseaux à l'hectare de plus que les autres meilleures variétés cultivées sur le domaine, et en 2010 elle surpassa les cinquante neuf autres variétés de blé cultivées dans les centres d'expérimentation de l'université.
Sur la dernière image présentée, Jones montre la liste des organismes et personnes finançant ses recherches. C'était la première fois que je voyais quelqu'un faire ça. Transparence et honnêteté. Il n'y a pas une seule entreprise dans cette liste.
– Aucune influence industrielle, dit Jones.
Comme héros, Jones s'est choisi Spillman.
Spillman avait Pringle. Et moi j'ai Jones.

32.

Disparition de notre sapience végétale

Combien de personnes savent encore comment les *huckleberries*[163] font leurs graines, qu'elles ont des glandes à l'aisselle de leurs feuilles alors que les myrtilles n'en n'ont pas ? Combien savent encore que le piquant des piments sauvages est lié à l'altitude à laquelle ils poussent et donc que plus ils poussent à haute altitude plus ils seront forts ? Combien savent que les pédoncules des oignons sauvages, comme ceux des aulx, sont comestibles ? Ou que la chenille qui envahit le tabac devient, une fois adulte le papillon Sphinx de Caroline ?

Je mets mon espoir dans une évolution d'une société industrielle vers une société durable, du Cénozoïque vers l'Ecozoïque, et je prends soudain conscience que ce que nous sommes en train de faire c'est de récupérer toutes ces décennies au jardin perdues. « Jardiner c'est gérer notre relation à la nature » a dit l'écrivain et naturaliste John Tallmadge. Et comme l'a très justement dit le biologiste Robin Kimmerer : « Nous lisons tous dans le même livre : la terre. La bibliothèque du savoir c'est la terre. »

Dans l'ensemble, nous ne savons même pas ce que nous avons perdu. La plupart d'entre nous ignorent qu'une tige de courge, par exemple, dispose généralement ses fleurs dans un ordre spécifique de mâles et de femelles. La plupart d'entre nous ne savent pas à quoi ressemblent les fleurs mâles si on les compare aux fleurs femelles. En fait, la plupart d'entre nous ne savent même pas qu'une courge commence avec une fleur. Ni même d'où vient une courge.

Une partie du plaisir de ce travail c'est la découverte. Il n'y a pas longtemps, quand je vendais des paquets de semences au marché fermier de Statesboro, un couple qui était dans sa deuxième année de jardinage à petite échelle, m'a posé des questions sur les gombos.

– Nous en avons fait pousser l'an dernier. Nous les avons laissé grossir, mais ils étaient immangeables, me dirent-ils

– Oh non ! Il faut cueillir les gombos quand ils sont jeunes et encore tendres. Plus ils grossissent plus ils deviennent durs jusqu'à ce qu'ils soient impossibles à manger.

– Nous pensions qu'en les laissant grossir on en aurait plus.

– En effet, notre intuition est trompeuse, leur répondis-je, mais la vérité est qu'il faut manger le gombo quand il est jeune.

Je me suis souvenue du moment où j'avais appris les habitudes des gombos. J'ai acquis toutes mes connaissances sur les nombreux lopins que je côtoyais dans mon enfance, dont celui de Mr Chavis, qui habitait dans un immeuble vide que possédait mon père et qui faisait pousser un lopin de gombos pour les vendre. Un jour quelqu'un m'a expliqué comment récolter les gombos et à quelle taille il fallait les couper. J'ai aussi appris sur les gombos dans la cuisine de ma mère, en la regardant

___

[163] *Vaccinium genus*, qui comprend beaucoup d'espèces. (NdT)

manipuler le légume pour le cuire ou le frire, et en l'aidant. Si un couteau-éplucheur n'entrait pas facilement dans la chair de la gousse juste en appuyant dessus, c'est que la gousse était trop dure et il fallait la jeter avec les épluchures pour les cochons.

Quelle autre sagesse de Gombo y-a-t-il encore à connaître ? Il provoque des démangeaisons quand on le cueille. Il vaut donc mieux porter des manches longues et des gants, sauf si vous avez fait pousser des *Clemson Spineless*. Les gombos ne sont pas récoltés tous en même temps, contrairement à une tête de laitue. Le gombo continue à produire. Maintenir le rythme avec la récolte est difficile parce que le gombo n'arrête pas de faire des gousses. Le meilleur rythme de récolte est de passer chaque deux ou trois jours. Il vous faudra un canif. Cueillez toutes les gousses qui sont prêtes. Si vous en avez oublié une au passage précédent, coupez-la et jetez-la dans le compost, sauf si vous voulez la garder pour faire des semences. Si c'est le cas, nouez un ruban et laissez la tranquille.

Le boulot d'une plante c'est de se reproduire. Quand la plante de gombo fait ses gousses, qu'on les laisse pousser et que la semence arrive à maturité, la plante reçoit le signal qu'elle peut arrêter de produire. Son travail est terminé. Mais tant que vous continuez à prendre ses fruits la plante doit continuer à en faire encore, dans l'espoir d'accomplir sa mission sur terre. Une abondance de gombos est le produit d'une plante sous pression.

Je ne sais pas tout ce qu'il y a à connaître sur le gombo. Personne ne le sait. Mais ce qui compte c'est d'avoir envie d'en apprendre le plus possible.

Quand Jane Howell m'a envoyé son ail du mariage, la lettre m'indiquait sa connaissance de la plante. « Voici un ail à tige dure » disait-elle. « Il porte six à neuf gousses autour de sa tige. Puis les petites gousses vont grossir en taille jusqu'à ce qu'elles fassent elles-mêmes leur propre tête. » Combien de personnes savent encore qu'il y a plusieurs variétés d'aulx, certains à tiges dures, d'autres à tiges souples ? Que roquette et roquette sauvage ne sont pas les mêmes plantes bien que toutes deux fassent partie de la famille des *brassica* ?

Il me semble que chaque jour je deviens une archéo-fermière, redécouvrant des savoirs du passé, et pas seulement sur les plantes : comment faire rendre le gras, comment éviter les blessures chez les veaux nourris à la bouteille, comment castrer les coqs... En même temps, je me rends compte qu'une science en arborescence accroît l'ensemble des connaissances agraires, en partie pour répondre aux défis modernes, et je recherche toutes ces informations avec curiosité : où trouver des vers locaux pour utiliser en vermiculture afin de ne pas transmettre des espèces envahissantes, comment tailler les raisins muscadines le plus efficacement possible, comment se débarrasser naturellement des mites dans les ruches... Labourer plus avant sans apprécier les savoirs traditionnels est une erreur. Virginia Nazarea parle de « connecter les gens aux lieux à travers les 'rivières du temps' afin que le présent soit rempli de possibles et que le futur ne semble pas aussi décourageant. » Sans les savoirs traditionnels, appris de manière traditionnelle, c'est difficile d'avancer.

Un domaine dans lequel nous risquons également de perdre notre savoir c'est celui de la coopération entre espèces. L'agro-business, bien évidemment, favorise la monoculture parce que c'est la seule manière dont leurs machines peuvent fonctionner. Mais nous ne sommes pas des machines, nous sommes des jardiniers.

Traditionnellement, nous humains, avons été très habiles dans la polyculture. En Inde, une culture secondaire, comme celle des fèves, serait plantée entre les rangées de blé, exactement au même moment. Le blé ne doit pas être trop haut pour ne pas faire d'ombre aux fèves, ni trop petit afin qu'il ne soit pas, lui, envahi. Quand le blé est fauché, les fèves poussent très vite en hauteur.

Dans le sud des États-Unis, on faisait pousser les *cowpeas* à rames le long des pieds de maïs. Il fallait que le pois soit de la bonne variété et qu'il soit planté au bon moment. Plantés trop tôt, les pois étouffaient les maïs. Plantés trop tard, ils souffraient de l'ombre du maïs. Voilà ce qui explique pourquoi tant de variétés anciennes de *cowpeas* portent le nom de « haricot à maïs ». Ma voisine centenaire, Lena Mac Stripling, m'a dit que sa famille plantait des haricots *Velvet* entre les pieds de maïs.

Les plantes auxiliaires encouragent également la symbiose. Tomates et basilic plantés ensemble en tirent un bénéfice mutuel, la tomate attire les insectes pollinisateurs vers le basilic et le basilic repousse les envahisseurs qui voudraient s'en prendre à la tomate. Les herbes aux odeurs fortes comme la menthe ou le romarin aident à repousser la piéride du chou. Bill McKibben[164] a raconté à son retour d'un voyage à Cuba que, pour une raison inconnue, lorsque les haricots verts et le manioc de *l'organoponicos* poussaient en rangs mélangés, les récoltes augmentaient de 66%. Toutes ces choses, les jardiniers les ont sues pendant des siècles.

Comme me l'avait dit Will Bonsal : « Les paysans n'étaient pas idiots. »

Je crois bien que nous allons réapprendre les savoirs anciens du jardinage sauvage et qu'à notre tour nous deviendrons, non pas seulement des anciens, mais des vrais gardiens de la terre. Si nous commençons à apprendre les uns des autres, à apprendre dans nos livres et (le plus important de tout) à apprendre par notre propre expérience dans nos jardins et dans la nature qui nous environne, nous aussi deviendrons sages.

Essayez le calendula près des tomates. Le raifort avec les pommes de terre. Essayez les haricots à rames sur l'amarante. Séparez les tournesols de quelques centimètres de plus et plantez entre chaque rangée de haricots à rames. Essayez le maïs avec des haricots *White Tender Creaseback Cornfield*.

---

[164]Journaliste, activisite et désobéissant civique, il anime le mouvement 350.org pour la réduction mondiale des émissions de carbone dans l'atmosphère. Il est récipiendaire, entre autres, du prix Gandhi pour la Paix.

33.

Arrêtez de tourner en rond sans rien faire

« Il n'est pas d'autre endroit où commencer
que celui où l'on se trouve »
Wendell Berry

Je veux une fois encore vous rappeler que la chose la plus puissante au monde est une graine. Dans cette ère de transition, entre Âge Industriel et Ère Écozoïque, une graine c'est la vie. Nous ne savons pas vraiment ce qu'est une graine et l'information qu'elle contient étant invisible et prédéterminée, elle peut révéler bien des surprises. Tout ce que la semence a eu besoin de savoir est encodée en elle, et avec le monde qui change, elle découvrira tout ce qu'elle aura besoin de savoir. C'est la nature de l'adaptation et de l'évolution, les deux boulots les plus importants que nous ayons à faire sur cette planète. Alors même avec le changement climatique, même avec le pic du pétrole et de l'humus, même avec la crise financière, il y aura toujours des graines possédant toute l'information dont elles et nous aurons besoin, et c'est pourquoi je crois qu'une graine est la métaphore ultime.

Chaque matin je m'éveille avec des craintes et des reproches, et il y en a tant. Je me réveille avec des nouvelles de toutes ces tempêtes. Pendant la crise des missiles de Cuba, par crainte d'une attaque soviétique, nous avons construit des bunkers au cas où il aurait fallu nous réfugier. Maintenant nous construisons des bunkers pour les semences. Quand ces tempêtes seront passées, que nous faudra-t-il pour reconstruire ? Il nous faudra des semences. Il y en a au moins une en chacun de vous. Il y a une banque de semence en chacun de vous. Laissez-les croître.

L'autre jour j'étais au téléphone et j'ai dû raccrocher précipitamment en voyant par la fenêtre mon mari courir après les veaux pour les ramener dans leur pré. Ils avaient été séparés de leurs mères pendant la journée afin que Raven puisse traire le soir et les petits voulaient retrouver leurs mamans.

– Je dois filer, ai-je dit à mon ami, les veaux se sont échappés.

– J'ai lu cette petite phrase un jour : tous ceux qui ont des animaux en deviendront un jour les esclaves.

Il avait bien allongé le « a » d'esclaves.

Je ne suis pas quelqu'un qui réfléchit très vite et j'étais dehors, hurlant comme une furie, essayant de choper un des veaux avant qu'il n'aille piétiner le jeune verger, lorsque je conçus cette réponse bien sentie : « Tout ceux qui n'ont pas d'animaux deviendront bien vite esclaves des grosses entreprises. »

Même chose pour les fermes : quiconque ne fait pas pousser sa nourriture deviendra leur esclave.

L'agriculture a fait émerger un peuple pétri d'histoires, dépendant de sa communauté et amoureux de sa terre. Elle nous a donné un avantage pour ce que j'appelle l'âge des Cloches, ce temps où les cloches – les cloches des vaches, les cloches du dîner, les clochettes des fleurs – se remettront à tinter dans les collines et sur les plaines. Cet âge des Cloches est pour moi celui de la Nouvelle Agriculture, où les communautés locales, la santé humaine, la bonne alimentation, le travail ayant du sens, une belle enfance, l'égalité, la paix et toutes ces choses visionnaires auront de l'importance. Cet âge suit la prétendue Révolution verte. C'est cette vie que nous pourrions vivre en étant responsables. Nous arrivons à ce nouvel âge de l'agriculture mieux préparés, avec des connaissances sur les cultures, capables de nous contenter de moins, contents d'être entourés de notre communauté, affirmant une égalité du genre et des cultures, plus sains aussi. Je crois que le mouvement de l'alimentation biologique et locale montre le chemin pour re-créer des cultures vivantes et vitales. Ce qui est en train d'arriver dans l'agriculture n'est rien moins qu'une révolution.

Cela signifie aussi que nous sommes sur la lisière – sur bien des lisières, en fait. Lorsque je pense à une lisière, je pense d'abord aux haies, toutes celles que l'agriculture chimique a détruites. Une haie est l'endroit où les oiseaux ont relâché dans leur fiente le petit noyau de merise et où les merisiers vont pousser, c'est là que les ouvriers agricoles, épuisés d'avoir poussé la charrue, vont trouver une ombre fraîche et se raconter des histoires, c'est là qu'un fermier solitaire regarde chanter le merle moqueur.

Nous occupons cette lisière entre le champ et la forêt, l'endroit le plus intéressant de tous à mon avis. Nous sommes sur de nombreuses lisières : recherchant l'équilibre entre les besoins du monde sauvage et nourrir l'humanité, entre la vie urbaine et le besoin de se nourrir, entre nos inquiétudes pour la santé humaine et la nécessité de produire, pesant les gains et les pertes et prenant des décisions basées sur l'écologie comme sur l'économie.

Nous vivons également sur une lisière psychologique. Nous savons que nous habitons un monde qui a été dévasté mais qui est aussi rempli de beauté et d'une immense vitalité. Nous vivons sur cette frontière qui nous incite à faire des contributions positives tout en sachant que nous sommes impliqués dans la destruction. Nous ondulons entre l'apathie, parce qu'en réalité ce qui est en train de se passer est trop insupportable, et le besoin d'agir, quelle que soit cette action... et nous oscillons entre la paralysie, causée par le chagrin et la peur... et l'action. Chaque décision que nous devons prendre, qu'elle soit en faveur de la vie ou qu'elle la détruise, est une lisière. Notre psyché même est sur une lisière, entre décrocher et prendre les rênes, entre laisser tomber et combattre. Et c'est valable pour chacun d'entre nous.

Les marges sont un endroit dangereux et effrayant. C'est important de savoir qu'on n'y est pas seul. Sur cette lisière se trouve énormément de potentiel écologique, culturel mais aussi intellectuel. Je pense qu'il faut qu'on apprenne à s'y sentir bien.

Comment devons-nous vivre ? Comme si nous avions foi en l'avenir. Comme si chacun d'entre nous était une graine qui, comme vous le savez à présent, est sacrée. Dans mes rêves les plus fous, les semences de toutes les espèces s'adressent à moi et m'appellent : *Sur tous les endroits dénudés de la terre, plante-nous et laisse-nous pousser. Sur toutes les lisières, plante des graines.*

Une fin de semaine, pendant une session de conte au cours d'un atelier d'écriture, j'ai demandé aux participants de raconter des histoires d'espoir. Un homme m'a raconté s'être arrêté sur l'autoroute 441, où la circulation était importante, près de Franklin en Caroline du Nord, pour secourir une tortue-boîte[165] qui n'était qu'à trente centimètres des voies sur la bande d'arrêt d'urgence. Le temps qu'il fasse demi-tour pour venir en aide à la tortue, une femme dans un 4x4 l'avait écrasée sous ses yeux. Le lendemain, l'homme vit une autre tortue, toujours sur cette autoroute 441 et cette fois dans une voie de demi-tour. Le trafic était tel qu'il a du conduire six kilomètres avant de pouvoir revenir en arrière. Lorsqu'il arriva à la tortue une camionnette blanche s'était arrêtée sur la bande d'arrêt d'urgence et avait réussi à sauver la tortue. « Je ne suis donc pas le seul » a pensé notre homme.

Une autre histoire était à propos de filles de dix ans qui, pendant une colonie de vacances avaient choisi de nourrir leur gros serpent exotique avec un cobaye mort. La note d'espoir que le conteur voyait dans cette histoire était l'attitude pragmatique des fillettes, un certain sens des réalités. Une autre histoire racontait comment les enfants d'un professeur, rendant un jour visite à leur père sur le campus ont décidé de fabriquer un panneau sur lequel ils ont écrit : « Étudiants arrêtez de tourner en rond, sans rien faire. » Et ils ont décoré le panneau avec des images de la terre et des signes de paix.

Ce que je veux dire ici c'est que ces histoires peuvent sembler insignifiantes par rapport à l'énormité du problème. Toutefois, Gandhi a souligné que les gros problèmes requièrent des solutions simples. Les gros problèmes requièrent une personne courageuse et désireuse de changer les choses. Les gros problèmes ont besoin que vous fassiez ce que vous désirez faire et que vous le fassiez avec expertise, désir d'apprendre et un amour profond. Peut-être alors, oui peut-être, que lorsque vous aurez pris votre outil en main et commencé à travailler, quelqu'un dira de vous, répétant cette magnifique expression qui implique qu'une personne est en train de tenter quelque chose de quasiment impossible pour elle, bien au-delà de sa zone de confort : « Elle est partie à la recherche du fabuleux oiseau des mers. »

A propos de l'espoir soyons clairs. Après bien des conférences j'ai entendu cette question une bonne centaine de fois : « Avez-vous de l'espoir ? Comment reprenez-vous espoir ? Est-ce que vous gardez espoir ? Comment ? »

Ici, on présume que l'espoir est un pré-requis pour l'action. Sans espoir une personne déprime et devient alors incapable d'agir. Pendant des années j'ai essayé de dire que je trouve l'espoir dans la nature. Il y a peu, quelqu'un m'a de nouveau posé la question et soudain j'ai pensé : « Espoir ? Mais qui a besoin d'espoir ? »

Allez-vous nourrir votre enfant dans l'espoir que tout va aller bien pour lui ? L'espoir a de l'importance pour moi, mais je veux pointer ici que je n'agis pas parce que j'ai de l'espoir. J'agis, que j'aie de l'espoir ou non. Il est inutile d'être dépendant de

---

[165]C'est une tortue qui s'enferme dans sa carapace vraiment comme dans une boîte.

l'espoir comme motivation pour faire ce qui est nécessaire, juste et bon. Pourquoi personne ne parle donc jamais de l'amour comme moteur de l'action ?

Permettez-moi d'être encore plus sincère. Ce n'est ni l'espoir ni l'amour qui me font aller de l'avant. C'est le combat, que je définis comme une énergie vitale qui vient de mon cœur.

Alors la question *Comment gardez vous espoir ?* devient aussi absurde que *Comment restez-vous remplie d'amour ?* Je vais vous dire comment. Je me lève chaque matin en écoutant le tyran huppé qui appelle depuis le poirier, et je regarde ce bon vieux gros soleil orange, toujours brûlant, s'élever, flamboyant au-dessus du pacanier. Je regarde les choux fourragers *Green Glaze* monter en graines. Je regarde les colibris dans le rouge garance des fleurs de pois *d'Angole*. En donnant le biberon aux petits veaux à la nuit tombée, je regarde les chauves-souris chasser les insectes. Avant de me coucher je vais marcher et entre les branches nues du chêne-chataignier je fixe le ciel rempli, mais rempli d'étoiles au-dessus de la ferme de Terre Rouge et je vois un météore flamber vers la terre.

Je n'ai peut-être pas beaucoup d'espoir, mais j'ai beaucoup d'amour, ce qui me donne l'envie de combattre.

Il va nous falloir tomber à nouveau en amour avec des endroits et apprendre à y rester.

Il va nous falloir apprendre à tomber amoureux les uns des autres.

Il va nous falloir apprendre le courage et agir.

Il va nous falloir oublier que les bonnes idées ont été marginalisées et il va vite falloir les ramener au centre de l'attention.

Une nuit d'hiver j'ai fait un rêve merveilleux. Dans ce rêve je voyais un homme tomber d'un avion. Un parachute coloré s'ouvrait sur un ciel d'aquarelle technicolor. L'air tourbillonnait de couleurs primaires. Explosions d'étoiles, soleils doubles et spirales comme celles de ces sucettes géantes multicolores. Alors j'ai remarqué qu'une bicyclette était accrochée au parachute et j'ai regardé l'homme se mettre a pédaler à travers l'univers. C'était là tout mon rêve, mais quand je me suis réveillée j'ai compris que c'était un rêve qui parlait de tous les possibles. Faisons un saut dans l'univers et non seulement on nous donnera un parachute pour nous sauver mais nous pourrons aussi choisir dans quelle direction aller.

Me revient en mémoire la petite phrase de Williams Rivers Pitt : « La vérité ultime est une évidence. Tu es celui que tu as toujours attendu. »[166]

Maintenant, c'est la Nouvelle Lune. Plantez vos intentions. Ne les laissez pas partir en fumée. Soyez clair, très clair. Parce que ça va être une époque formidable. Laissez vous aller dans ce monde meilleur que méritent les semences.

Maintenant, réveillez vos talents. Regardez autour de vous, tant de gens se sont déjà mis en marche. Vous. Trouvez un endroit où pousser. Prenez un outil – une houe, une pelle. Commencez par retourner votre compost pour préparer le sol dans lequel la graine va pousser. Vous allez commencer au centre, c'est le centre de tous les cercles

---

[166]Williams Rivers Pitt, né en 1971, est un écrivain et activiste.

concentriques qui vont croître plus et plus encore et s'étendre à partir de vous. Bientôt vous deviendrez un héros local, une rock-star locale, et de là votre influence va gagner tout le reste, toute la planète même où tant de personnes se lèvent comme autant de graines fertiles, pour réclamer la souveraineté alimentaire, sauver les semences locales et protéger la corne d'abondance de la civilisation humaine. Revenez à la maison. Ayez le courage de vivre la vie dont vous rêvez : il n'y a rien de plus beau que cela.

Beaucoup de nos semences sont perdues à jamais. Mais nous pouvons protéger ce qui reste et dans nos jardins révolutionnaires nous pouvons créer les variétés anciennes du futur. Allez-y. Maintenant.

34.

Un dernier mot

Allez vous vous redresser et agir ou bien allez vous rester là à vous vider de votre sang ?

* * *

Révélations de l'auteur

Je ne possède aucune action d'aucune des sociétés mentionnées dans ce livre. Ce travail n'a été financé que par mon éditeur Chelsea Green Publishing Company et l'achat des exemplaires du livre par les lecteurs.

Ce que vous pouvez faire

Mangez de la vraie nourriture.

Apprenez à la cuisiner. Si vous mangez de la nourriture industrielle, vous votez pour que l'agri-business vous nourrisse et vous ne soutenez pas la préservation des semences anciennes.

Achetez de la nourriture bio. Les réglementations de la production en bio interdisent pour le moment l'utilisation des OGM.

Faites un potager.

Essayez de faire pousser, seul et avec vos amis, la nourriture dont vous avez besoin.

Faites qu'une virée au supermarché devienne une expérience étrange et quasi intolérable.

Devenez fermier.

Devenez un jeune fermier ou une jeune fermière.

Devenez une fermière âgée.

Devenez une fermière novice.

Devenez un petit fermier.

Devenez un aspirant fermier.

Cultivez des semences libres.

Achetez vos semences à de petites sociétés indépendantes.

Achetez des semences biologiques.

Gardez vos semences.

Échangez vos semences avec votre communauté.

Apprenez la pollinisation manuelle.

Sélectionnez les plantes que vous voulez préserver en fonction de votre lieu de vie et du biotope.

Apprenez à sélectionner les semences.

Ne faites jamais pousser de semences génétiquement modifiées.

Nourrissez vos animaux de ferme et de compagnie avec du grain non-GM.

Faites de la publicité pour votre marché fermier et pour les marchés fermiers en général.

Devenez activiste.

Engagez-vous pour la souveraineté semencière nationale et internationale.

Travaillez à faire en sorte que votre pays devienne une nation sans OGM.

Travaillez à ce que les sites d'expérimentation agricole se focalisent sur la vraie agriculture.

Travaillez au recyclage des agents d'extension dans les systèmes écologiques basés sur la semence et à faible impact.

Lorsque décrets et projets de lois sont proposés, faites en sorte que ces décrets représentent aussi les petits producteurs écologiques et pas seulement la grosse agriculture.

Travaillez aux droits des petits producteurs.

Travaillez pour que les droits de propriété intellectuelle des paysans indigènes soient respectés.

Éduquez les autres quand à l'importance des semences à pollinisation ouverte.

Contribuez au vote d'un décret de souveraineté alimentaire dans votre village, ville, département ou région.

Faites en sorte que l'étiquetage des produits d'origine animale indique lui aussi si les animaux d'élevage ont été ou non nourris aux OGM.

« Quand vous aurez bien compris la situation, malgré tout, restez en joie. »

Wendell Berry, « Manifesto : The Mad Farmer Liberation Front »
extrait de *The country of Marriage*.

Droits des fermiers

Nous, fermiers écologistes, sommes conscients que nous ne sommes pas propriétaires du vivant.

Nous croyons que les fermiers devraient avoir droit :

- à de la bonne nourriture,
- à la souveraineté alimentaire,
- de faire pousser et de partager les semences, année après année, génération après génération,
- au libre échange de matériel génétique entre nous,
- de définir nos propres politiques agricoles,
- de choisir la diversité,
- de cultiver ce qu'on veut comme on veut sans être contaminés par les excès de pulvérisations chimiques, résidus de pollution, résidus de charbon et dérives génétiques,
- de vendre ce que nous cultivons, à partir du moment où c'est sans danger et de la manière que nous considérons comme appropriée de vendre les produits frais, comme par exemple le lait cru,
- à un système de distribution alimentaire qui n'implique pas le déplacement des familles, des fermiers, des animaux, qui n'éradique pas les peuples autochtones, les variétés anciennes et les traditions alimentaires,
- de laisser ce qui n'a pas été récolté aux glaneurs,
- de ne pas subir les régulations décidées par la méga-agriculture dans le but de nous mettre à genoux,
- d'être protégés de l'expansion urbaine et d'autres types de développements qui menacent d'avaler nos fermes,
- à la sécurité économique.

Remerciements

Brianne Goodspeed mon éditrice à Chelsea Green, a été celle qui a insufflé la vie dans ce livre. Tout écrivain devrait avoir la chance d'avoir une telle éditrice. Je lui voue une infinie gratitude pour ses relectures très attentives du manuscrit et pour ses suggestions brillantes, ainsi que pour l'amitié que nous avons développée ce faisant. Merci à toi Brianne.

Je remercie toute l'équipe de Chelsea Green, en particulier Margo Baldwin, Joni Praded, Melissa Jacobson et Patricia Stone. Merci à Ben Watson pour ses conseils. La stagiaire Alaina Smith a créé les pages de références et nous lui sommes reconnaissants pour son travail. Kelly Blair est responsable de la très belle couverture (de la version américaine). Je remercie Eric Raetz pour son travail éditorial, Shay Totten et toute l'équipe marketing pour leur creativité ainsi que Jenna Stewart pour avoir organisé les rencontres avec le public.

Merci à Sam Stoloff, mon agent de Frances Goldin Literary Agency.

Mon ami Larry Kopczak a relu une dernière version du manuscrit et en a fait une critique aussi rigoureuse que transformatrice. Le phytopathologiste, Albert Culbreath m'a indiqué où trouver les informations qui m'étaient nécessaires. Je suis également reconnaissante aux personnes suivantes pour avoir relu des parties du livre afin de m'assurer que je restais dans le droit chemin : Dave Brown, Dave Cavagnaro, Albert Culbreath, Jack Daniel, Sylvia Davatz, Glenn Drowns, Doug Elliott, Yanna Fishman, Randolph Gardner, Jim Gerritsen, Steven Jones, Woody Malot, Julia Shipley, Tom Stearns, Douglas Tarver et Raven Waters. A tous, je vous suis profondément reconnaissante.

Mon seul regret est qu'un tel livre n'avait jusqu'alors jamais été écrit. Il y a toujours plus de gardiens et de gardiennes de semences débordant d'histoires magnifiques que j'aurais envie de retranscrire. Je pourrais écrire un autre volume entier. Si vous n'êtes pas dans ce livre, s'il vous plait croyez-moi lorsque je vous dis que j'aurais tant voulu que vous y fussiez, et sachez que j'aimerais tant visiter votre jardin et découvrir votre collection de semences. Je remercie tous les gardiens et gardiennes de semences du monde entier pour votre travail. Je remercie tous ceux qui m'ont donné des semences.

Un grand nombre de personnes m'ont inspirée et encouragée à travers leurs livres et leurs actions, et parmi eux Suzanne Ashworth, Wendell Berry, Gary Nabhan, Vandana Shiva et Jeffrey Smith. Contre vents et marées Susan Cerulean a été ma confidente littéraire, femme-sage personnelle et amie très chère depuis plus de vingt ans. Bien qu'ils ne soient pas nommés ici, mes nombreux et chers amis m'ont apporté force et amitié. Tous je vous remercie.

Je suis aussi très reconnaissante envers Michael Cichon, M.D.; Susan Ganio, R.N.; Lee Arnold, P.A.; et toutes les personnes qui se sont consacrées à me guérir de la maladie de Lyme. Leur chaleur et leur gentillesse m'ont soutenue à travers des jours bien rudes. Je remercie Elaine Cichon et la Clinic of Angels pour son aide financière. Je suis très reconnaissante à Stephen King, Margaret Morehouse et à tous ceux de la fondation Haven. Ainsi qu'à Lisa Collier Cool and Trustees de l'American

Society of Journalists and Authors Charitable Trust pour la bourse du Writers Emergency Assistance Fund. Sans toutes ces personnes et organismes je n'aurais pas été en état d'écrire ce livre.

Sans mes ancêtres, remontant à l'aube des temps, je n'aurais pas la chance de contempler la vie sur cette planète belle à en couper le souffle et je les en remercie. Je remercie tout spécialement ma grand-mère Beulah Miller Branch de qui j'ai reçu le présent de mes premières semences, ainsi que mes parents, Franklin et Lee Ada Branch Ray.

Je remercie mon fils, Silas, et mon époux, Raven, pour leur amour et leur foi en moi.

Pour la résistance silencieuse des jardiniers ainsi que pour la résistance sonore des activistes, je vous remercie. Que poussent ces semences.

Ressources

Livres :

Aux sources de notre nourriture – Nikolaï Vavilov et la découverte de la biodiversité, Gary Paul Nabhan, Nevicata, 2010 : remarquable biographie de celui qui identifia les berceaux végétaux de l'humanité.

La peur de la nature, François Terrasson, Sang de la Terre, (1988) 2007 : essai poétique, philosophie et scientifique sur ce besoin fou de vouloir dominer la nature à tout prix.

La révolution d'un seul brin de paille – Une introduction à l'agriculture sauvage, Masanobu Fukuoka, Guy Trédanier, 2e édition 2005 : expérimentations d'un Japonais pour sortir du tout-pesticides, et ça ne parle pas seulement d'agriculture.

La vie n'est pas une marchandise, Vandana Shiva, L'Atelier, 2004.

Le sol, la terre et les champs – Pour retrouver une agriculture saine, Claude et Lydia Bourguignon, Sang de la Terre, 2009: le livre le plus limpide qui soit sur les sols.

Pesticides – Enquête sur un scandale français, Fabrice Nicolino et François Veillerette, Fayard, 2007 : une enquête coup de poing très bien documentée.

Printemps silencieux, Rachel Carson, 2009, éditions Coyote : le texte américain fondateur de la prise de conscience sur le sujet.

Produire ses graines bio – Légumes, fleurs et aromatiques, Terre Vivante, 2012 : très bon manuel pratique.

Semences de Kokopelli, 13e édition 2014 : une extraordinaire encyclopédie des semences anciennes et des textes de fond.

Semeurs d'espoir, entretiens avec Pierre Rabhi, Actes Sud, 2013 : où le paysan agro-écologique et penseur nous rappelle que les mots humus, humide, humanité et humilité ont la même racine.

Terres d'avenir pour un mode de vie durable de P. Desbrosses, E. Bailly et T. Nghiem, préface d'E. Morin, Ed. Alphée, 2007 : beaucoup d'exemples de pratiques agricoles réussies qui sont des alternatives au tout industriel.

Vandana Shiva : Victoires d'une Indienne contre le pillage de la biodiversité, L. Astruc, Terre Vivante, 2011 : si vous vous croyez démunis, lisez l'histoire de cette femme et des montagnes qu'elle soulève.

Films :

« Graines de résistance » de Crocevia, 2014, visible sur LaViaCampesina-TV.
« La guerre des graines » de Stenka Quillet et Clément Monfort, documentaire TV5, visible sur DailyMotion.
« Seeds of freedom », Gaia Foundation, 2013, visible en français sur le site du même nom.
« La Voix du vent » de Carlos Pons, 2013, visible sur Vimeo.
« La semence dans tous ses états » de Christophe Guyon, 2012, visible sur YouTube.
« Le monde selon Monsanto » de Marie-Monique Robin, 2008, Arte video.

Contacts en Belgique :

> Kokopelli Belgique : fournisseur de semences
kokopelli-be.com
> Les Potagers Urbains : très bon site de ressources
potagersurbains.be

Contacts au Canada :

Il existe actuellement une dizaine d'espèces de plantes GM approuvées à des fins de commercialisation au Canada. Les trois principales plantes GM cultivées et commercialisées sont le maïs-grain, le soya et le canola.
L'île du Prince-Édouard et l'île de Vancouver sont des territoires sans OGM et le Québec maintient une réglementation beaucoup plus strict sur la question que le Canada anglophone.
Greenpeace Canada édite un guide gratuit des produits avec ou sans OGM.
> La Ferme Coopérative de Tourne-Sol : fournisseur de semences
fermetournesol.qc.ca
> La société des plantes : fournisseur de semences
lasocietedesplantes.com
> Potagers d'Antan : présente les fruits et légumes locaux d'autrefois
potagersdantan.wordpress.com/
> Réseau d'Agriculture Urbaine du Québec (RAUQ) : organise une fête des semences
agricultureurbaine.net
> Seedbomb : excellent site de ressources et d'actualités sur le sujet
seedbomb.net/
> Seedmap : carte interactive en anglais présentant un état des lieux de la situation
seedmap.org/
> Semences du patrimoine : réseau national d'échange de semences à pollinisation libre
seeds.ca/fr.php

Contacts en France :

Vous trouverez une mine d'informations sur le site de l'association Inf'OGM qui édite une revue et le guide *Les OGM dans mon assiette*.
Greenpeace France propose en ligne un pdf gratuit à télécharger de 22 pages listant les produits avec OGM.

> Kokopelli France : fournisseurs de semences libres de tout
kokopelli-semences.fr/

> Beaucoup d'informations également sur les sites de Solaseeds et Graines de troc :
graines-solaseeds.com/
grainesdetroc.fr/

> Les associations des Amis de la Terre, Générations futures et Terre et Humanisme informent également sur tous ces sujets et les alternatives au tout-chimique :
amisdelaterre.org/
generations-futures.fr/
terre-humanisme.org/

> Le centre Terre Vivante est un lieu pionnier pour apprendre à faire son potager (et garder ses graines) : terrevivante.org/

Contacts en Suisse :

> Kokopelli Suisse : fournisseur de semences
kokopelli-suisse.com/wordpress/
> Sativa : fournisseur de semences certifiées Demeter
sativa-rheinau.ch/fr.html
> Stop OGM : ressources
stopogm.ch/

International :

> GRAIN (Genetic Resources Action International) : basé en Espagne, ce réseau recense toutes les initiatives sur le sujet : grain.org
> La Via Campesina : mouvement international de paysans : viacampesina.org
> Navdanya : réseau de gardiens de semences créé par Vandana Shiva : navdanya.org
> WWOOF (World Wilde Opportunities on Organic Farms) : recense les fermiers qui vous accueillent pour passer du temps dans une ferme bio pour découvrir le terrain, gîte et couvert en échange de votre participation aux divers travaux : wwoof.org

Table des Matières

Livres Seepia

Angélique Boudet :
Ciel intérieur – photographies

Jeff Knaebel :
La décision de résister – essai

Jennifer Dalrymple :
Sylvaners – roman (en anglais)

Marco Goldin :
Loin du monde – théâtre

Eva Wissenz :
Les enfants du siècle – fable
Une fin d'automne – roman
Bobby Milk – roman
Voyageuse – récit
Marinaio – récit
Des humains – contes, croquis et instants
Traces – nouvelles
Lames – variation marine
Carnet de l'impatiente et autres péchés non négociables
Femmes de l'être – correspondance
Insulaires – poésie

Composition et mise en page
Seepia Publishing

Achevé d'imprimé en Europe en juin 2014
par IngramSpark (UK) pour Lightning Source UK ltd
Chapter House
Pitfield Kil Farm
MK11 3LW Milton Keynes UK

Papier non-acide, sans plomb, tamponné, élaboré à partir de la pulpe de bois
et certifié FSC (Forest Stewardship Council).
Le label n'est pas présent sur le livre car l'imprimeur lui-même n'est pas certifié.